Walter Homolka

Der Jude Jesus – Eine Heimholung

Walter Homolka

Der Jude Jesus – Eine Heimholung

Mit einem Geleitwort
von Jan-Heiner Tück

HERDER

FREIBURG · BASEL · WIEN

Danksagung

Das vorliegende Buch fußt auf meiner englischen Veröffentlichung „Jesus Reclaimed – Jewish Perspectives on the Nazarene“ (New York/Oxford 2015) und der polnischen Ausgabe „Upominanie się o Jezusa. Nazarejczyk z perspektywy żydowskiej“ (Poznan 2019), die aktualisiert und erweitert wurden.

Die deutsche Fassung gäbe es nicht ohne die kollegiale Mithilfe von Frau Prof. Dr. Kathy Ehrensperger (Potsdam). Frau Dr. Juni Hoppe, Herr Hartmut Bomhoff M.A. und Herr Dr. David Heywood Jones haben wesentlich am Zustandekommen des Buches mitgewirkt. Frau Susanne Naumann M.A. von Sunside-Übersetzung Reutlingen hat Teile des Werkes in die deutsche Sprache übersetzt.

Ihnen allen gilt mein ganzer Dank!

Rabbiner Professor Walter Homolka Potsdam, Februar 2020

MIX
Papier aus verantwortungsvollen Quellen
FSC® C014496

4. durchgesehene Auflage 2020

www.herder.de
Umschlaggestaltung: Verlag Herder
Umschlagmotiv: van Honthorst, Gerrit: Jesus vor dem Hohenpriester, ca. 1617, Öl auf Leinwand, The National Gallery, London.
Satz: SatzWeise, Bad Wünnenberg
Herstellung: GGP Media GmbH, Pößneck
Printed in Germany
ISBN Print 978-3-451-38356-4
ISBN E-Book (PDF) 978-3-451-83356-4
ISBN E-Book (E-PUB) 978-3-451-83623-7

Für Christian Stückl
und die Oberammergauer Passionsspiele

Träger des Abraham-Geiger-Preises 2020

Efrat Natan, Roof Work – Golgotha, 1979, picture from installation, gelatin silver print, The Israel Museum, Jerusalem.

Inhalt

Vorwort

Für die Juden in Europa war Jesus als der dogmatisierte Christus lange nichts weiter als ein Symbol christlicher Unterdrückung. Gegen Ende des 18. Jahrhunderts kämpften Juden in Europa um gleiche Rechte und gesellschaftliche Anerkennung. Dies zwang viele, ihre jüdische Identität im Licht der neuen Bedingungen neu zu bewerten. Juden wollten nicht nur nach dem Gesetz, sondern auch *de facto* gleichberechtigte Bürger sein. Da sie diesen Identitätsfindungsprozess in einer christlich geprägten Gesellschaft durchlebten, stand die Beschäftigung mit Jesus bald auf dem Plan. Einer der prominentesten jüdischen Denker seiner Zeit, Moses Mendelssohn (1729–1786), äußerte sich in seiner einflussreichen Abhandlung über die philosophischen Gründe für eine Trennung von Kirche und Staat im Jahr 1783 zu Jesus: Jesus habe nie gesagt, er sei gekommen, um die Tora aufzuheben, sondern er habe im Gegenteil nicht nur die schriftliche Tora, sondern auch die Verordnungen der Rabbiner befolgt. Wenn das so ist, dann kann er auch für Juden neu entdeckt werden.[1]

Besonders aufregend war dieser Prozess der Annäherung an Jesus den Juden in einer Ausstellung des Israel-Museums Jerusalem 2018 zu sehen: „Jesus in Israeli Art" zeigt eindrücklich, wie bildende Künstler im 19. Jahrhundert begannen, aus jüdischer Perspektive auf Jesus zu blicken.[2] Moritz Oppenheim, Maurycy Gottlieb, Mark Antokolsky oder auch Max Liebermann beschäftigten sich in ihrem Ringen um Anerkennung in

---

[1] Siehe Walter Homolka/Magnus Striet, Christologie auf dem Prüfstand. Jesus der Jude – Christus der Erlöser, Freiburg i. Br. 2019, S. 14.

[2] Zur gesamten Rezeption Jesu in der darstellenden Kunst siehe Amitai Mendelsohn, Behold the Man – Jesus in Israeli Art, Jerusalem 2017, S. 37–61.

der europäischen Kunst mit jener Gestalt, die kontrovers zwischen Judentum und Christentum steht und zugleich das Bindeglied zwischen beiden ist: Jesus von Nazareth.

Wie problembeladen diese Auseinandersetzung anfangs gewesen ist, zeigt die Erfahrung des deutschen Impressionisten Max Liebermann (1847–1935). Mit seinem Gemälde „Der zwölfjährige Jesus im Tempel" löste er im August 1879, noch vor den antisemitischen Hetzparolen eines Adolf Stoecker oder Heinrich von Treitschke, einen Skandal aus. Denn er zeigte den Jesusknaben in naturalistischer Weise als jungen Juden und verletzte, noch dazu als ein jüdischer Künstler, die Regeln hergebrachter christlicher Ikonographie.[3]

Liebermann vermittelte ein jüdisches Jesus-Bild, wie es zuvor Rabbiner Abraham Geiger oder auch der jüdische Historiker Heinrich Graetz vorgezeichnet hatten. Die öffentliche, von antijüdischen Ressentiments genährte Empörung war so groß, dass sich sogar der Bayerische Landtag mit dem Bild beschäftigte. Deutsches Empfinden, hieß es in der Kritik, sei durch dieses blasphemische Gemälde beleidigt worden. Der Berliner Hofprediger Adolf von Stoecker entrüstete sich so:

> Bedenken Sie meine Herren von Israel, dass uns Christus gerade so heilig ist, wie Ihnen Jehova, und Sie müssen unseren Zorn, anstatt zu verdammen, ehren und anerkennen. Wie aber die Berliner Witzblätter, lauter jüdisches Geschmeiß, die christlichen Dinge verhöhnen und verspotten, oft in einer einzigen Nummer vier Mal, weiß jeder, der die verderblichen Blätter liest.[4]

---

[3] Siehe Walter Homolka, Jesus von Nazareth im Spiegel jüdischer Forschung, Berlin 2010, S. 68–69; so auch Verena Lenzen, Jüdische Jesus-Forschung und israelische Kunst als Inspiration des jüdisch-christlichen Dialogs, in: Christologie zwischen Christentum und Judentum. Jesus, der Jude aus Galiläa und der christliche Erlöser, hg. v. Christian Danz, Kathy Ehrensperger, Walter Homolka, Tübingen 2020. Mendelsohn, Behold the Man, S. 52–54.

[4] Zitiert nach Martin Faass/Henrike Mund, Sturm der Entrüstung. Kunstkritik, Presse und öffentliche Diskussion, in: Der Jesus-Skandal. Ein Lieber-

Max Liebermann: Der zwölfjährige Jesus im Tempel 1879 (Kunsthalle Hamburg), © Alamy Stock

In Folge des Sturms der öffentlichen Entrüstung übermalte Liebermann sein Bild, bevor es 1884 noch einmal in einer Pariser Ausstellung zu sehen war. Dank einer erhaltenen Skizze weiß man aber, dass Liebermann ursprünglich einen barfüßigen Knaben mit kurzem, ungekämmtem schwarzem Haar und einem stereotypisch jüdischen Profil dargestellt hatte. In der

mann-Bild im Kreuzfeuer der Kritik, hg. v. Martin Faass, Berlin 2009, S. 59–78, hier: S. 70.

Skizze spricht der Junge selbstbewusst und mit großer Geste. Das überarbeitete Gemälde wurde dann bis zur Berliner Sezessions-Ausstellung von 1907 nicht mehr gezeigt.

Dieser Vorfall um Max Liebermann, immerhin ab 1920 Präsident der Akademie der Künste Berlin, macht die Schwere der Aufgabe deutlich. Der Dominanz des Christentums und seines triumphalen Anspruchs auf den Besitz der universalen Wahrheit wollten Künstler wie er ein selbstbewusstes Judentum entgegenstellen. Ein Judentum, das sich gegen Antisemitismus behaupten kann und stolz ist auf seine Einzigartigkeit. Ein Judentum, das deshalb Jesus ganz als Teil des Judentums begreifen kann – als jemand, der die Werte des Judentums für die ganze Menschheit zugänglich gemacht hat.

Und dieser Prozess ist nicht auf die Diaspora begrenzt. Maler wie Reuven Rubin (1893–1974) und zeitgenössische israelische Künstler wie Moshe Hoffman (1938–1983), Efrat Natan (* 1947) und der Fotograf Adi Nes (* 1966) mit seinem „Last Supper“ haben diesen Trend erstaunlicherweise fortgesetzt, sich im Kontext des Staates Israel an das Tabu Jesus gewagt und ihn als jüdischen Bruder zu begreifen versucht.

„Die Begegnung (Jesus und der Jude)“ wurde 1922 von Reuven Rubin gemalt. Der Künstler stand im Begriff, von Rumänien nach Palästina auszuwandern, als er den Ahasver gleichenden wandernden Juden mit Jesus auf einer Bank sitzend darstellte. Kein triumphierender Jesus, beide sind gezeichnet von ihrem Leiden. Das Thema des Bildes scheint inspiriert vom neoromantischen jiddischen Dichter Itzig Manger (1901–1969) und seiner „Ballade vom Verlausten und Gekreuzigten.“ Da hadert ein Landstreicher mit Jesus: „Wer hat dir gesagt, o Jesus, sag/deine Krone sei heiliger als meine Plag?“ Und Jesus antwortet mit der Anerkenntnis, auch des Landstreichers Schmutz sei heilig, umso mehr noch seine Trauer, sein Leiden.[5] Jesus selbst durchbricht die Art und Weise, mit der sein Leid

5 Tania Oldenhage, Neutestamentliche Passionsgeschichten nach der Shoah: Exegese als Teil der Erinnerungskultur, Stuttgart 2014, Kap. 2.2.2.

Reuven, Rubin, The Encounter, 1922, Oil on canvas, Collection Phoenix Insurance, Tel Aviv. © Avraham Hay.

jahrhundertelang durch die christliche Umwelt zum Leid des jüdischen Volkes umgemünzt wurde. Im gemeinsamen Leid entsteht eine Solidarität gegen Verfolgung und Antisemitismus. Amitai Mendelsohn geht in seiner Auslegung so weit, zwischen Jesu Auferstehung und der Erneuerung des Jüdischen Volkes im eigenen Staat einen symbolischen Parallelismus zu sehen. Jesus würde zum „regenerated Jew destined to take his place and thereby heal the suffering of the Diaspora!"[6]

Moshe Hoffman wurde 1938 in eine orthodoxe Familie geboren, überlebte den Zweiten Weltkrieg in Budapest und emigrierte nach Israel. 1967 entstand seine Serie „6.000.001" mit zehn Holzschnitten. Im ausgewählten Beispiel wird Jesus durch einen Schergen vom Kreuz abgenommen und der Deportation ins Konzentrationslager zugeführt. Er wird buchstäblich zum Opfer schlechthin, und wie bei Reuven Rubin entsteht eine so-

[6] Mendelsohn, Behold the Man, S. 105.

Moshe Hoffman, Woodcut from 6,000,001-series, 1967, (courtesy:) Yad Vashem Museum, Jerusalem.

lidarische Linie vom Leiden Jesu zum Leid des jüdischen Volkes. Im Kreuzestod Jesu zeigt sich für Hoffman der Tod des Göttlichen, aber auch das Vertrauen in die Berufung des Menschen zur schöpferischen Gestaltung der Welt.[7] Der Gegensatz zwischen Juden und Christen löst sich auf, die Darstellung macht aber deutlich, dass Jesus zuallererst Jude sei. Damit deckt Hoffman eindrücklich das Versagen der Menschen auf, die sich auf Jesu Lehren beziehen und doch das Volk Jesu stets miss-

[7] Ebd., S. 152.

achtet und verfolgt haben. Hoffman macht deutlich: Jesu Schicksal ist zutiefst mit dem seines Volkes verbunden. Diese Beziehung ist letztlich inniger als die der Christen zu ihrem vermeintlichen Religionsgründer.

Efrat Natan ist eine Künstlerin, die bereits im Staat Israel geboren wurde, im Kibbutz Kfar Ruppin. Ihre Installation „Roofwork: Golgotha" (1979) auf Seite 6 dieses Buches schließt an Reuven Rubins Deutung Jesu als Pionier und Sohn Eretz Israels an. Das Unterhemd in ihrer Kreuzesgruppe verweist als billiges Kleidungsstück des Alltags auf das sozialistische Ethos physischer Aufbauarbeit unter großer Entbehrung. Jesus und seine Jünger werden in ihrem einfachen Lebenswandel und ihrer Kritik am Materialismus des israelitischen Establishments zur Zeit des Zweiten Tempels quasi zu Vorbildern für die frühen Zionisten, die der Dekadenz Europas den Rücken zukehren, um in Mühsal und Schweiß den jüdischen Staat aufzubauen. Efrat Natan liest die Askese der zionistischen Pioniere und ihr Streben nach Reinheit und Aufrichtigkeit spirituell. Sie untermauert das durch ein Gedankenspiel, in dem sie das hebräische *gufiyah* (Unterhemd) als *guf-yah* (Gottes Leib) auffasst. So entsteht eine Verbindung zwischen dem inkarnierten Gott und dem Unterhemd in ihrer Kreuzigungsgruppe.[8]

Der Fotograf Adi Nes knüpft an solche Anleihen christlicher Ikonografie an und beschreitet dennoch neue Wege. Sein bekanntestes Werk „Das letzte Abendmahl" (1999) lehnt sich offensichtlich an Leonardo da Vincis „Abendmahl" in Mailand an.

Nes verwendet das Thema und moduliert seine Aussage. In seinem Werk zieht die zentrale Figur eines Soldaten mit Zigarette in der Linken nicht alle Aufmerksamkeit auf sich, wie im Bild Leonardos. Keiner der anderen Soldaten schaut ihn auch nur an. Das Werk entstand 1999, vier Jahre nach der Ermordung Yitzhak Rabins, drei Jahre nach der Wahl Benjamin Netanjahus zum Ministerpräsidenten und ein Jahr vor dem Aus-

[8] Ebd., S. 245–253.

Adi Nes, Untitled, 1999, Chromogen print, The Israel Museum, Jerusalem

bruch der Zweiten Intifada. Adi Nes greift den Moment vor fatalem Verrat in der Abendmahlsszene auf und deutet damit das Lebensgefühl einer Generation junger israelischer Soldaten, die ihr letztes Mahl einnehmen, bevor sie von ihrer Regierung in den Kampf geschickt werden. Der Soldat im Zentrum sei deshalb isoliert dargestellt, so die in Berlin lebende israelische Kunsthistorikerin Doreet LeVitte-Harten, weil sein Schicksal bereits besiegelt sei: der Tod. Die ihn Umgebenden haben ihn bereits aus ihrem Gedächtnis gelöscht.[9] Diese israelischen Soldaten, der Stolz der Nation, wirken orientierungslos und verloren.

Der gefallene Soldat im Schoß seines trauernden Kameraden (1995) hat gar nichts Heroisches, die Pietá-Szene konzentriert sich ganz auf die Realität des Sterbens in einer politisch verfahrenen Situation.

Diese sind nur einige Beispiele einer ganzen Reihe von Belegen, wie sich jüdische und israelische Künstler fast schockie-

---

[9] Ebd., S. 270.

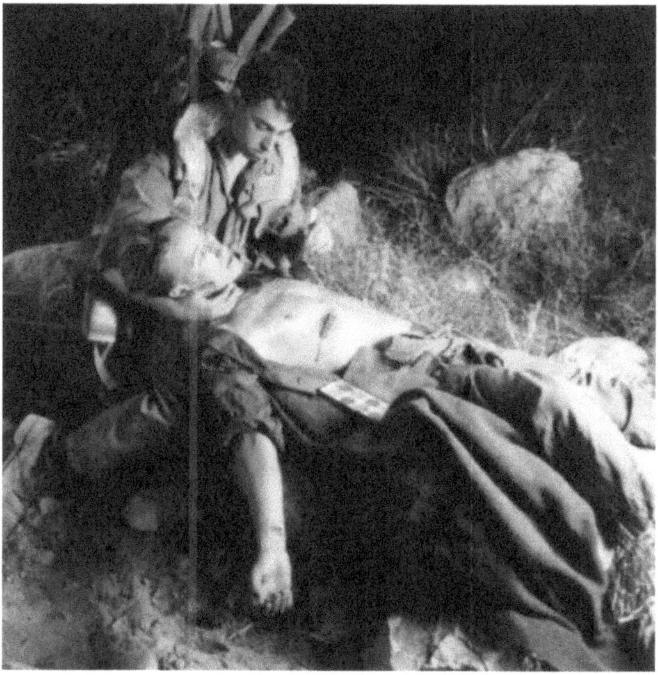

Adi Nes, Untitled, 1995, Chromogen print, Israel Museum, Jerusalem.

rend freimütig christlicher Motive bedienen. Jesus ist hier schon längst der jüdische Bruder geworden, der nicht wie Jahrhunderte zuvor gegen sein Volk gerichtet wird, sondern in einem Akt der künstlerischen Heimholung als Projektionsfläche jüdischer Identitätsbewältigung dienen kann.

Auch ganz aktuell in Deutschland kann man die künstlerische Auseinandersetzung mit Jesus aus jüdischer Perspektive finden. Die deutsch-jüdische Künstlerin Ilana Lewitan (* 1961) stellt mit ihrem Werk „Adam, wo bist Du?“ 2020 die Frage: „Stellen Sie sich vor, Jesus hätte im Dritten Reich gelebt. Was wäre mit ihm geschehen?“ Für sie ist das Kreuz nicht zuerst christliches Symbol, sondern das, was es ursprünglich gewesen ist: ein Tötungswerkzeug der Römer. Ähnlich den Gaskammern der Nazis im 20. Jahrhundert. Damit löst sich ihr Jesus aus der gewohnten Rezeption. Sie macht sich gar kein Bild von ihm, sondern deutet ihn nur körperlich an in der Hülle der Häftlingskleidung mit dem gelben Stern, die er als Jude getragen hätte auf dem Weg in den Tod. Sie verknüpft auf diese Weise zwei Zeitstränge miteinander: den Beginn seines Wirkens und die Folge christlichen Antisemitismus. Ilana Lewitans Darstellung spitzt zu: Jesus kann man gar nicht ohne sein Judesein verstehen. Ihr Jesus richtet seine Arme klagend auf. Ihr Jesus fragt nicht: „Wo ist Gott?“ Sondern er fragt ganz jüdisch: „Gott, wo ist der Mensch?“ Damit deckt sie das Versagen der Menschen auf, die sich auf Jesu Lehren beziehen, z. B. das Liebesgebot, und doch das Volk Jesu missachten und verfolgen. Sie macht deutlich: Jesu Schicksal ist zutiefst mit dem seines Volkes verbunden.

Auch jüdische und israelische Schriftsteller haben in ihren Werken die Person Jesu reflektiert und auf ihre eigene Identität projiziert.[10] Man denke nur an Samuel Yosef Agnon (1888–1970), Yona Wallach (1944–1985) oder Haim Be’er (* 1945). Zu den eindrucksvollsten Beispielen jüdischer Jesus-Rezeption in neuerer Zeit gehört Amos Oz’ Roman „Judas.“[11] Sein „Jesus und Judas – ein Zwischenruf“[12] macht deutlich, wie emotional die Entdeckung eines lang verloren geglaubten Familienmitglieds sein kann und welche Fragen dies für die christliche Gefolgschaft Jesu aufwirft.

Wie wir in seinem Berliner Zwischenruf über „Jesus und Judas“ erkennen, sieht der bekannte israelische Schriftsteller, Journalist und Intellektuelle keine Schwierigkeiten darin, sich positiv auf Jesus zu beziehen und sich kritisch mit seiner neutestamentlichen Wirkungsgeschichte auseinanderzusetzen: „Ich verliebte mich in Jesus, in seine Vision, seine Zärtlichkeit,

---

10 Siehe auch Kapitel 4b: Der jüdische Jesus in der Literatur, S. 189 ff.

11 Amos Oz, Judas, Berlin 2015.

12 Amos Oz, Jesus und Judas – ein Zwischenruf, Ostfildern 2018.

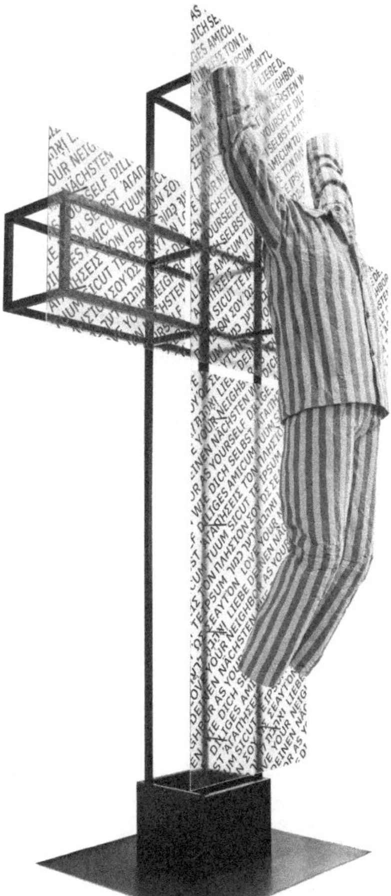

Abb. 7: Ilana Lewitan, Adam, wo bist Du? (2020); Stahl, Foliendruck auf Acryl, gehärtetes Leinen, 4,60 m × 2,50 m × 1,50 m; Fotograf: Wolf-Dieter Böttcher

seinen herrlichen Sinn für Humor, seine Direktheit, in die Tatsache, dass seine Lehren so voller Überraschungen stecken und so voller Poesie sind."[13] Bei seiner Beschäftigung mit dem Jesus des Neuen Testaments gerät Oz allerdings durch die Geschichte vom Verrat des Judas ins Stocken:

> Nach den christlichen Quellen war Judas nicht etwa ein armer Fischer vom See Genezareth, wie die anderen Apostel, sondern ein reicher Großgrundbesitzer aus Judäa, ein Mann, der Sklaven und Sklavinnen besaß. Warum um alles in der Welt sollte er seinen Lehrer, seinen Rabbi, seinen Gott verkaufen? Für sechshundert Euro? Und wenn er tatsächlich dermaßen gemein und habgierig war, dass er seinen Herrn und Gott für sechshundert Euro verkaufte – warum ging er unmittelbar danach hin und erhängte sich? Das ergab einfach keinen Sinn. Vor allem aber verstand ich nicht, warum irgendjemand, irgendein Mensch auf Erden, Judas auch nur fünfzig Cent oder einen Euro dafür geben sollte, dass er Jesus nach dem Letzten Abendmahl küsste und ihn damit an die Schergen verriet, die die Priester ausgeschickt hatten, ihn zu verhaften. Schließlich war Jesus in ganz Jerusalem wohlbekannt.[14]

Oz resümiert: „In meinen Augen ist die Geschichte von Judas in den Evangelien gleichsam das Tschernobyl des christlichen Antisemitismus der vergangenen zweitausend Jahre. Diese Geschichte verseucht das Verhältnis zwischen Juden und Christen seit Jahrtausenden, indem sie die Juden zu Opfern und die Christen zu Tätern macht."[15]

Amos Oz ist der Großneffe Joseph Klausners (1874–1958), eines der Pioniere der modernen jüdischen Jesus-Forschung.[16] Die Hauptfigur in Oz' Roman „Judas," Schmuel Asch, kann im Jerusalem des Jahres 1959 seine Magisterarbeit über das Thema „Jesus aus jüdischer Sicht" nicht zum Abschluss bringen. Oz arbeitet in seinem Roman die jüdischen Fragen nach dem his-

---

[13] A.a.O., S. 16.

[14] A.a.O., S. 18–19.

[15] A.a.O., S. 25–26.

[16] Joseph Klausner, Jesus von Nazareth. Seine Zeit, sein Leben und seine Lehre. Übersetzt aus dem Hebräischen von Walter Fischel, Berlin 1930.

torischen Jesus heraus. Amos Oz berichtet, wie er dabei von Klausner inspiriert worden ist:

> Als kleiner Junge besuchte ich eine äußerst traditionelle orthodoxe jüdische Schule in Jerusalem. Wir wurden angewiesen, jedes Mal, wenn wir an einer Kirche oder einem Kreuz vorübergingen, unsere Augen abzunehmen und in die entgegengesetzte Richtung zu schauen [...]. Onkel Joseph aber sagte, das dürfe ich niemals tun: ‚Sieh ganz genau hin, denn Jesus war einer von uns, einer unserer größten Visionäre.' Ich war schockiert.[17]

Mal theologisch, mal literarisch: Oz baut eine Brücke zwischen der jüdischen Jesus-Rezeption des 19. und des 21. Jahrhunderts. Sein Eingehen auf Jesus und Judas macht deutlich: Für die jüdische Seite ist die Beschäftigung mit dem Juden Jesus Ausdruck einer neuen Freiheit und eines neuen Selbstbewusstseins.

Damit kommen wir zum Anliegen dieses Buchs. Im 19. Jahrhundert hatten jüdische Wissenschaftler die neue historisch-kritische Methode entdeckt und begonnen, von Joseph Salvador (1779–1873) bis hin zu Abraham Geiger (1810–1874), Samuel Hirsch (1815–1889) und Joseph Klausner (1874–1958), intensiver zur Gestalt Jesu zu forschen. Symptomatisch dabei ist, dass dieser historische Jesus einerseits kontrovers zwischen Judentum und Christentum steht und andererseits das Bindeglied zwischen beiden darstellen kann. Der vorliegende Band ist diesem Befund von Historikern, Religionsphilosophen und Theologen gewidmet. Wir werden sehen, wie sehr sich die Auffassungen und Ansichten zu Jesus aus jüdischer Sicht durch die Jahrhunderte unterscheiden: drei grundlegende Aussagen über Jesus aus jüdischer Sicht kann man aber treffen, wenn man das 19. und 20. Jahrhundert zusammenfassen möchte:

1. Jesus war nicht nur von seiner Herkunft her Jude, er war auch fest in der jüdischen Umwelt seiner Zeit verwurzelt.

---

[17] Oz, Jesus und Judas, S. 11–12.

2. Das Christentum ist aus dem Judentum hervorgegangen; es hat sich in einem vielschichtigen kulturellen Milieu herausgebildet und allmählich zu einer eigenen Religion entwickelt, dabei jedoch einen jüdischen Charakter bewahrt.
3. Jesus von Nazareth ist nicht der Messias, der in der hebräischen heiligen Schrift verheißen ist.

Erkenntnisleitend war für die jüdische Forschung ebenso wie schon in der Kunst und Literatur, der Dominanz des Christentums und seines triumphalen Anspruchs auf den Besitz der universalen Wahrheit ein selbstbewusstes Judentum entgegenzustellen. Die Jüdische Leben-Jesu-Forschung diente vielen Vertretern der Wissenschaft des Judentums in Deutschland somit als Mittel der jüdischen Selbstbehauptung. Für Joseph Klausner und andere europäische Pioniere eines jüdischen Nationalstaats Anfang des 20. Jahrhunderts wurde Jesus dagegen zu einem zionistischen Propheten, wie er auch in den Werken von Reuven Rubin oder Efrat Natan interpretiert worden ist.

Für die jüdische Seite ist damit eine Situation entstanden, sich als eigenständige Stimme Gehör zu verschaffen und aus einer untergeordneten Position in die Rolle eines gleichwertigen Gesprächspartners hineinzuwachsen. Erst in der Folge der Schoa kam es in der westlichen Welt zu einer wesentlichen Voraussetzung dafür: der Anerkennung des Judentums als gleichwertiger Religion. Dies machte den Weg für einen konstruktiven theologischen Dialog zwischen Juden und Christen frei, wie er sich seit siebzig Jahren nicht nur in Europa und den USA entfaltet.[18]

Von besonderer Bedeutung war dabei die Anerkennung der Religionsfreiheit durch die katholische Kirche im Zweiten Vatikanischen Konzil und mit ihr das Eingeständnis, dass auch andere Religionen im Besitz gültiger Wahrheiten sein können.

Werden Christen und ihre Kirchen in der Lage sein, diese Verortung Jesu und seine Heimholung in die jüdische Schicksalsgemeinschaft zu respektieren und in ihre Rede von Jesus, in

---

[18] Siehe Homolka/Striet, Christologie auf dem Prüfstand, S. 14–16.

ihre Christologien einzubeziehen? Die Rede christlicher Theologie über Jesus, gemeinhin „Christologie" genannt, steht heute vor der Herausforderung, so über Jesus zu sprechen, dass seine Verankerung im Judentum nicht verdeckt wird durch den universalen Heilsanspruch des Christus der Kirchen.

Die Heimholung Jesu als Anstoß für die christliche Theologie

Zum Geleit

Jan-Heiner Tück, Wien

„Das Wort wurde – nicht ‚Fleisch', Mensch, erniedrigter und leidender Mensch in irgendeiner Allgemeinheit, sondern *jüdisches* Fleisch."

Karl Barth[1]

Das Verhältnis zwischen Juden und Christen ist jahrhundertelang schwer belastet gewesen. Das hat sich erst in der Mitte des 20. Jahrhunderts geändert. Vor dem Zweiten Vatikanischen Konzil (1962–65) gab es vereinzelte Stimmen, die an die Israeltheologie des Römerbriefs erinnerten und es als tragisches Versäumnis beklagten, dass christliche Theologie jahrhundertelang nichts vom lebendigen Judentum erwartet habe. Überlegenheitsattitüden und eine Theologie der Verachtung hätten verhindert, dass man eine theologische Sensibilität, geschweige denn Lernbereitschaft gegenüber dem Judentum ausgebildet habe.[2] Nach der überraschenden Ankündigung eines Konzils am 25. Januar 1959 durch den betagten Reformpapst Johannes XXIII. (1958–63) gab es auf der Ebene der Bischöfe zunächst kein Bewusstsein für die Dringlichkeit, das Verhältnis zum Judentum neu auszurichten und die antijudaistischen Hypotheken in der eigenen Tradition aufzuarbeiten. Ein sprechendes Indiz dafür sind die knapp 3.000 Voten des Weltepiskopats, die im Vorfeld des Konzils von Rom erbeten wurden. Was das Thema Judentum anlangt, Fehlanzeige! Als wolle man den

---

[1] Karl Barth, Kirchliche Dogmatik IV/1: Die Lehre von der Versöhnung, Zürich 1953, S. 181.

[2] Hans Urs von Balthasar, Einsame Zwiesprache, Einsiedeln 1958, S. 15.

dunklen Mantel des Schweigens über die Schrecken der Shoah legen und die partielle Verstrickung von Theologie und Kirche ausklammern.

Dass das Thema dann doch auf die Agenda des Konzils kam, verdankt sich dem mutigen Vorstoß des französischen Historikers Jules Isaac (1877–1963), der seine Frau und seine Tochter in der Shoah verloren hatte. In einer Privataudienz am 13. Juni 1960 legte er dem Roncalli-Papst drei Bitten vor: (1) alle ungerechten Aussagen über Israel in der christlichen Lehre einer kritischen Revision zu unterziehen; (2) die zählebige Legende richtigzustellen, dass die Zerstreuung der Juden unter die Völker als Strafe Gottes für die Kreuzigung Jesu zu betrachten sei; sowie (3) die Aussage aus dem Trienter Katechismus in Erinnerung zu rufen, welche die Schuld am Tod Jesu nicht dem jüdischen Volk, sondern ‚unseren Sünden' zuspricht. Der Papst sorgte über Kardinal Augustin Bea, den Präsidenten des Sekretariats für die Einheit der Christen, dafür, dass diese Anliegen von Jules Isaac in die Konzilsarbeiten einflossen[3] – und die Erklärung *Nostra Aetate* (Nr. 4) hat nach einem dramatischen Ringen um die Endgestalt des Textes diese Bitten dann auch tatsächlich eingelöst. Damit aber hat sie ein neues Kapitel im Verhältnis der katholischen Kirche zum Judentum aufgeschlagen. Diese Impulse sind durch die Nachkonzilspäpste, besonders durch die Ansprachen und symbolischen Gesten von Johannes Paul II. (1978–2005), der als erster Papst eine Synagoge besucht und an der Westmauer des Tempels in Jerusalem gebetet hat, aufgenommen worden. Auch die akademische Theologie hat sie inzwischen weithin rezipiert.

Diese veränderte Haltung der katholischen Kirche, die in der Einrichtung der Kommission für die besonderen Beziehungen zum Judentum im päpstlichen Einheitsrat auch institutio-

---

[3] Vgl. Dorothee Recker, Die Wegbereiter der Judenerklärung des Zweiten Vatikanischen Konzils. Johannes XXIII., Kardinal Bea und Prälat Österreicher – eine Darstellung ihrer theologischen Entwicklung, Paderborn 2007.

nellen Ausdruck gefunden hat, ist in den letzten Jahren erfreulicherweise auch von jüdischer Seite registriert und positiv gewürdigt worden. Die von einer Reihe namhafter jüdischer Gelehrter publizierte Stellungnahme *Dabru emet – Redet Wahrheit* von 2000 ist hier ebenso zu nennen wie das Dokument der Orthodoxen Rabbiner *Zwischen Rom und Jerusalem*, das 2017 anlässlich des 50-Jahr-Jubiläum der Konzilserklärung *Nostra Aetate* veröffentlicht wurde. Die römische Kommission für die religiösen Beziehungen zum Judentum hatte bereits 2015 in ihrem Dokument *Denn unwiderruflich sind Gnade und Berufung, die Gott gewährt (Röm 11,29)* eine „prinzipielle Ablehnung institutionalisierter Judenmission“ (Art. 44) formuliert und die veränderte Gesprächslage in die Worte gefasst, dass das ehemalige Nebeneinander und teilweise Gegeneinander von Juden und Christen durch die Dialogbemühungen seit dem Konzil in ein „tragfähiges und fruchtbares Miteinander“ (Art. 10) überführt werden konnte. Diese veränderte Gesprächslage bildet den Rahmen, in dem sich der Austausch zwischen katholischer und jüdischer Theologie heute bewegt. Er bildet auch den Hintergrund der vorliegenden Studie von Walter Homolka, die der *Heimholung Jesu* ins Judentum gewidmet ist und seine bisherigen Überlegungen weiterführt.[4]

Von gegenseitiger Verketzerung zu wechselseitiger Annäherung

Lange ist das christliche Bekenntnis zu Jesus Christus von antijüdischen Motiven durchsetzt gewesen. Die theologische Semantik, in der die Christologie und Kreuzestheologie ausbuchstabiert wurde, war von Antijudaismen toxisch durchzogen. Seit der Pascha-Homilie des Melito von Sardes hat der Topos von den Juden als „Gottesmördern“ eine verhängnisvolle

---

[4] Vgl. Homolka – Striet, Christologie auf dem Prüfstand.

Resonanz in der Geschichte des Christentums gefunden[5], die bis heute in traditionalistischen Milieus[6] widerhallt. Die Zerstörung Jerusalems und des Tempels sowie die Zerstreuung der Juden unter die Völker wurden als Gottes Fluch gegen sein abtrünnig gewordenes Volk gedeutet.[7] Tertullian schreibt den ersten Adversus-Iudaeos-Traktat und der hl. Johannes Chrysostomos bietet in seinen Predigten das ganze Inventar polemischer Topoi gegen die Juden auf. Als biblischer *locus classicus* zur Begründung einer judenfeindlichen Sicht wurde der Ruf des „ganzen Volkes" vor dem römischen Prokurator Pontius Pilatus angeführt: „Ans Kreuz mit ihm! … Sein Blut komme über uns und unsere Kinder" (Mt 27,23.25).[8] Das semantische

---

5 Vgl. Justin, Dial. XVI, 4; XCIII, 4; Irenäus von Lyon, Adv. haer. III, 12,13 und IV, 28,3.

6 So schreibt Franz Schmidberger in seiner Schrift *Die Zeitbomben des Zweiten Vatikanischen Konzils*, Stuttgart 1989, S. 11: „Sie [sc. die Juden] sind des Gottesmordes mitschuldig, solange sie sich nicht durch das Bekenntnis der Gottheit Christi und die Taufe von der Schuld ihrer Vorväter distanzieren." Denkwürdig in diesem Zusammenhang ist auch die Schändung der „Schau gegen das Vergessen" mit Bildern des Fotografen Luigi Toscano, die im Mai 2018 auf der Wiener Ringstraße gezeigt wurde. Die großformatigen Porträts von Holocaust-Überlebenden wurden nachts demoliert und beschmiert. Die perfide Aufschrift „Jesus = 6 Millionen" spielte klar auf das antijudaistische Narrativ an, dem zufolge Vertreibung, Verfolgung und Vernichtung der Juden die gerechte Strafe für den „Gottesmord" auf Golgatha sei. Vgl. Jan-Heiner Tück, Die fragile Autorität der Opfer. Der Angriff auf die „Schau gegen das Vergessen" verstört, vereint aber auch im Widerstand, in: IKaZ Communio 48 (2019) S. 448–455, S. 451 f.

7 Vgl. Origenes, Contra Celsum (Fontes Christiani 50/2, 425), 2,34: „Dieses [sc. das Volk der Juden] ist von Gott verurteilt worden, ist ‚in Stücke gerissen' und über die ganze Erde zerstreut worden."

8 Joseph Ratzinger – Benedikt XVI. hat im zweiten Band seines Jesus-Buches demgegenüber klargestellt, Jesu Blut spreche eine andere Sprache als das Blut Abels, es rufe nicht nach Rache oder Vergeltung. Es sei das „Blut der Versöhnung, das nicht *gegen* jemanden, sondern *für* viele, ja für alle vergossen" werde. Ders., Jesus von Nazareth. Bd. II: Vom Einzug in Jerusalem bis zur Auferstehung, Freiburg i.Br. 2011, S. 211. Aus exegetischer Sicht wäre ergänzend darauf zu verweisen, dass – trotz des Begriffs „laos"

Dynamit des Antijudaismus blieb nicht auf die Sphäre des Denkens beschränkt, es entlud sich in gewaltsamen Ausschreitungen und Pogromen. Im Mittelalter wurden Juden stigmatisiert, verfolgt und vertrieben. Talmudausgaben wurden konfisziert und verbrannt. Mit der Intensivierung der Eucharistie-Frömmigkeit kamen ab dem 13. Jahrhundert Hostienfrevel- und Ritualmordlegenden auf, die sich trotz päpstlicher Einsprüche als zählebig erwiesen. Der junge Martin Luther verfasste zwar 1523 eine Schrift *Daß Jesus Christus ein geborener Jude sei*, die er dem ehemaligen Rabbiner und Konvertiten Jakob Gipher widmete – in der Hoffnung, dass sich weitere Juden zum reformatorischen Christentum bekehren würden. Als sich diese Hoffnung nicht erfüllte, radikalisierte Luther in seinen Spätschriften *Gegen die Juden und ihre Lügen* (1543) und *Vermahnung wider die Juden* (1546) antijudaistische Denkweisen und rechtfertigte sogar die gewaltsame Vertreibung von Juden aus evangelischen Gebieten. Diese Einstellung des Reformators blieb nicht ohne Folgen. Der theologische Antijudaismus der Kirchen ging häufig eine Verbindung mit sozialen und politisch-ökonomischen Vorurteilen ein. Er konnte vom rassischen Antisemitismus des 19. Jahrhunderts aufgenommen und ideologisch verschärft werden. Zwischen der kirchlichen Polemik gegen die Synagoge und dem modernen Antisemitismus ist allerdings zu unterscheiden. Machte die Kirche der Synagoge das Erbe streitig, so wies der moderne Antisemitismus dieses Erbe zurück. „Die Christen warfen den Juden vor, den Glauben Israels und seine göttliche anerkannte Tradition verraten zu haben; die Nazis hingegen hassten unterschiedslos Volk, Glau-

– in Mt 27,25 nur die Bewohner Jerusalems gemeint sind, also auf keinen Fall das ganze Volk der Juden. Vgl. Matthias Konradt, Das Evangelium nach Matthäus, Göttingen 2015, 436 f.: „Durch den Kontext ist die Wendung ‚das ganze Volk' eindeutig im Sinne der vor Pilatus versammelten Volksmenge zu verstehen … Diejenigen, die nun ‚er soll gekreuzigt werden' fordern, sind bei Matthäus keineswegs dieselben, die in 21,9 ‚Hosanna' rufen."

be und Tradition der Juden."[9] Die Konstruktion eines „arischen Jesus" in der Zeit des Nationalsozialismus ist der finstere Höhepunkt dieser Entwicklung.[10]

Umgekehrt gibt es, wie Walter Homolka in einem instruktiven Überblick zeigt, auch im rabbinischen Judentum polemische Verzeichnungen Jesu von Nazareth. An den wenigen Stellen, an denen im Babylonischen Talmud von Jesus die Rede ist, wird er als illegitimer Sprössling einer unehelichen Verbindung Marias mit einem römischen Soldaten hingestellt und „Sohn der Pantera" genannt. Am Abend des Pessachfestes sei Jesus als Zauberer und Betrüger gesteinigt und erhängt (nicht aber gekreuzigt!) worden. Durch den Hinweis auf die uneheliche Herkunft wird der Anspruch, Jesus sei Nachkomme aus dem Haus Davids, delegitimiert, zugleich wird das neutestamentliche Zeugnis von der Geburt Jesu aus der Jungfrau Maria durch Verweis auf die Affäre mit einem noch dazu heidnischen Legionär konterkariert.[11] Abweichend von den neutestamentlichen Passionserzählungen wird aus der römischen Kreuzigung eine dem jüdischen Recht entsprechende Steinigung und Erhängung gemacht, was zeigt, dass die Lehre Jesu als höchst anstößig und als jüdische Häresie eingestuft wurde. Das setzt sich fort, wenn im Babylonischen Talmud die Geschichte von Jesu Abstieg in die Hölle und seiner Bestrafung in „kochendem Kot" erzählt wird (b Git 56b–57a) – ein Kontrapunkt zum neutestamentlichen Zeugnis der Himmelfahrt des Auferstandenen

---

[9] Jean-Marie Lustiger, Gotteswahl. Gespräche mit Jean-Louis Missika und Dominique Wolton, München [2]1992, S. 83.

[10] Zum so genannten „Entjudungsinstitut" in Eisenach unter Leitung von Walter Grundmann (1906–76) vgl. Susannah Heschel, The Ayran Jesus. Christian Theologians and the Bible in the Nazi Germany, Princeton 2011; zu den ideologischen Entgleisungen des Tübinger Dogmatikers Karl Adam (1876–1966) vgl. Lucia Scherzberg, Kirchenreform mit Hilfe des Nationalsozialismus. Karl Adam als kontextueller Theologe, Darmstadt 2001.

[11] Schalom Ben-Chorin, Bruder Jesus. Der Nazarener aus jüdischer Sicht, München 1967, S. 20, nimmt daher an, dass Jesus tatsächlich der Sohn eines römischen Soldaten war.

(vgl. Mk 16,19; Apg 1,9–11).[12] Es ist offensichtlich, dass diese Umschreibungen „Gegenerzählungen“ zu den Evangelien schaffen sollten. Der Luzerner Judaist Clemens Thoma hat dazu trocken notiert: „Es gibt nicht nur christliche Adversus-Iudaeos-Literatur, sondern auch eine jüdische Adversus-Christianos-Literatur.“[13] Man muss allerdings sofort ergänzen, dass die Asymmetrie der politischen Machtverhältnisse, die mit der Christianisierung des römischen Imperiums im 4. Jahrhundert einsetzte, für die Juden verheerende Folgen hatte. Als literarischer Reflex auf die Repressalien kann der Traktat *Toledot Jeschu* gelesen werden, der im Mittelalter eine Fortschreibung der polemischen Jesus-Satire bietet. Martin Luther hat in seiner Schrift *Vom Schem Hamphoras* (1546) die lateinische Version der *Toledot Jeschu* ins Deutsche übertragen, um sie als Vorlage für eine wüste Beschimpfung der Juden als „Teufel“ zu nutzen. Im gleichen Jahr legitimiert er auch Pogrome. Walter Homolka zitiert in diesem Zusammenhang das denkwürdige Diktum von Heinrich Graetz: „Die Christen vergossen unser Blut, wir vergossen nur Tinte.“

Diese polemischen Abgrenzungsdiskurse sind heute weithin Geschichte. Der Schrecken der Shoah hat die christliche Theologie seit den 1970er Jahren zu einer Gewissenserforschung veranlasst. Sie hat im Sinne des Konzils antijudaistische Spuren in Liturgie, Katechese und Theologie selbstkritisch aufzuarbeiten begonnen, gleichzeitig ringt sie um eine Theologie, welche die bleibende Dignität des Judentums als „Gottes Augapfel“ achtet, ohne deshalb das christliche Bekenntnis zu Jesus Christus abzuschwächen oder gar preiszugeben.[14] Das Nein der meisten Juden zu Jesus als dem Christus darf nie wieder in eine

---

[12] Vgl. Peter Schäfer, Jesus im Talmud, Tübingen ²2010.

[13] Clemens Thoma, Das Messias-Projekt. Theologie Jüdisch-christlicher Begegnung, Aschaffenburg 1994, S. 184.

[14] Vgl. dazu Jan-Heiner Tück, Gottes Augapfel. Bruchstücke zu einer Theologie nach Auschwitz, Freiburg ²2016.

christliche Verneinung des Judentums umschlagen, vielmehr muss anerkannt und gewürdigt werden, dass dieses Nein, wie etwa Jacob Neusner in seinem Buch *Ein Rabbi spricht mit Jesus* deutlich gemacht hat, durchaus aus Treue zur Tora und zur rabbinischen Überlieferung gesprochen sein kann. Auch darf das Ja der Christen zu Jesus Christus nicht zu einer Verneinung der Tora führen, die Jesus als Richtschnur anerkannt und in Leben und Lehre autoritativ ausgelegt hat. Markionitische Versuchungen, die bei Adolf von Harnack und den deutschen Christen neu aufgeflackert sind und die sich auch in der populären Jesus-Literatur unserer Tage immer wieder finden, gilt es mit Argumenten zu widerlegen.[15] Nur so können neue Formen der Abwertung des Judentums zu einer heilsgeschichtlich überholten Größe vermieden werden. Wie aber christliche Theologie nach der Shoah für das jüdische Erbe neu sensibel geworden ist, so haben umgekehrt jüdische Gelehrte ein neues Interesse für Jesus ausgebildet und dabei innovative Deutungen entwickelt.

‚Heimholung Jesu' ins Judentum – ein Anstoß für die christliche Theologie

Diese noch zu wenig bekannte, facettenreiche Geschichte der „Heimholung Jesu" ins Judentum[16] zeichnet Walter Homolka in der vorliegenden Studie eindrücklich nach. Er bietet ein fas-

---

[15] Vgl. Ludger Schwienhorst-Schönberger, Die Rückkehr Markions?, in: IKaZ Communio 44 (2015) S. 286–302.

[16] Die Heimholung der Juden durch Jesus, den Messias selbst, von der die wachsende und institutionell schwer fassbare Bewegung der messianischen Juden überzeugt ist, wird dagegen in der akademischen Forschung bislang kaum thematisiert. Die messianischen Juden fallen zwischen alle Stühle. Von jüdischer Seite wird ihnen der Status des Judeseins aberkannt, da sie sich zu Jesus als dem Messias Israels bekennen. Von offiziell katholischer Seite werden sie bislang ignoriert, da sie den jüdisch-christlichen Dialog stören. Ignoranz aber ist keine theologische Tugend. Christliche Theologie,

zinierendes Panorama von Deutungen, die im späten 19. Jahrhundert bei deutsch-jüdischen Gelehrten wie Abraham Geiger einsetzen und bis in die Gegenwart reichen. Mit großer Wertschätzung holen sie Jesus in jüdische Deutungshorizonte zurück. Das ist bemerkenswert, denn Jahrhunderte lang war der jüdische Zugang zu Jesus auch durch das Anti-Zeugnis der Christen verstellt, die Juden theoretisch und praktisch verachtet und verfolgt haben. Das hat sich geändert. Jüdische Gelehrte, so kann Homolka zeigen, können sich mit der Person Jesu sehr wohl identifizieren, ja sie machen teilweise geltend, dass sie ihn besser verstehen als Christen, die Jesus zwar in die Mitte ihrer Religion gestellt, ihn aber zugleich vom Mutterboden des Judentums abgerückt haben. So begreift Leo Baeck in seiner kritischen Auseinandersetzung mit Harnacks *Wesen des Christentums* Jesus als „echt jüdische Persönlichkeit", die den ethischen Monotheismus der Propheten weiterführt. Joseph Klausner würdigt den Nazarener als „Lehrer hoher Sittlichkeit und Gleichnisredner ersten Ranges", Martin Buber schätzt ihn als „großen Bruder", dem ein „großer Platz in der Glaubensgeschichte Israels" zukomme, und Schalom Ben-Chorin hält ihn für einen „Erz-Märtyrer, der das jüdische Leidensschicksal verkörpert" – eine Sicht, die Marc Chagall in einigen seiner Gemälde bestätigt, die den Gekreuzigten als Inbild des leidenden Juden zeigen. Pinchas Lapide hingegen sieht in Jesus einen jüdischen Freiheitskämpfer, der das römische Joch abschütteln will, während Géza Vermes ihn eher als charismatischen Wanderprediger aus Galiläa zeichnet. Bei manchen Arbeiten der

---

die sich der Erinnerungssolidarität mit den Opfern der Shoah verpflichtet fühlt, hätte ihre Lektion aus der Geschichte nur unzureichend gelernt, wenn sie die vorherrschende Praxis der Marginalisierung und Ausgrenzung der messianischen Juden gleichgültig hinnähme. Ohne sich in innerjüdische Konflikte einzumischen, wird sie daher auch das konstruktiv-kritische Gespräch mit dieser Gruppe im vielschichtigen Spektrum des heutigen Judentums suchen müssen. Vgl. Mark S. Kinzer, Post-Missionary Messianic Judaism, New York, 2005; Ders., Israel's Messiah and the People of God. A Vision for Messianic Jewish Covenant Fidelity, New York 2011.

jüdischen Jesus-Forschung fällt eine Spannung ins Auge: sie betonen die historische Unverlässlichkeit der Evangelien als Glaubenszeugnisse, treffen dann aber doch recht zuverlässige Aussagen über Jesus den Juden. Das Kriterium der Differenz, das nach Ernst Käsemann die neue Frage oder das Problem des historischen Jesus bestimmt, lässt nur das als genuin jesuanisch gelten, was sich vom damaligen Judentum ebenso abhebt wie von der urchristlichen Gemeinde.[17] Diese methodische Weichenstellung wird abgelehnt, weil sie Jesus aus dem Kontext herausnimmt, in dem er gelebt und gewirkt hat. In dieser Ablehnung trifft sich die jüngere jüdische Jesus-Forschung mit der *third quest* in der christlichen Exegese, die das Judesein Jesu als unhintergehbare Grundlage ins Zentrum rückt. Zugleich wird aber von einzelnen jüdischen Forschern auch der ungeheuerliche Anspruch Jesu registriert, so wenn Jacob Neusner Jesus die Gefolgschaft versagt, weil dieser die Familie relativiert und beansprucht, der Herr über den Sabbat zu sein, als könne er sich über die Tora stellen.[18] Auch Daniel Boyarin sieht in der Selbstidentifikation Jesu mit dem Menschensohn der Daniel-Apokalypse den provozierenden Vollmachtsanspruch verbunden, Sünden vergeben zu können.[19] Alles in allem zeigt Walter Homolkas Überblick, dass die jüdischen Ansätze zur modernen Leben-Jesu-Forschung vital, eigenständig und vielstimmig

---

17 Ernst Käsemann, Das Problem des historischen Jesus, in: Ders., Exegetische Versuche und Besinnungen, Göttingen 1964, S. 187–214, hier S. 205: „Einigermaßen sicheren Boden haben wir nur in einem einzigen Fall unter den Füßen, wenn nämlich Tradition aus irgendwelchen Gründen weder aus dem Judentum abgeleitet noch der Urchristenheit zugeschrieben werden kann, speziell dann, wenn die Judenchristenheit ihr überkommenes Gut als zu kühn gemildert oder umgebogen hat."

18 Jacob Neusner, Ein Rabbi spricht mit Jesus, Freiburg i. Br. 2007, S. 54–74.

19 Daniel Boyarin, Die jüdischen Evangelien. Die Geschichte des jüdischen Christus. Mit einem Geleitwort von Johann E. Hafner und einem Vorwort von Jack Miles. Übersetzung von Armin Wolf, Würzburg 2015, S. 66.

sind. Was aber kann die Polyphonie dieser Stimmen im Resonanzraum christlicher Theologie heute bedeuten?

Abbau des Dogmas? Die Koalition von historisch-kritischer Exegese und jüdischer Jesus-Forschung

Homolka erinnert daran, dass die historisch-kritische Methode zu einer Krise der dogmatischen Christologie geführt hat. Schon Reimarus und Lessing konstatieren einen Graben zwischen dem Jesus der Geschichte und dem Christus des Glaubens. David Friedrich Strauß verfeinert die Literar- und Quellenkritik und lehnt ein übernatürliches Verständnis der Gestalt Jesu ab, den Christus-Mythos schreibt er der Ideenproduktion der nachösterlichen Gemeinde zu. Zugleich wirbt er für eine mythische Transformation der Jesusüberlieferung und bezieht die Idee des Gottmenschen nicht auf den Einzelnen, nicht auf die christlichen Kirchen, sondern auf die menschliche Gattung. Der Zusammenfall von Menschwerdung und Gottwerdung des Menschen solle den Fluchtpunkt der menschlichen Gattungsgeschichte bilden. Im 20. Jahrhundert führt Rudolf Bultmann das Projekt einer Entmythologisierung des Neuen Testamentes weiter. Aufgrund der prekären Quellenlage hält er eine zuverlässige historische Rekonstruktion des Lebens Jesu für unmöglich. Für das Kerygma der Kirche reiche das bloße Faktum des Gekommenseins Jesu. Diese „Christologie ohne Jesus“[20] hat den Einspruch seines Schülers Ernst Käsemann provoziert, der, wie bereits erwähnt, eine „neue Rückfrage“ nach dem historischen Jesus gefordert hat. Das Kriterium der Differenz sollte freilegen, was genuin jesuanisch ist und was nicht. Dadurch aber wurde Jesus schon vom methodischen Ansatz her seiner jüdischen Herkunft entkleidet. Die Forschung des *third quest* setzt dagegen einen heilsamen Kontrapunkt und versucht Jesus

---

20 Thomas Söding, Die Verkündigung Jesu – Ereignis und Erinnerung, Freiburg i. Br. 2011, S. 8.

genauer im Kontext des galiläischen Judentums der Zeitenwende zu verankern.

Die jüdische Jesusforschung hat in Teilen ebenfalls das Interesse, die dogmatische Christologie als spekulative Überhöhung zu desavouieren. Fast durchgängig ist eine Reserve gegenüber der altkirchlichen Konzilienchristologie zu beobachten. „Jesus ist mein älterer Bruder, aber der Christus der Kirche ist ein Koloß auf tönernen Füßen“[21], urteilt schon Martin Buber. Schalom Ben-Chorin warnt davor, Jesus „durch eine christlich-dogmatische Überhöhung zu spiritualisieren“, und spricht markant von der „Gefahr eines Christus-Gespenstes“[22]. Pinchas Lapide sekundiert: „1800 Jahre lang hat die Kirche drei Dinge gemacht: Sie hat ihn entjudet, sie hat ihn hellenisiert und sie hat ihn sehr wirksam uns allen verekelt: durch Zwangspredigten, durch Zwangstaufen, durch Kinderraub.“[23] Ähnliche Stimmen ließen sich bis in die Gegenwart fortsetzen.

Eine Koalition von liberaler Exegese und jüdischer Leben-Jesus-Forschung scheint demnach nahezuliegen – und Walter Homolka deutet seine Sympathien für einen solchen Schulterschluss mehrfach an. Dennoch zögere ich als systematischer Theologe einzuwilligen, wenn diese Koalition auf eine Relativierung dogmatischer Christologie hinauslaufen soll. Gewiss trifft es zu, dass eine Depotenzierung der Christologie durch christliche Exegeten, welche das Judesein Jesu herausstellen und zugleich das kirchliche Christusbekenntnis als nachösterliche Konstruktion verabschieden, das Gespräch mit dem Judentum auf den ersten Blick erleichtern würde. Der Stein des Anstoßes wäre weggerollt. Eine solche Depotenzierung käme der ‚Heimholung Jesu ins Judentum‘ durch jüdische Gelehrte entgegen, welche den Glauben Jesu anerkennen, den Glauben

[21] Zitiert nach Schalom Ben-Chorin, Zwiesprache mit Martin Buber, Gerlingen 1978, S. 63.

[22] Schalom Ben-Chorin, Das Judentum im Ringen der Gegenwart, Hamburg 1965, S. 42.

[23] Hans Küng/Pinchas Lapide, Jesus im Widerstreit, München 1976, S. 13.

an Jesus und damit eine christologische Deutung seines Wirkens und seiner Person aber strikt ablehnen. Einer solchen Koalition haftete allerdings das Manko an, dass sie am Selbstverständnis gläubiger Christinnen und Christen vorbeigeht, die sich auch heute zu Jesus als dem Christus und Sohn Gottes bekennen - in Gebet, Liturgie und dem Dogma der Kirche, das für sie eine Orientierungsmarke bleibt, die immer neu auszulegen und zu aktualisieren ist.

Dennoch wird christliche Theologie, die bereit ist, sich selbst mit den Augen der anderen zu sehen, auf die Ergebnisse der jüdischen Jesus-Forschung nicht vorschnell mit Antireflexen reagieren, sondern dankbar zur Kenntnis nehmen und selbstkritisch fragen, was sie aus diesen Einsprüchen lernen kann. Sie wird zugestehen, dass mit der Ausbuchstabierung der Christologie auch Verluste verbunden gewesen sind. Zweifelsohne ist ja mit der Inkulturation des christlichen Glaubens in den hellenistischen Denkhorizont[24] eine begrifflich-spekulative Durchdringung angestoßen worden, die nicht nur die geschichtliche Dimension, sondern auch das galiläische Kolorit der Reich-Gottes-Verkündigung Jesu in den Hintergrund gedrängt hat. Gleichwohl wird man nicht sagen können, dass die altkirchliche Konzilienchristologie das unbegreifliche Geheimnis des Nahekommens des Logos Gottes in Jesus Christus begrifflich fixiert und sich im Sinne einer *usurpatorischen* Theologie Gottes bemächtigt hätte. Gegenüber dem Verdacht, dogmatische Definitionen seien begriffliche Idole, die sich an der Unbegreiflichkeit Gottes vergreifen, lässt sich nicht nur der Hinweis anbringen, dass der unbegreifliche Gott sich selbst begreiflich machen wollte, wie Leo der Große in seinem Brief an

---

[24] Vgl. Christoph Markschies, „Hellenisierung des Christentums"? - die ersten Konzilien, in: Friedrich Wilhelm Graf/ Klaus Wiegandt (Hg.), Die Anfänge des Christentums, Frankfurt/M. 2009, 397–436; Georg Essen, Hellenisierung des Christentums? Zur Problematik und Überwindung einer polarisierenden Deutungsfigur, in: Theologie und Philosophie 87 (2012) S. 1–17.

Flavian prägnant notiert hat: *incomprehensibilis voluit comprehendi* (DH 294).[25] Auch lassen sich in den dogmatischen Entscheidungen der Alten Kirche sprachliche Alteritätssignale aufweisen, die den Raum für das Geheimnis offenhalten und im Sinne einer privativen Theologie gelesen werden können, die im Zugleich von Präsenz und Entzug den eigentlichen Grundzug biblischer Offenbarung erblickt.[26]

So richtet sich die Rede von Jesus Christus als dem gleichwesentlichen Sohn des Vaters auf dem Konzil von Nizäa 325 gegen den Subordinatianismus des Arius, der in seiner Thalia gelehrt hatte, dass der Sohn dem Vater „wesensfremd" sei, und allein der Monas Gottes Ewigkeit zugesprochen hatte. Im Sinne der mittelplatonischen Kosmologie identifiziert Arius den Sohn mit dem Schöpfungsmittler und Demiurgen, den er auch als erstes Geschöpf vor aller Schöpfung bezeichnet. Das Konzil widersetzt sich dieser Identifikation und lehrt die Gleichwesentlichkeit zwischen Vater und Sohn, ohne positiv anzugeben, wie die ontologische Gleichrangigkeit von Vater und Sohn näher verstanden werden soll. Klar wird der Subordinatianismus zurückgewiesen, der Gott nach einem Wort Erik Petersons auf die Rolle eines konstitutionellen Monarchen reduziert, der den Gläubigen allenfalls in seinen Ministern nahekommt; klar wird auch der Monarchianismus zurückgewiesen, der die Offenbarungsgestalten, in denen Gott zunächst als Schöpfer, dann als Sohn und Erlöser und schließlich als Heiliger Geist nahekommt, als Masken Gottes betrachtet. Diese Wege werden als Sackgassen, die Gott begrifflich durchschauen wollen, abgewiesen, um den Raum für das Geheimnis offenzuhalten. In Treue zu den neutestamentlichen Aussagen wird lediglich ge-

---

[25] Leo der Große hat allerdings sehr wohl mit zum Ausdruck gebracht, dass die Offenbarung mit einer Vorenthaltung verbunden ist – dergestalt, dass der Logos „unsichtbar im Seinigen *(in suis invisibilis)* im Unsrigen sichtbar *(in nostris visibilis)* geworden" ist (DH 294).

[26] Die Unterscheidung zwischen ‚privativer' und ‚usurpatorischer' Theologie hat Eckhard Nordhofen in die Debatte eingeführt. Vgl. Ders., Corpora. Die anarchische Kraft des Monotheismus, Freiburg i. Br. [2]2018.

sagt, dass Jesus Christus Gottes Sohn ist, wie dieses Bekenntnis aber mit dem Monotheismus Israels zu vereinbaren ist, den auch das Konzil selbstverständlich fortzuschreiben gedenkt, bleibt ungesagt. Diesen Hof des Ungesagten im Gesagten gilt es wahrzunehmen. Das Konzil übersetzt die neutestamentlichen Bekenntnisaussagen zu Jesus als dem präexistenten Logos und Sohn Gottes in eine hellenistische Sprachgestalt – mit dem Nebeneffekt, dass im Horizont griechischen Denken erstmals gedacht wird, was bislang undenkbar war, dass nämlich das göttliche Eine nicht als beziehungslose Entität, sondern als Wirklichkeit in Beziehung anzusehen ist. Anders als Arius, der jede Zweiheit aus der Monas Gottes ausgeschlossen hatte, wird eine Differenzierung in den Gottesbegriff eingetragen. Darin kann man eine Revolution im Gottesbegriff erblicken. Der nichtbiblische Begriff ὁμοούσιος macht deutlich, dass die Relation zwischen Vater und Sohn das Gottsein Gottes bestimmt, er entspricht damit den biblischen Aussagen, dass Gott Leben, dass Gott Liebe ist.[27] Die Liebe Gottes aber erweist sich darin, dass der Sohn Gottes „um unseres Heiles willen herabgestiegen und Fleisch und Mensch geworden ist" (DH 125). Die soteriologische Bedeutung der Menschwerdung würde aus Sicht des Konzils ausgehöhlt, wenn in Jesus Christus nicht Gott selbst, sondern nur ein besonders gottbegabter Mensch nahegekommen wäre. Dann wäre, wie Athanasius von Alexandrien deutlich macht, Gott nach wie vor der radikal Transzendente, und die Kluft zwischen ihm und der Schöpfung bliebe unüberbrückt bestehen. Auch wäre die Lehre von der Vergöttlichung des Menschen (θέωσις), die auf der Menschwerdung des Wortes Gottes aufruht, ohne Fundament.[28] Wie sich allerdings die

---

[27] Vgl. dazu meinen Versuch: „Der Vater wäre ohne den Sohn nicht Vater". Zur Revolution des Gottesbegriffs auf dem Konzil von Nicaea, in: IKaZ Communio 44 (2015) S. 22–36. Der Durchbruch des Trinitätsglaubens hat in der Alten Kirche auch Auswirkungen auf die politische Theologie; er untergräbt den Versuch, die kaiserliche Monarchie theologisch zu legitimieren.

[28] Vgl. Athanasius von Alexandrien, Gegen die Heiden – Über die

Selbstmitteilung Gottes im menschgewordenen Wort zu den Offenbarungsgestalten des Alten Testaments verhält, bleibt offen.

Mit der Lehre von der Gleichwesentlichkeit von Vater und Sohn ist allerdings verbunden, dass Maria, die Mutter Jesu, nicht nur „Christusgebärerin", wie Nestorius vorgeschlagen hat, sondern auch „Gottesgebärerin" (θεοτόκος) genannt werden kann (DH 251). Dieser in der hymnischen Gebetssprache schon sehr früh nachweisbare und in der Theologie des Alexander von Alexandrien gebrauchte Titel[29] ist nicht so zu verstehen, als habe Maria einen Gott zur Welt gebracht. Das wäre in der Tat eine mythologische Vorstellung. Vielmehr soll der Titel „Gottesgebärerin" zum Ausdruck bringen, dass Maria den geboren hat, der von Beginn seiner menschlichen Existenz an mit dem göttlichen Wort hypostatisch geeint war. Dies stellt das Konzil von Ephesus 431 klar – und bemerkenswert ist, dass im Konzilstext Jesus Christus mehrfach als „Emmanuel" bezeichnet wird (vgl. DH 252, 259). Gott ist mit uns und bei uns als Mensch! Das Gott-mit-uns-Sein, das in der griechischen Diktion durch ein hebräisches Wort in Erinnerung gerufen wird (vgl. Jes 7,14), zeigt sich „auf unaussprechliche und unbegreifliche Weise" (DH 250) in der Menschwerdung des Wortes Gottes, das durch Maria zur Welt gebracht wird. Die Inkarnation des Logos wird vom Konzil von anderen Formen der Einwohnung ausdrücklich abgehoben, wenn unter Rekurs auf neutestamentliche Spitzenaussagen betont wird: „Wenn nämlich ‚der Logos sich unter uns niedergelassen hat' (Joh 1,14), und es sogar heißt, dass in Christus ‚die ganze Fülle der Gottheit leibhaftig' (Kol 2,9) wohne, so verstehen wir dies doch so, dass er nach der Fleischwerdung nicht Wohnung genommen

---

Menschwerdung des Wortes Gottes, übersetzt und herausgegeben von Uta Heil, Frankfurt/M. 2008, S. 142.

[29] Vgl. die marianische Antiphon *Sub tuum praesidium*, die erstmals auf einem syrischen Textfragment des 3. Jahrhunderts bezeugt ist: „*Sub tuum praesidium confugimus / Sancta Dei Genetrix …*"

hat, wie man es von seiner Einwohnung in den Heiligen sagt – wir entscheiden, dass die Einwohnung nicht in derselben Weise auch in ihm geschehen ist –, und meinen vielmehr, dass er, geeint der Natur nach und nicht ins Fleisch verwandelt, die Einwohnung in der Weisung vollzogen hat, wie man es wohl auch von der menschlichen Seele im Verhältnis zu ihrem eigenen Leib sagen könnte."[30] Die Inkarnation wird hier als singuläre Form der Einwohnung ausgezeichnet, ohne dass über andere Formen der Inhabitation, wie sie im Alten Testament bezeugt sind, Näheres gesagt würde. Entscheidend ist, dass im menschgewordenen Wort die ganze Fülle der Gottheit leibhaft gewohnt hat. Dass Maria, die Mutter Jesu, eine jüdische Frau ist, die dem „semantischen Universum Israels" (Franz Mußner) entstammt, wird allerdings verschwiegen. Auch ist als misslich zu notieren, dass Nestorius, der sich als Patriarch von Konstantinopel für die Rede von der Christusgebärerin eingesetzt hatte, als „neuer Judas" diffamiert und seiner kirchlichen Ämter enthoben wurde.[31]

Um nun die menschliche Wirklichkeit Jesu nicht in der göttlichen aufgehen zu lassen und der Gefahr des Monophysitismus zu erliegen, wird auf dem Konzil von Chalcedon 451 die Rede der Gleichwesentlichkeit zwischen Vater und Sohn um die Rede von der Gleichwesentlichkeit Jesu mit uns ergänzt. Dadurch wird eine Amputation der menschlichen Wirklichkeit Jesu zurückgewiesen, wie sie am steilsten wohl von Eutyches vertreten wurde, der gelehrt hatte, die Menschheit Jesu sei von der Gottheit des Logos aufgesogen worden wie ein Honig-

---

[30] Dekrete der ökumenischen Konzilien, hg. von Josef Wohlmuth, Bd. 1: Konzilien des ersten Jahrtausends, Paderborn ^{3}2002, 52 f.

[31] George A. Bevan, The New Judas. The Case of Nestorius in Ecclesiastical Politics, 428–451 CE (Late Antique History and Religion, Bd. 13), Leuven 2016. Dabei ist mit der neueren Dogmengeschichtsschreibung zu sagen, dass Nestorius kein Nestorianer war, der eine „Zwei-Söhne-Christologie" vertreten hätte. Vielmehr hat er um das Problem der Einheit gerungen, wenngleich mit begrifflich unzureichenden Mitteln. Vgl. Alois Grillmeier, Jesus Christus im Glauben der Kirche, Freiburg 1986, Bd. 1, S. 661–691.

tropfen im Meer. Das Konzil stellt demgegenüber klar: Jesus Christus ist wahrhaft Gott und wahrhaft Mensch – *vere Deus et vere homo*. Die Frage aber, wie das Verhältnis zwischen göttlicher und menschlicher Wirklichkeit in der einen Person näher bestimmt werden soll, wird durch vier negative Adverbien beantwortet: „unvermischt, ungetrennt, ungeteilt und unveränderlich" (DH 301). Es wird jeweils damit gesagt, wie die Vereinigung der beiden Naturen *nicht* ausgesagt werden soll: das Adverb „*un*vermischt" wehrt den Monophysitismus ab und schützt die Transzendenz Gottes gegen die mythologische Vorstellung einer Verschleifung der göttlichen mit der menschlichen Wirklichkeit[32]; das Adverb „*un*getrennt" wehrt den Nestorianismus ab, der das Zueinander der beiden Naturen nur äußerlich zu bestimmen vermochte und dadurch die Einheit der Person gefährdete.[33] Durch die Definition von Chalcedon wird im Sinne einer negativen – oder besser noch: privativen – Christologie ein Freiraum für das unverfügbare Geheimnis der Menschwerdung des Wortes Gottes in Jesus Christus offengelassen.

Die christologischen Entwürfe des 20. Jahrhunderts haben die Aporien der klassischen Zwei-Naturen-Lehre freigelegt. Im Sinne einer Christologie von unten haben Theologen wie Walter Kasper, Thomas Pröpper und Georg Essen den Zusammenhang von Leben, Tod und Auferweckung Jesu als unbedingten Selbsterweis der Liebe Gottes gedeutet.[34] Dabei haben sie helle-

---

32 Die Betonung des bleibenden Unterschieds der Naturen durch das Konzil von Chalcedon hat auch Bedeutung für die politische Theologie. Die Sakralisierung von Herrschaft, wie sie im Cäsaropapismus des Ostens, aber auch in papolatrischen Tendenzen des Westens zu beobachten ist, bedeutet eine illegitime Vermischung des Menschlichen mit dem Göttlichen. Vgl. Karl-Heinz Menke, Jesus ist Gott der Sohn. Denkformen und Brennpunkte der Christologie, Regensburg [3]2012, S. 261 f.

33 Ausdrücklich wendet sich das Konzil gegen den Versuch, „das *Geheimnis* des Heilsgeschehens in eine Zweiheit von Söhnen zu zerreißen" (DH 300).

34 Vgl. dazu Magnus Lerch, Selbstmitteilung Gottes. Herausforderungen

nistische Wesenskategorien in solche des modernen Freiheitsdenkens überführt, um den normativen Gehalt der altkirchlichen Konzilien zu wahren, ohne ihn auf seine zeitbedingten Aussageformen festzulegen. Über die Differenz der epochalen Denkformen hinaus wäre mit Helmut Hoping das Defizit zu notieren, dass die Konzildefinition von Chalkedon durch die Betonung des *vere homo* das *vere homo iudaeus* vergessen lässt.[35] Daran aber erinnert korrektivisch die jüdische Leben-Jesu-Forschung in ihren unterschiedlichen Ausprägungen.

Inhabitation – Inkarnation: eine Annäherung bei bleibender Unterschiedenheit

Zum Schluss möchte ich einen Hinweis aufnehmen, den Walter Homolka am Ende seines Buches gibt und der das Verhältnis von Einwohnung Gottes und Inkarnation in den Blick rückt. Von jüdischer Seite werden in offiziellen Dokumenten der christliche Inkarnations- und Trinitätsglaube immer wieder als Unterschiede markiert. Statt von einer *prinzipiellen Differenz* könnte man abgeschwächt von einer *graduellen Stufung* sprechen, wenn man einen Wink von Michael Wyschogrod stärker beachtet, der von Walter Homolka nicht ohne Grund als „der vielleicht wichtigste jüdische Theologe der letzten fünfzig Jahre" (148) bezeichnet wird. Wyschogrod relativiert Martin Bubers Rede von der „Inkarnationslosigkeit des Judentums"[36], wenn er die Frage der Menschwerdung Gottes in

---

einer freiheitstheoretischen Offenbarungstheologie, Regensburg 2015, bes. S. 140–279.

[35] Vgl. Helmut Hoping, Jesus aus Galiläa. Messias und Gottes Sohn, Freiburg i. Br. 2019.

[36] Programmatisch hält er in seiner Rede „Die Brennpunkte der jüdischen Seele" vom März 1930 fest: „Die Inkarnationslosigkeit des dem ‚Fleisch' sich offenbarenden und ihm in der gegenseitigen Beziehung gegenwärtigen Gottes und die Zäsurlosigkeit der auf Erfüllung ausgerichteten und immerdar Entscheidung erfahrenden Menschengeschichte sind das letztlich Son-

Jesus Christus von der rabbinischen Theologie der Einwohnung her neu beleuchtet: „Die christliche Lehre der Inkarnation Gottes in Jesus ist die Steigerung der Lehre von der Einwohnung Gottes in Israel insofern, als sie von der Einwohnung in einem einzigen Juden spricht, statt diese Einwohnung auf das Volk Jesu als Ganze zu verteilen." (84)

Die mit dem Inkarnationsmotiv verbundene Vorstellung der Präexistenz des Logos ist dem Judentum ebenfalls nicht prinzipiell fremd. Darauf hat zuletzt Peter Schäfer in seinem Buch *Zwei Götter im Himmel* hingewiesen. So gibt es bereits im Buch Daniel die Vision vom Menschensohn, der mit den Wolken des Himmels kommt und dem Hochbetagten auf seinem Thron vorgestellt wird. Ihm werden „Herrschaft, Würde und Königtum gegeben", alle Völker, Nationen und Sprachen müssen ihm dienen, seine Herrschaft ist von ewiger Dauer (vgl. Dan 7,13 f.). In der jüdischen Weisheitsspekulation findet sich überdies die Idee der personifizierten Weisheit, die bereits vor der Erschaffung der Welt geboren wurde. Auch die Sprüche Salomos lassen die Weisheit verkünden, dass sie beim Schöpfungswerk bereits anwesend war und „allezeit" als „geliebtes Kind" (hebr. *amon*) vor dem Antlitz Gottes spielte (vgl. Spr 8,22–30). Gleichzeitig ist es die Freude der Weisheit, bei den Menschen zu sein (Spr 8,31). Der Drang der Weisheit „zur Immanenz in der irdischen Welt der Menschen" wird fortgeschrieben, wenn es heißt: „Er sprach: In Jakob sollst du wohnen, in Israel sollst du deinen Erbbesitz haben" (Sir 24,8). Peter Schäfer kommentiert: „Die inkarnierte Weisheit wird von Gott auf die Erde zu den Menschen geschickt, um bei ihnen zu wohnen."[37] Bei Philo von Alexandrien rückt der Logos dann sehr

---

dernde zwischen Judentum und Christentum." Martin Buber, Der Jude und sein Judentum. Gesammelte Aufsätze und Reden, Gerlingen ²1993, S. 205.

[37] Beide Zitate bei Peter Schäfer, Zwei Götter im Himmel, Tübingen 2017, S. 35.

nahe an Gott heran, wenn er als „Erstgeborener"[38] und „zweiter Gott"[39] bezeichnet wird, der die menschlichen Seelen nicht nur schafft, sondern auch ihre Verbindung zu Gott herstellt. Die Nähe zum Prolog des Johannesevangeliums ist hier mit Händen zu greifen, der allerdings einen entscheidenden Schritt über Philo hinausgeht, wenn er von der Fleischwerdung des göttlichen Logos spricht, diese Spitzenaussage aber sofort durch das Motiv der *Einwohnung* ergänzt: „und hat unter uns gewohnt" (Joh 1,14 - Vulgata: *et verbum caro factum est et habitavit in nobis*). Diese Aussage ist im Resonanzraum des Alten Testaments zu lesen. Denn „das Wohnen des Wortes unter uns, wörtlich sein Zelt-Aufschlagen unter uns, spielt an auf das Offenbarungszelt am Sinai, wo sich die Herrlichkeit Gottes zeigt (Ex 19f.; 33,7–34,35; 40, 34–38)."[40] Dieses Motiv wird durch die rabbinische Theologie der Schekhina weitergeführt - eine Lehre, die nach der Zerstörung des zweiten Tempels 70 n.Chr. ausgebaut wurde.

Sowohl der Gedanke der Menschwerdung als auch die Vorstellung der Schekhina sprengen die Kategorien der philosophischen Gotteslehre, insofern sie den Begriff Gottes in Verbindung bringen mit der Geschichte der Menschen. Anders als Platon und Aristoteles, die das göttliche Eine in Kategorien der Geschichtstranszendenz, der Unveränderlichkeit und Apathie gefasst hatten[41], beschreiben christliche Theologen und Rabbinen den Akt der Zuwendung Gottes zu seinem erwählten Volk in Kategorien der Relation und des geschichtlichen Werdens. Die Vorstellung der Schekhina geht von einer geschichtsbegleitenden *Kondeszendenz* und besonderen Präsenz Gottes bei seinem erwählten Volk aus: im brennenden Dornbusch, in

---

[38] Philo von Alexandrien, De confusione linguarum, S. 146f. (Werke V, ed. Leopold Cohn, S. 35).

[39] Ders., Quaestiones in Genesim 2,6 (ed. Françoise Petit, S. 116).

[40] Christian Rutishauser, Christlicher Inkarnationsglaube und interreligiöser Dialog, in: Ders., Christlichen Glauben denken, Münster 2016, S. 132–151, hier S. 142.

[41] Vgl. Platon, Politeia VI (509b); Aristoteles, Metaphysik, XII, 7 (1073a).

der Wolken- und in der Feuersäule, auf dem Berg Sinai, im Bundeszelt, im Tempel, aber auch in der bedrängten und leidenden Gemeinde. Gott bleibt demnach nicht in sich und für sich, er wendet sich seinem Volk zu, in dem er sich herablässt und sich ihm zuneigt. Der in Jes 7,14 erwähnte Name „Immanu-El" – Gott mit uns – wurde von den Rabbinen mit Blick auf die Einwohnung Gottes umgeschrieben: „Immanu-Schekhina" (bHag 14b)[42]. Die Schekhina selbst wird schließlich immer wieder in anthropomorphen Wendungen beschrieben. Als irdische Gegenwartsweise des himmlischen Gottes können ihr ein menschliches Antlitz, aber auch körperliche Attribute wie sogar „Füße" oder „Schwingen" attestiert werden – Zuschreibungen, welche sich trotz des Bilderverbots bereits im Alten Testament finden.[43] Ohne die genuin jüdische Vorstellung der Schekhina christlich zu vereinnahmen, lässt sich in ihr eine gewisse Nähe zur Vorstellung der Inkarnation erkennen, insofern als sie die Transzendenz Gottes über das Motiv der Einwohnung mit der Immanenz in der Geschichte in Verbindung bringt.

Diese Beobachtungen haben Michael Wyschogrod zu der These veranlasst, dass die christliche Inkarnationstheologie als Steigerung der Lehre von der Einwohnung Gottes in Israel betrachtet werden kann. Er hat sich für diese Auffassung auf den Prolog des Johannes-Evangeliums berufen, in dem die Einwohnung Gottes im Tempel in Jerusalem und bei seinem Volk Israel verschoben und konzentriert werde auf den einen Juden namens Jesus von Nazareth. Diese Verschiebung und Konzentration lehnt Wyschogrod als Jude ab. Aber auf der Linie eines jüdischen Inkarnationsverständnisses, für das ihm, wie er einräumt, erst im Gespräch mit christlicher Theologie die Augen

[42] Vgl. Ernst Ludwig Ehrlich, Wo wohnt Gott? Die Vorstellung von der Schechina, in: Ders., Von Hiob zu Horkheimer. Gesammelte Schriften zum Judentum und seiner Umwelt, hg. von Walter Homolka und Tobias Barniske, Berlin – New York 2009, S. 33–42.

[43] Vgl. dazu die faszinierende Studie von Christoph Markschies, Gottes Körper. Jüdische, christliche und pagane Gottesvorstellungen in der Antike, München 2016.

geöffnet wurden, hat er die denkwürdigen Sätze formulieren können: „Wenn wir bereit sind, die Einpflanzung Jesu in sein Volk ernst zu nehmen, wenn das Israel, das ihn hervorbrachte und dessen (spirituelle, geographische, sprachliche, intellektuelle usw.) Grenzen er nie verließ, mehr ist als bloß die Kulisse des Dramas, der Hintergrund, von dem man Jesus eher abheben müsste als ihn darin zu integrieren, wenn das alles sich änderte, dann muss das, was für Jesus wahr ist, im wesentlichen auch für das jüdische Volke wahr sein. Und das schließt die Inkarnation ein."[44]

Walter Homolkas Buch „Heimholung Jesu" zeigt eindrücklich das vielgestaltige Panorama der jüdischen Leben-Jesu-Forschung vom 19. Jahrhundert bis in die Gegenwart. Diese „Auferstehung des jüdischen Jesus"[45] gibt der christlichen Theologie zu denken. Umgekehrt gibt die Auseinandersetzung mit dem Neuen Testament auch der jüdischen Forschung Impulse. Walter Homolka erinnert daran, dass Wissenschaftler wie Michael Cook „für die Institutionalisierung der neutestamentlichen Forschung als wesentlichen Bestandteil der Rabbiner-Ausbildung" kämpfen. Analog wäre auch für Ausbildungsstätten katholischer, evangelischer und auch orthodoxer Theologie eine Institutionalisierung der rabbinischen Theologie und der jüdischen Jesus-Forschung wünschenswert. Denn auf den radikalen Einschnitt in der Geschichte des Judentums – die Zerstörung des Tempels und die Einstellung des Opferkultes im Jahre 70 n. Chr. – gab es im Grunde genommen zwei Antworten: (1) die christliche, die das Alte Testament von den Propheten auf Jesus Christus hin und von ihm her gelesen hat, und (2) die rabbinische, die in der Zeit ohne Tempel das Alte Testament von der Tora als Zentrum her neu zu lesen und zu kommentie-

---

44 Michael Wyschogrod, Inkarnation aus jüdischer Sicht, in: Evangelische Theologie 55 (1995) S. 13–28, hier S. 26.

45 Ágnes Heller, Die Auferstehung des jüdischen Jesus. Aus dem Ungarischen von Christian Konze, Berlin – Wien 2002.

ren begann. Mit dem Neuen Testament und dem Talmud haben beide Leseweisen normative Textkorpora ausgebildet. Vor diesem Hintergrund hat Joseph Ratzinger die programmatische, bislang zu wenig beachtete Aussage getroffen: „Wir erkennen es nach Jahrhunderten des Gegeneinanders als unsere Aufgabe, dass diese beide Weisen der neuen Lektüren der biblischen Schriften – die christliche und die jüdische – miteinander in Dialog treten müssen, um Gottes Willen und Wort recht zu verstehen."[46]

In seinem Buch „Heimholung Jesu" gibt Walter Homolka wichtige Impulse, wie die Entfremdungsgeschichte in eine Geschichte wechselseitiger Lernbereitschaft überführt werden kann. Denn sowohl die jüdische Forschung zu Jesus als auch die vielfältige Präsenz des Nazareners in der jüdischen Literatur und Kunst zeigt, dass sich Juden mit der Person Jesu sehr wohl identifizieren können, ohne das christliche Bekenntnis zu Jesus Christus zu teilen. Dadurch rufen sie in Erinnerung, was in der christlichen Theologie-Tradition Jahrhunderte lange verdrängt und vergessen wurde, dass das Wort – um mit Karl Barth zu sprechen – nicht Mensch in irgendeiner Allgemeinheit, sondern *„jüdisches* Fleisch" geworden ist. In der Liturgie der Kirche ist seit dem 6. Jahrhundert an die Beschneidung Jesu erinnert worden – das rituelle Zeichen, durch das er in den Abrahamsbund aufgenommen wurde (vgl. Lk 2,21). Mit der jüdischen Herkunft Jesu hat das Fest *In circumcisione Domini* zugleich die Schnittstelle zwischen Israel und der Kirche präsent gehalten.[47]

Die Lage ist allerdings widersprüchlich: Obwohl das II. Vatikanum das Verhältnis zum Judentum auf eine neue Grundlage gestellt hat, wurde das Fest der Beschneidung Jesu durch

---

[46] Joseph Ratzinger – Benedikt XVI., Jesus von Nazareth. Teil II: Vom Einzug in Jerusalem bis zur Auferstehung, Freiburg i. Br. 2009, S. 49.

[47] Vgl. Jan-Heiner Tück (Hg.), Die Beschneidung Jesu. Was sie Juden und Christen heute bedeutet. Mit einem Geleitwort von Walter Kardinal Kasper, Freiburg i. Br. 2020.

die nachkonziliare Liturgiereform 1969 abgeschafft. Gewiss, die Geschichte der christlichen Theologie der Beschneidung Jesu ist nicht frei von antijüdischen Stereotypen. Bei einer Wiedereinführung des Festes müsste der hermeneutische Rahmen so gesetzt werden, dass alle antijüdischen Spuren getilgt werden: Wenn Israel „Gottes Augapfel" (Sach 2,12) ist und im ungekündigten Bund steht, dann muss auch das Zeichen dieses Bundes theologisch gewürdigt werden. Die heilsgeschichtliche Bedeutung des Rituals, das Jesus als einen Sohn des Bundesvolkes Israels ausweist, der „an Vorhaut und Herz" beschnitten ist, müsste in einer erneuerten liturgischen Partitur klar herausgestellt werden. Hier ergibt sich eine deutliche Konvergenz mit der jüdischen Jesus-Forschung, die, wie Walter Homolka in seiner Studie eindrücklich zeigt, ihrerseits an die jüdische Herkunft Jesu erinnert, wenn sie Leben und Wirken des Nazareners im galiläischen Judentum der Zeitenwende genauer situiert.

Sie ist damit ein wichtiges Korrektiv gegen eine geschichtsvergessene christliche Theologie. Die Vielfalt der Bilder der jüdischen Jesus-Forschung zeigt allerdings auch, dass es *das* Bild nicht gibt. Wer das Geheimnis der Person Jesu begrifflich fixieren will, vergreift sich an ihm, er bleibt der Unbegreifliche, der nahekommt, mitwandert und sich in dem Moment entzieht, da er erkannt wird, wie es die Emmaus-Perikope erzählt (vgl. Lk 24,23–35). Christen verehren ihn als Retter und Freund. Juden können ihn als Sohn des Volkes Israel und Bruder würdigen.

Kapitel 1
Jesusbilder von der Antike bis zur frühen Neuzeit: Ein Faktencheck

1.a. Das Leben Jesu nach den Quellen

Die frühchristlichen Evangelien gelten als die wichtigsten Quellen zum äußeren Lebensgang Jesu. Am besten dokumentiert ist dabei die Passionsgeschichte. Das früheste der drei synoptischen Evangelien, das Markusevangelium, ist um 70 entstanden und greift auf noch ältere Materialien zurück. Allerdings bieten alle Evangelien eine nachösterliche Perspektive an. Die Quelle mit höchstem Authentizitätsgrad ist die so genannte Logienquelle Q mit Worten Jesu. Die außerchristlichen Zeugnisse (Flavius Josephus, Sueton, Tacitus) sind mit Blick auf die Biographie Jesu wenig ergiebig.[1] Nach Johann Maier findet sich die erste, aber wenig aussagekräftige jüdische Erwähnung im so genannten „Testimonium Flavianum" in Ant XVIII, 63f. (vgl. XX, 199–203 zum Martyrium des Jakobus), dessen Wortlaut aber wohl christlich überarbeitet ist.[2] Es heißt bei Josephus:

> Um diese Zeit lebte Jesus, ein weiser Mensch, wenn man ihn überhaupt einen Menschen nennen darf. Er war nämlich der Vollbringer ganz unglaublicher Taten und der Lehrer aller Menschen, die mit Freuden die Wahrheit aufnahmen [...] Er war der Christus. Und obgleich ihn Pilatus auf Betreiben der Vornehmsten unseres

---

[1] Zur Quellenlage siehe Jürgen Roloff, Jesus von Nazareth, in: Religion in Geschichte und Gegenwart, hg. v. Hans Dieter Betz et al., Tübingen [4]2001, Bd. 4, Sp. 463–467.

[2] Johann Maier, Judentum von A bis Z. Glauben, Geschichte, Kultur, Freiburg i.Br. 2001, S. 231.

Volkes zum Kreuzestod verurteilte, wurden doch seine früheren Anhänger ihm nicht untreu.

Die frühen Jahre

Aus Jesu Jugendzeit wissen die Evangelien nur wenig zu berichten. Er stammte aus dem untergaliläischen Nazareth und wurde nach Mt 2,1 als erstes Kind der Maria (Mirjam) noch vor dem Tod Herodes des Großen im Jahr 4 v. u. Z. geboren, also wohl wenige Jahre vorher. Sein Name, Jesus, ist die griechische Übersetzung des hebräischen *Jehoshua* („Gott hilft"). Der Evangelist Markus schreibt von mindestens sechs Geschwistern: Jakobus, Joses, Judas, Simon sowie von den Schwestern Jesu, die aber namenlos bleiben. Zwei fiktionale Vorfahrenslisten (Mt 1; Lk 3) machen Jesus von Nazareth zum Nachkommen von Abraham und König David, sind aber ebenso wie das Motiv von der Jungfrauengeburt keine historischen Aussagen, sondern haben vielmehr theologische Bedeutung.

Ob Bethlehem bei Jerusalem der tatsächliche Geburtsort Jesu ist oder nur wegen der Davidsverheißung mit ihm in Verbindung gebracht wurde, bleibt fraglich. Die These, dass Jesus im galiläischen Bethlehem *(Beit Lehem Ha'glilit)* in der Nähe von Nazareth und nicht etwa vor den Toren Jerusalems zur Welt kam, wurde bereits 1922 von Joseph Klausner (1874–1958) vertreten.[3] Er verwies darauf, dass dieses galiläische Bethlehem im Talmud und in der Midrasch-Literatur vorkommt; Ausgrabungen belegen, dass es zur Zeit Jesu ein bedeu-

---

[3] Joseph Klausner, Jesus of Nazareth. His Life, Times and Teachings (Übersetzung der hebr. Originalausgabe *Yeshu ha-Notsri, zemano, hayav ve-torato* von 1922), New York 1989, S. 231 f. Deutsch: Joseph Klausner, Jesus von Nazareth. Seine Zeit, sein Leben und seine Lehre, Jerusalem [3]1952. Siehe auch Mordechai Aviam, Jews, Pagans and Christians in the Galilee: 25 Years of Archaeological Excavations and Surveys: Hellenistic to Byzantine Periods, Rochester 2004, S. 315. Siehe Angelika Strotmann, Der historische Jesus: eine Einführung, Paderborn [3]2019, S. 62.

tender Ort war, während es für Bethlehem in Judäa keine Befunde aus herodianischer Zeit gibt. Der Satz „Und da acht Tage um waren, dass das Kind beschnitten würde, da ward sein Name genannt Jesus […]" (Lk 2,21) verweist darauf, dass die Familie als Juden unter Juden lebte. Als Erstgeborener einer jüdischen Familie wurde Jesus im Tempel ausgelöst; später erlernte Jesus den Beruf seines Vaters (Mk 6,3; Mt 13,55). Josef war ein Handwerker (griech. Τέκτων, oft irreführend als „Zimmermann" übersetzt) und hatte wohl mit der Verarbeitung von Holz, Lehm oder Steinen zu tun. Nach Lk 2,46 f. beeindruckte Jesus die Jerusalemer Schriftgelehrten im Tempel schon mit zwölf Jahren mit seiner guten Torakenntnis, was auf den Besuch eines Lehrhauses hindeutet, aber auch ein fiktionaler Einschub sein kann, um ihn als herausragenden Toralehrer zu kennzeichnen. Jesu Muttersprache war galiläisches Westaramäisch; daneben muss er das Hebräische beherrscht haben, denn nach Lk 4,16 las Jesus aus der Tora, bevor er sie auslegte. Seine häufige Frage an seine Hörer „Habt ihr nicht gelesen?" (Mk 2,25; 12,10.26; Mt 12,5; 19,4 u. a.) deutet auf seine Lesefähigkeit hin. Ob er zudem etwas Griechisch sprach (die griechische Koine war damals die Verkehrssprache im Osten des Römischen Reichs), ist nicht belegt.

Öffentliches Auftreten

Im Zusammenhang mit der einzigen direkten Jahresangabe der Evangelien über das Auftreten des Täufers ist die Annahme einer gut zweijährigen Dauer des öffentlichen Wirkens, mit der auch der Kontext von Pessach 30 als wahrscheinliches Todesdatum übereinstimmt, für den Exegeten Anton Vögtle am besten zu begründen.[4] Nach Lk 3,1 ff. war Jesus etwa 30 Jahre

---

[4] Anton Vögtle, Jesus Christus nach den geschichtlichen Quellen, in: Lexikon für Theologie und Kirche, hg. v. Josef Höfer/Karl Rahner, Freiburg ²1986, Bd. 5, Sp. 922 ff.

alt, als er begann, öffentlich zu wirken: „Im 15. Jahr der Herrschaft des Kaisers Tiberius, als Pontius Pilatus Statthalter von Judäa war." Vorübergehend gehört Jesus dem Kreis um Johannes den Täufer an, der in der Jordanlandschaft Peräa am Toten Meer als asketischer Prophet auftrat und in Anbetracht des bevorstehenden Kommen Gottes und des endzeitlichen Gerichts zur Umkehr aufrief.

> Der Täufer bot dadurch in ritueller Form Sündenvergebung – unabhängig von den Sühnemöglichkeiten des Tempels – an. Das war ein Mißtrauensvotum gegen die zentrale religiöse Institution des Judentums. Sie war ineffektiv geworden.[5]

Johannes war laut Lk 1,5 der Sohn des Priesters Zacharias aus der Priesterklasse Abija und der Elisabeth aus dem Geschlecht Aarons.

Jesu Taufe im Jordan entspricht der *Tewila*, dem traditionellen Ganzkörpertauchbad zur rituellen Reinigung. Die Begegnung mit Johannes bedeutet eine entscheidende Wendung; in Folge seiner eigenen Berufungserfahrung kehrte Jesus nach Galiläa zurück und beginnt im Frühjahr 28 oder 29 sein eigenständiges Wirken als charismatischer Wanderprediger. Sein Wohnsitz ist Kapernaum am Nordostende des Sees Genezareth, sein Wirkungskreis das jüdisch besiedelte Gebiet nördlich und östlich des Sees. Galiläa galt damals als Unruheregion. Die dortige jüdische Bevölkerung sah sich vom religiösen Zentrum in Judäa abgeschnitten und von heidnischen Einflüssen bedroht. Kapernaum lag damals genau an der Grenze zwischen dem Gebiet des Herodes Antipas und des Philippus.

In Kapernaum selbst fand Jesus offenbar wenig Zuspruch. Von dort aus brach er mit ersten Begleitern und Begleiterinnen, Simon, Andreas, Levi, Maria aus Magdala, in die Umgebung auf. Von seinen Anhängern forderte er, Eltern, Kinder und den gewohnten Alltag aufzugeben und ihm zu folgen: „Wer

---

[5] Gerd Theißen/Annette Merz, Der Historische Jesus: Ein Lehrbuch, Göttingen [4]2011, S. 493.

nicht hasst Vater oder Mutter, kann nicht sein mein Jünger. Wer nicht hasst Sohn oder Tochter, kann nicht sein mein Schüler." (Lk 14,26) Der Evangelist Johannes schreibt von drei Jahren, in denen Jesus öffentlich auftrat, während die drei Synoptiker von einem Jahr und auch nur von einer Reise Jesu nach Jerusalem ausgehen. Seine Reisewege lassen sich nicht genau rekonstruieren; viele Ortsangaben der Evangelien sind nachträglich eingefügt worden und spiegeln die Verbreitung des Christentums zur Zeit ihrer Redaktion wider.

Jesu Botschaft

Wie lässt sich nun, ausgehend von den historischen Belegen und den Schriftquellen, die uns zugänglich sind, die Quintessenz der Lehre Jesu zusammenfassen? Theißen unternimmt den Versuch einer Definition:

> Im Zentrum der Botschaft Jesu stand der jüdische Gottesglaube: Gott war für ihn eine ungeheure ethische Energie, die bald zur Rettung der Armen, Schwachen und Kranken in die Welt verwandelt werde, die aber für alle, die sich nicht von ihr ergreifen ließen, zum „Höllenfeuer" des Gerichts werden konnte. Jeder hatte die Wahl. Jeder hatte die Chance, gerade die, die nach religiösen Maßstäben Versager und Verlierer waren. Jesus suchte die Gemeinschaft mit ihnen […].[6]

Jesu Predigt- und Argumentationsstil ist im Wesentlichen rabbinisch, seine Gleichnisse (hebr. *meshalim*) folgen der biblischen Bildersprache, wobei die Bilder aus dem landwirtschaftlichen Alltag und der Fischerei stammen: der Sämann, das Senfkorn, der Menschenfischer, die „Stillung" des Sturmes. Seine ersten Jünger nannten ihn „Rabbi" (Mk 9,5; 11,21; 14,45; Joh 1,38.49; Joh 3,2; 4,31 u.a.) oder „Rabbuni" (Mk 10,51; Joh 20,16). Diese aramäische Anrede bedeutet „mein Meister" und

---

[6] Theißen/Merz, Der Historische Jesus, S. 494.

entsprach dem griechischen διδάσκαλος für „Lehrer." Sie drückte Ehrerbietung aus und gab Jesus denselben Rang wie den pharisäischen Schriftgelehrten (Mt 13,52; 23,2.7 f.). Nach Mk 6,1–6 wurde Jesu Lehre in seiner Heimatstadt abgelehnt, so dass er nicht mehr dorthin zurückgekehrt sei. Aber nach Mk 1,31 versorgten Frauen aus Jesu näherer Umgebung ihn und seine Jünger. Sie blieben nach Mk 15,41 bis zum Tod bei ihm.

Wie Hillel (ca. 30 v. bis 9 n. u. Z.) räumte Jesus der Nächstenliebe den gleichen Rang wie der Gottesfurcht ein und ordnete sie damit den übrigen Torageboten über (Mk 12,28–34). Nachdem das aus einer christlichen Nichtkenntnis bzw. Verkennung des Judentums zur Zeit Jesu lange so kommentiert wurde, dass Jesus eine aus dem Judentum unableitbare Auslegung der Halacha vertreten habe, wird dies inzwischen mit Verweis auf das plurale Judentum seiner Zeit als innerjüdische Toradeutung gelesen. Für Joseph Klausner beschreiben die Evangelien Jesus als gesetzestreuen Juden:

> So sehr auch die synoptischen Evangelien von Feindseligkeiten gegen die Pharisäer erfüllt sind, können sie doch nicht umhin, Jesus in seiner Haltung zum Gesetz als pharisäischen Juden zu schildern. So befiehlt er bei verschiedenen Gelegenheiten, Opfer darzubringen (Mk 1,44; Mt 5,23 f.); auch wendet er nichts gegen Fasten und Beten ein, sofern dies ohne Überheblichkeit geschehe (Mt 6,5–7,16,18) […] Er selbst erfüllt alle Zeremonialgesetze, trägt Schaufäden (Mk 6,56 und Parallele), entrichtet den halben Schekel für den Tempel, wallfahrtet zum Pessach nach Jerusalem, spricht den Segen über Wein und Brot usw. Seine Schüler warnt er vor Berührung mit Heiden und Samaritanern; auf die Bitte, ein heidnisches Kind zu heilen, gibt er eine von extrem-nationalistischem Geiste durchdrungene Antwort.[7]

Die der Logienquelle zugewiesenen „Seligpreisungen" (Lk 6,20 ff., Mt 5,3 ff.) sagen Gottes Reich den aktuell Armen, Trau-

---

[7] Josef Klausner, Jesus von Nazareth, in: Encyclopaedia Judaica, Berlin 1932, Bd. 9, Sp. 69 f.

ernden, Machtlosen, Verfolgten als schon gegenwärtig und gewiss kommende gerechte Wende zur Aufhebung ihrer Not zu. Diese waren die ersten und wichtigsten Adressaten Jesu. Seine „Antrittspredigt" nach Lk 4,18–21 besteht nur aus dem Satz „Heute hat sich dieses Wort [Jes 61,1 ff.] vor euren Ohren erfüllt." Damit wird die biblische Verheißung eines „Jubeljahres" zur Entschuldung und Landumverteilung (Lev 25) für die gegenwärtig Armen aktualisiert. Die jüdische Landbevölkerung litt sozialhistorischen Untersuchungen nach unter Ausbeutung, steuerlichen Abgaben für Rom und den Tempel, täglicher römischer Militärgewalt, Schuldversklavung, Hunger, Epidemien und sozialer Entwurzelung.[8] Jesu Armenfürsorge, Heiltaten und die Tateinheit von Beten und Almosengeben ähneln dem späteren Auftreten des Wundercharismatikers Chanina Ben Dosa (um 40–75), einem Vertreter des galiläischen Chassidismus.[9] Auch deswegen ordnen heutige Religionswissenschaftler Jesus von Nazareth ganz in das damalige Judentum ein und betonen anders als frühere die Verwandtschaft seiner Botschaft mit dem Pharisäismus.[10]

Verhaftung, Prozess und Tod

Die vier Evangelien berichten zusammenhängend nur von Jesu letzten Lebensjahren. Die Abfolge von Einzug, Tempelreinigung, Verhaftung, Verhör Jesu im Haus des Hohenpriesters, Auslieferung an Pilatus, Verhör durch die Römer, Geißelung, Verspottung, Hinrichtung durch römische Soldaten und Grablegung stimmt in den synoptischen Evangelien in vielen Details

[8] David L. Balch/John E. Stambough, Das soziale Umfeld des Neuen Testaments (Grundrisse zum Neuen Testament, Bd. 9), Göttingen 1992.

[9] Bernd Kollmann, Paulus als Wundertäter, in: Paulinische Christologie, hg. v. Udo Schnelle/Thomas Söding, Göttingen 2000, S. 95 f.

[10] Schalom Ben-Chorin, Judentum und Jesusbild, in: Neues Lexikon des Judentums, hg. v. Julius H. Schoeps, Gütersloh 2000, S. 400–02.

überein. Von wem Jesu Festnahme ausging, ist hingegen umstritten. David Flusser etwa fragt, ob es überhaupt eine Sitzung des Hohen Rats gegeben habe, die Jesus zum Tode verurteilt haben soll.[11]

Jesus und seine Jünger lagerten im Garten Getsemani am Fuß des Ölbergs, eine Lagerstätte für Pessachpilger. Dorthin soll Judas Ischariot in der Nacht nach dem letzten Mahl aller Jünger mit Jesus eine mit „Schwertern und Stangen" bewaffnete „große Schar" (Mk 14,43) bzw. „Söldnertruppe" (Joh 18,3) geführt haben. Paul Winter nahm daher an, dass Jesus nicht vom jüdischen Hohen Rat, dem Sanhedrin, festgenommen und verurteilt worden sei, sondern von den Römern in Begleitung von bewaffneten Juden der Tempelgarde. Die Besatzer hätten mögliche politisch-revolutionäre Tendenzen unterdrücken wollen, die in Jesu Gefolgschaft vorhanden gewesen seien oder durch seine Botschaft und Taten hervorgerufen werden konnten.[12]

Historiker beider Positionen nehmen gemeinsame Interessen der Römer und der sadduzäischen Oberschicht an Jesu Festnahme an. Denn der „Tempelkonflikt" habe die Machtposition der jüdischen Eliten unmittelbar bedroht, unvorhersehbare Folgen für die Autonomie der jüdischen Gemeinschaft gehabt und somit andauernde politische Instabilität verursachen können.[13] Die Folgen einer solchen Instabilität wären unabsehbar gewesen. In diesem Sinn gilt auch die von Kaiphas in Joh 18,14 überlieferte Abwägung als plausibel: „Es ist besser, dass ein Mensch statt des Volkes stirbt."

Zwei zeitgenössische jüdische Juristen haben sich mit den Vorgängen während des Prozesses Jesu befasst. Der Richter am Obersten Gerichtshof des Staates Israel und Rechtshistoriker Chaim Cohn (1911–2002) hat den Prozess ausführlich nachgezeichnet und ein detailliertes Bild der wahrscheinlichen

---

[11] David Flusser, Jesus, Reinbek 1968, S. 127–32.

[12] Paul Winter, On the Trial of Jesus, hg. v. T. A. Burkill/G. Vermes, Berlin [2]1974, S. 44–48, 136 ff.

[13] Theißen/Merz, Der historische Jesus, S. 408 ff.

Ereignisse um die Kreuzigung Jesu entworfen.[14] Sein Buch erschien 1968 auf Hebräisch und liegt seit 1997 auch auf Deutsch vor. Richter Cohn präsentiert uns anhand einer forensischen und historischen Analyse einen gesetzlichen, politischen und religiösen Kontext, in dem diese Ereignisse sich so hätten abspielen können. Cohns Leser sollen ihr Urteil darüber abgeben, ob tatsächlich von einer jüdischen Verantwortung für den Tod Jesu die Rede sein kann.

Der hessische Generalstaatsanwalt Fritz Bauer (1903–1968), dessen Namen vor allem für die juristische Aufarbeitung der NS-Verbrechen steht, verband seinen Aufsatz „Der Prozess Jesu" (1965) mit einem Plädoyer für eine humane Rechtsordnung.[15] Er schreibt:

> Im Pilatusurteil spiegelt sich die menschliche Unzulänglichkeit allen Richtertums, das Missverständnis und die Missdeutung des faktischen Geschehens, die Überforderung des Richters von der öffentlichen Meinung und ihrem Druck auf sein Urteil.

Eingangs erinnert er daran, dass der Prozess Jesu vom christlich-religiösen Standpunkt aus „der Prozess mit der Kreuzigung als Abschluss Gottes Ratschluß und Wille [war]; er lag im Weltenplan des Allmächtigen; ohne ihn gäbe es auch kein Christentum."

Die Hinrichtung unter Pontius Pilatus als Statthalter Judäas (26–36) geschah nach allen vier Evangelien am Vortag eines Schabbats, also an einem Freitag. Für die Synoptiker war es der Hauptfesttag des Pessach nach dem Sederabend, der 15. Nisan im jüdischen Kalender. Für das Johannesevangelium dagegen war es der Rüsttag zum Pessachfest, also der 14. Nisan. Diese Terminierung, die vom stark narrativ-fiktionalen Cha-

---

14 Haim Cohn, Der Prozeß und Tod Jesu aus jüdischer Sicht, Frankfurt a. M./Leipzig 2001.

15 Fritz Bauer, Der Prozeß Jesu, in: Fritz Bauer: Die Humanität der Rechtsordnung. Ausgewählte Schriften, hg. v. Joachim Perels/Irmtrud Wojak, Frankfurt a. M. 1998, S. 411–26.

rakter dieses späten Evangeliums zeugt, hat theologische Bedeutung: Jesus wäre dann nämlich zur Zeit der Schlachtung der Pessach-Lämmer gestorben.

Nach Mk 15,27 wurde Jesus zusammen mit zwei „Räubern“ auf dem Hügel Golgota („Schädelstätte“) vor der damaligen Jerusalemer Stadtmauer gekreuzigt, nach Lk 23,39 ff. begleitet von Hohn und Spott der Anwesenden. Der vormarkinische Passionsbericht nennt dazu keine Details und gibt nur an, dass Jesus „um die dritte Stunde“ gekreuzigt wurde und „um die neunte Stunde“ starb. Kalendarische und astronomische Berechnungen haben das Jahr 30 als wahrscheinliches Todesjahr ergeben.[16]

1.b. Jesusbilder im Judentum

Nach der Tempelzerstörung 70 n. d. Z. kam es zu einem innerjüdischen Führungswechsel – weg von den Sadduzäern hin zur pharisäischen Religionspartei. Nach dem Bar-Kochba-Aufstand 135 n. d. Z. stießen auch Überlebende anderer Richtungen dazu, die bis ca. 600 n. d. Z. das rabbinische Judentum formierten. „Dieses auf Gesetz und Vätersitte pochende und doch auch sich stets neu arrangierende Judentum wurde für das spätere Judentum normativ.“[17] Haltungen, die nun vertretenen Grundanschauungen nicht entsprachen, wurden von der rabbinischen Elite als häretisch abgetan. Die Bezeichnung für antirabbinische Juden und Ketzer lautet *min* (Plural *minim*). *Min* bedeutete in der frühen talmudischen Literatur neben „Art“ und „Abart“ auch „Geschlecht“ und „Sexualität.“ Dieses Schimpfwort galt damals nicht explizit den Judenchristen bzw. Christen; die Mischna enthält in Sanhedrin X.1 eine ganze Auf-

---

[16] Roloff, Jesus von Nazareth, Sp. 466.

[17] Clemens Thoma, Jüdische Zugänge zu Jesus Christus, in: Theologische Berichte VII. Zugänge zu Jesus, hg. v. Josef Pfammatter und Franz Furger, Zürich u. a. 1978, S. 149–76, hier: S. 155. Siehe auch Clemens Thoma, Das Amt im Judentum, TRE II, Berlin 1978, S. 504–09.

listung von Häretikern, die „keinen Anteil an der kommenden Welt haben." Die 12. Bitte des Achtzehngebets, die *birkat ha'minim*, die in Gegenwart Rabban Gamliels II (um 90–130) in Jawne als insgesamt 19. Segensspruch aufgenommen wurde, ist eines der ältesten Zeugnisse antijüdischer Abwehr im palästinischen Judentum, richtet sich aber nicht dezidiert nur gegen die frühen Christen. Als Bitte um Vernichtung von Apostaten mag sie schon unter der Regierung Alexander Jannais (104–76 v. u. Z.) entstanden sein, der die Pharisäer verfolgt hatte. Der Bezug auf die Judenchristen ist eher mittelbar: Da diese beim Gebet auf diese Bracha nicht mit Amen respondieren konnten, war es möglich, sie der Synagoge zu verweisen.[18]

Diese Abgrenzungserscheinungen muss man sich jedoch als eher schleichend vorstellen. Zu Beginn wurden Judenchristen gar nicht als sich separierende Gruppe wahrgenommen.

Das rabbinische Judentum verfügte anfangs über keine zuverlässigen historischen oder theologischen Traditionen über Jesus Christus. Seine Repräsentanten waren ja seinerzeit nicht – oder mindestens nicht führend – am Prozeß Jesu beteiligt gewesen. Auch in urkirchlicher Zeit hatten sie keine Hauptverantwortungen getragen. Außerdem war inzwischen viel Zeit vergangen. In den schweren Katastrophen der Jahre 66–73 n. u. Z. waren auch viele geistig-religiös exponierte Pharisäer umgekommen. Schließlich wurden die Rabbinen in der von Unruhen geschüttelten Zeit von 70–140 n. u. Z. daran gehindert, genauere Beobachtungen über sich absentierende und neu formierende Gruppen zu machen.

Eine substantielle jüdische Auseinandersetzung mit dem christlichen Jesus-Bild wird vor allem für die babylonische, kleinasiatische und griechisch-jüdische Diaspora angenom-

---

[18] Leo Trepp, Der jüdische Gottesdienst. Gestalt und Entwicklung, Stuttgart 1992, S. 200. Dagegen Thoma, Jüdische Zugänge, S. 156, unter Verweis auf Solomon Schechter, Geniza Specimens, JQR 10 (1898), S. 654–59. Siehe auch Hartmut Leppin, Die frühen Christen. Von den Anfängen bis Konstantin, München 2018, S. 58–59.

men; Johann Maier erkennt für die rabbinischen Traditionen zu Beginn der tannaitischen Zeit (70–240 n. u. Z.; die Tannaiten waren jüdische Gesetzeslehrer) noch keinerlei entsprechende Spuren und verweist darauf, dass das Christentum im damaligen Palästina erst unter Konstantin dem Großen als ernsthafte Herausforderung in Erscheinung trat, und zwar als Nachfolgerin der Weltmacht Rom.

Nach der Christianisierung des Römischen Reiches und der Verschärfung der antijüdischen Gesetze begann die Polemik der Rabbinen als Ausdruck des Ringens um die Weiterexistenz. Als besonders bedrohlich galten den Rabbinen Angriffe gegen die Einheit und Einzigkeit Gottes, gegen das Volk Israel und seine ihm gegebene Offenbarung. Aber auch judenfeindliche Aussagen oder Verführung zur Apostasie. So übertrugen die Rabbinen die negativen Bilder von Esau und von Edom auf das Christentum und erwarteten weiterhin die Erfüllung des Rebekka-Spruchs „Ein Reich wird stärker als das andere“ oder auch auf die Verheißung von Owadja (1,21) „Und es ziehen hinauf die Sieger auf den Berg Zion, zu richten den Berg Esau, und des Ewigen wird sein das Königtum.“ Die Typologie von „Edom“ und „Esau,“ „Kirche“ und „Rom“ ist noch im Mittelalter weithin gebräuchlich. Als Beispiel dafür lässt sich nach Daniel Krochmalnik Raschi (1040–1105) aufführen, in dessen Kommentar zu Owadja zu lesen ist:

> Und es ziehen die Fürsten Israels hinauf als Sieger auf den Berg Zion, zu richten, um Esau zu bestrafen, für das, was er Israel angetan hat, den Berg Esau [nach der aramäischen Übersetzung: die große Stadt Esaus, d. i. – nach dem Raschi-Manuskript – Rom], und des Ewigen wird sein das Königtum, um dich zu lehren, dass sein Reich erst vollendet sein wird, wenn er die Bosheit Esaus [im Druck: Amaleks] bestraft haben wird (1,21).[19]

[19] Daniel Krochmalnik, Parschandata. Raschi und seine Zeit, in: Jüdisches Leben in Bayern. Mitteilungsblatt des Landesverbandes der Israelitischen Kultusgemeinden in Bayern, April 2005.

Den kirchlichen Autoritäten ist diese verschlüsselte jüdische Polemik nicht verborgen geblieben.

Jesus in Mischna und Talmud

Kurze rabbinische Texte verweisen auf Jesu Abstammung, Lehre und Wirkung. „Die rabbinischen Texte, in denen Jesus erwähnt wird, lassen sich samt Übersetzung leicht in etwa 20 Seiten eines kleinformatigen Büchleins unterbringen. Sie nehmen sich also gegenüber dem ‚Meer des Talmuds' wie ein Tümpel aus."[20]

So wird er „Sohn der Pantera" genannt (Chul 2,22;24), am Abend des Pessachfestes als Zauberer und Betrüger erhängt (bSan 43a) und von seinen Anhängern, die in seinem Namen Kranke heilen (Chul 2,22 f.), zitiert (bShab 116a–b).

Rabbiner Elieser ben Hyrkanus soll in Sepphoris etwas Gelehrtes „im Namen Jesu" zu Ohren gekommen sein (Chul 2,24). Jesus von Nazareth wurde in der jüdischen Tradition nachträglich auch mit anderen Figuren gleichgesetzt – so mit einem ägyptischen Zauberer namens Ben Stada, der im frühen 2. Jahrhundert hingerichtet worden sein soll.

Der Name „Pantera(s)" war laut Maier ein geläufiger Soldatenname und macht Jesus in einer Art Gegengeschichte zum unehelichen Sohn eines römischen Legionärs. Der griechische Philosoph und Skeptiker Celsos präsentiert um 180 eine Vorstellung[21] (die durch Origenes auf uns gekommen ist), in der er sich auf einen Juden beruft, der behaupte, die Mutter Jesu habe Ehebruch begangen und ein uneheliches Kind bekommen. So wird schließlich auch der legitimierende Anspruch einer Abstammung aus dem Hause David polemisch

---

[20] Thoma, Jüdische Zugänge, S. 156.

[21] Origenes, C. Celsum I 28, in: Des Origines acht Bücher gegen Celsus, Teil 1, Buch I–IV. Aus dem Griech. übers. von Paul Koetschau (Bibliothek der Kirchenväter, Bd. 52), München 1926.

in Frage gestellt. Schalom Ben-Chorin befand dazu kurz und knapp: „Diese relativ späten, oft gehässigen Ausfälle besitzen aber keinen historischen Wert, sondern bilden bereits den Niederschlag der Kontroverse zwischen den Judenchristen und dem normativen Judentum."[22]

Im Talmud findet sich auch eine herabwürdigende Schilderung der Passion Jesu. So heißt es im Babylonischen Talmud (bSanh 43a) zur Hinrichtung:

> [Am Vorabend des Sabbat und] am Vorabend des Passahfestes wurde Jesus von Nazareth gehängt. Und ein Herold ging 40 Tage vor ihm aus [und verkündete]: Jesus von Nazareth wird hinausgeführt, um gesteinigt zu werden, weil er Zauberei praktiziert und Israel aufgewiegelt und [zum Götzendienst] verführt *(hiddiach)* hat.

Als Vorwurf an das Christentum lässt sich erheben: es sei wundergläubig, missionierend und judenfeindlich. Daher sei Jesu Verurteilung zum Tode zu Recht erfolgt (vgl mSan7,5; 10,1), denn das seinen Stifter verkündigende Christentum sei offenbarungswidrig.[23] Alter und Echtheit dieser Notiz sind umstritten. Joseph Klausner hielt sie für ursprünglich und datierte sie auf etwa 200. Johann Maier nimmt dagegen an, dass sie nicht vor 220 entstanden sein könne; für ihn ist diese Rede von der Hinrichtung Jesu als eines Verführers zum Fremdkult ein Beispiel dafür, dass diesen Schmähungen Jesu eigentlich Verfahren gegen andere zu Grunde liegen dürften.[24]

Eine andere Geschichte taucht in bHullin 2,22–24 auf. Rabbi Elieser ben Hyrkanos (70–100 n.d.Z.) sei auf dem Marktplatz von Sepphoris dem Jesusjünger Jakob begegnet. Dieser habe ihm von einer auf Jesus zurückgehenden Deutung einer Rechtsfrage erzählt, die Elieser sehr einleuchtete. Als Warnung empfand Rabbi Elieser dann, dass er nach diesem Zusammen-

---

[22] Schalom Ben-Chorin, Theologia Judaica: Gesammelte Aufsätze, hg. v. Verena Lenzen, Tübingen 1992, Bd. 2, S. 265.

[23] Thoma, Jüdische Zugänge, S. 158.

[24] Johann Maier, Jesus von Nazareth in der talmudischen Überlieferung, Darmstadt ²1992.

treffen von den Römern verhaftet und schließlich wieder freigelassen worden sei.

> Etwas überspitzt könnte man diese Erzählung als die älteste uns greifbare Nachricht über eine historisch-kritisch und sachbezogene Erkundung des Christentums seitens des rabbinischen Judentums bezeichnen. Rabbi Elieser hört ja auf dem Marktplatz von Sepphoris dem Jesusjünger Jakob interessiert zu und betrachtet dessen Darlegungen als nützlichen Beitrag zur Gesetzesdiskussion. Schlußendlich wird diese Begegnung allerdings als Indiz für die verführerisch-gefährliche Kraft des Christentums gewertet.[25]

In bGittin 57a gibt es die Geschichte über die Bekehrung des Onkelos zum Judentum. Onkelos, der Sohn des Kalonikos, lässt Jesus als den „Apostaten Israels" aus dem Jenseits erscheinen und fragt ihn, wer in jener Welt der am höchsten Geachtete sei. Jesus antwortet darauf: Israel! Und Onkelos fragt: Soll man sich ihnen anschließen? Darauf die Antwort: Suche ihr Bestes und nicht ihr Böses. Denn jeder, der sich an ihnen vergreift, vergreift sich an Gottes Augapfel.[26] In dieser polemischen Geschichte aus der Zeit Kaiser Justinians um 550 n.d.Z. warnt Jesus selbst vor Judenfeindschaft, die Gott als Angriff auf sich selbst auffasse.

Anders als Maier geht Peter Schäfer nicht davon aus, dass es sich bei den rabbinischen Texten, die auf Jesus verweisen, um sekundäre und nachkonstantinische Konstruktionen handelt. Während Maier nur wenige Texte als tatsächlich auf Jesus von Nazareth bezogen anerkennt, spricht die Textevidenz nach Schäfer jedoch für eine „vernichtende" Kritik der Rabbinen am aktuellen Christentum und an dessen Stifter. Er weist etwa auf die Diskrepanz dieser Textstellen zu den Evangelien hin. Nach diesen wurde Jesus nach römischer Weise gekreuzigt, nach dem Talmud aber gemäß jüdischer Rechtsauffassung gesteinigt und anschließend erhängt. Wenn der Talmud das Verfahren gegen Jesus wieder ganz ins Judentum zurückholt,

---

25 Thoma, Jüdische Zugänge, S. 159.

26 Bezug auf Sach 2,12.

nimmt er damit einen christlichen Vorwurf auf und bekräftigt ihn in abgrenzender Absicht.[27] Für Schäfer handelt es sich hier noch vor den mittelalterlichen „Toldot Jeschu“ um ein „Gegenevangelium“ aus genauer Kenntnis des Neuen Testaments heraus.

Schäfer betont den Unterschied zwischen Babylonischem und Palästinischem (Jerusalemer) Talmud. Während sich in dem einen heftige Polemik findet, fehlt sie im anderen weitgehend. Als Begründung führt Schäfer an, dass sich die Rabbinen Babyloniens im christenfeindlichen Sassanidenreich zur Polemik ermutigt fühlten, während Kritik im Entstehungsbereich des Palästinischen Talmuds nur in verschlüsselter Form möglich gewesen sei. Die jüdische Gegengeschichte, so Schäfer, diente der Selbstvergewisserung:

> Es ist genau um die Zeit, als das Christentum sich von bescheidenen Anfängen zu seinen ersten Triumphen aufschwang, dass der Talmud (oder besser die beiden Talmude) das maßgebende Dokument derer werden sollte, die den neuen Bund zurückwiesen, die so hartnäckig darauf bestanden, dass sich nichts geändert hatte und dass der alte Bund weiter gültig war.[28]

Die „Toldot Jeschu“

Anders als ihre Vorfahren in talmudischer Zeit kamen die Juden des Mittelalters zunehmend in engeren Bezug zur christlichen Theologie und den Realitäten einer christlichen Mehrheitsgesellschaft. Das heizte die Animositäten an und ist das Klima für die Entstehung polemischer Texte, wie der frühmittelalterlichen *Toldot Jeschu*, einer zusammenhängenden Erzählung zu Jesus und den Ursprüngen des Christentums. Es gibt davon Versionen in aramäisch, hebräisch, jiddisch und auch im Jüdisch-Arabischen. Das in zahlreichen, stark diver-

27 Schäfer, Jesus im Talmud.
28 A. a. O., S. 2.

gierenden Fassungen überlieferte „Leben Jesu“ ist Ausdruck der Abwehrhaltung von Juden, die seit der Spätantike in der Diaspora unter den Repressalien einer christlichen Herrschaft leben mussten. Es deutet die Berichte aus den Evangelien über das Leben Jesu prononciert antichristlich um und schmäht so zentrale Glaubensinhalte der Anhänger des in deren Augen einzig wahren Messias, der von Gott aus der Jungfrau Maria gezeugt wurde.[29] Maier bezeichnet diese „Geschichte Jesu“ mit satirisch-polemischem Charakter im Stil eines unterhaltsamen Romans als eine Art von Underground-Literatur:

> Im Kern liegt eine aramäische Fassung aus dem 8./9. Jh. zugrunde, aber wohl auch westliche Diasporatraditionen. Im Mittelalter entstanden volkstümliche Versionen, die in der Neuzeit in jüdisch-deutschen Fassungen als heimliche Lektüre kursierten. Maria wird als Verlobte Josefs durch einen römischen Soldaten namens Pandera (o. ä.) getäuscht bzw. verführt und empfängt so Jesus, der durch von Johannes dem Täufer gelernte Zaubersprüche oder auch durch das aus dem Tempel gestohlene Tetragramm Wunder wirkt. Dieser Volksverführer erklärt sich selbst zum Messias und Sohn Gottes, wird von Judas besiegt und von den Weisen der Gerechtigkeit überantwortet. Die Jünger entwenden seinen Leichnam und behaupten, er sei auferstanden.[30]

Diese Volksliteratur mit all ihrer Häme zeugt von dem Leidensdruck des Judentums im Mittelalter. Schalom Ben-Chorin zitiert in diesem Zusammenhang den jüdischen Historiker Heinrich Graetz mit den Worten „Die Christen vergossen unser Blut, wir vergossen nur Tinte.“[31]

Für die verschiedenen Fassungen der *Toldot*, die auch unter dem Namen *Maasse Talui* bekannt sind (*ha'talui* heißt „der Gehängte“), listet die Berliner Encyclopaedia Judaica von 1932 die folgenden charakteristischen Züge auf:

---

[29] Klausner, Jesus, S. 58–66. S. auch Michael Krupp, Messias, Tübingen 2018, S. 170–71. Ders., Eine andere Erzählung von Jeshu dem Nazarener, Ein Karem - Jerusalem 2010.

[30] Maier, Judentum von A–Z, S. 232.

[31] Ben-Chorin, Theologia Judaica, S. 229.

1. Jesus ist in Sünde gezeugt und empfangen;
2. er drängt sich ins Lehrhaus und predigt als unehrerbietiger Schüler in Gegenwart des Lehrers;
3. durch List eignet er sich im Tempel den Gottesnamen an, indem er ihn auf Pergament schreibt und den Zettel in einer Hüftwunde versteckt;
4. er sammelt Jünger um sich, wird vor die Königin (anachronistisch: Helena) beschieden und überzeugt sie und später das Volk durch Wunderzeichen;
5. Judas, zur Widerlegung Jesu berufen, wird ebenfalls in den Besitz des Gottesnamens gesetzt und überwindet Jesus, als beide durch die Kraft des Gottesnamens sich in die Luft erheben;
6. Jesus sucht Jerusalem ein zweites Mal auf, um sich den Gottesnamen wieder anzueignen, wird verraten und gefangen;
7. er hat sich von allen Bäumen ausbedungen, dass ihm keiner zum Galgen werde; den Kohlstängel vergaß er und wird erhängt;
8. ein Gärtner, Juda, stiehlt den Leichnam Jesu und begräbt ihn heimlich an einem anderen Ort.

Julius Guttmann macht in seinem Beitrag in der Encyclopaedia Judaica darauf aufmerksam, dass sich in Genisa-Fragmenten auch abweichende Darstellungen finden: So erhob sich Jesus etwa vor der Kreuzigung durch die Kraft des Gottesnamens in die Luft. Juda der Gärtner versuchte ihn zu verfolgen, worauf Jesus sich in der Höhle des Propheten Elijahu versteckte, die er sofort durch die Kraft des Gottesnamens schloss. Juda, der Gärtner, befahl der Höhle, sich wieder aufzutun. Jesus verwandelte sich in einen Hahn; Juda fasste diesen bei seinem Kamm und brachte ihn zur Hinrichtungsstätte. Da nach dem jüdischen Gesetz ein Gehenkter nicht über Nacht hängen bleiben darf, täuschte Jesus seine Anhänger durch die Verkündigung: Wenn man ihn am nächsten Morgen nicht am Hinrichtungsort finden sollte, so sei dies ein Beweis dafür, dass er in den Himmel gefahren sei. Juda gelang es nun, den eigentlichen Sachverhalt darzutun.

Von einzelnen Kirchenvätern bis hin zu Martin Luther wurden die *Toldot Jeschu* immer wieder auf- und angegriffen und ihrerseits für antijüdische Agitation genutzt. Der Wiener Theologe Thomas Ebendorfer (1388–1464) erstellte mit Hilfe eines zum Christentum konvertierten Juden eine lateinische Übersetzung der *Toldot Jeschu* und schloss ihr unter dem Titel *Falsitates Judeorum* ein antichristliches hebräisches Schmähgedicht mit Interlinearglossen und Kommentar sowie einem unvollendeten Antijudentraktat an. Diese Übersetzung entstand zum Zwecke antijüdischer Agitation in einer Zeit, da die Juden nahezu vollständig aus dem Reich vertrieben wurden, und belegt die früheste christliche Rezeption der gesamten *Toldot Jeschu* im mittelalterlichen Aschkenas. Ebendorfers Übertragung ist zugleich eine der ältesten Überlieferungen des jüdischen Jesuslebens überhaupt.[32] Eine ausführliche Analyse der einzelnen Motive der *Toldot Jeschu* gab 1902 Samuel Krauss[33], der damit in der Wissenschaft auch neue Diskussionen um Judas Ischariot als jüdische Figur auslöste.[34] In diesem Zusammenhang wurde auch eine jüdisch-persische *Toldot Jeschu*-Handschrift diskutiert.[35]

Rabbinische Polemik gegen Jesus

Während die *Toldot Jeschu* als Parodie auf das Leben Jesu Volksliteratur waren, entstanden insbesondere in Spanien und

32 Thomas Ebendorfer, Das jüdische Leben Jesu – Toldot Jeschu. Die älteste lateinische Übersetzung in den Falsitates Judeorum, hg. v. Brigitta Callsen/Fritz Peter Knapp/Manuela Niesner/Martin Przybilski, München 2003.

33 Samuel Krauss, Das Leben Jesu nach jüdischen Quellen, Berlin 1902.

34 Samuel Krauss, Neuere Ansichten über „Toldoth Jeschu," in: Monatsschrift für Geschichte und Wissenschaft des Judentums 76.6 (1932), S. 586–603. Bernhard Heller, Über das Alter der jüdischen Judas-Sage und des Toldot Jeschu, in: Monatsschrift für Geschichte und Wissenschaft des Judentums 77.3 (1933), S. 198–210.

35 Vgl. Walter J. Fischel, Eine jüdisch-persische „Toldoth Jeschu"-Handschrift, in: Monatsschrift für Geschichte und Wissenschaft des Judentums, 78.3 (1934), S. 343–50.

Südfrankreich jüdische Polemiken, die christliche bzw. christologische Standpunkte auf hohem Niveau zu widerlegen versuchten. So übersetzte Rabbi Schemtow Ben Isaak Ibn Schaprut (1350–unbekannt), der 1379 an der Religionsdisputation in Pamplona beteiligt war, als erster das Matthäus-Evangelium sowie Teile der drei übrigen Evangelien ins Hebräische. Josef Kimchi (1105–1170) verfasste mit dem *Sefer Ha'Berit* („Buch des Bundes"), das 1710 in Konstantinopel gedruckt wurde, eine der ersten antichristlichen Polemiken. Das Buch ist als Dialog zwischen einem „Gläubigen" *(ma'amin)* und einem „Häretiker" *(min)* angelegt und greift christologische Interpretationen der Bibel an. Zur Sprache kommen auch die Erbsünde, die Menschwerdung Gottes sowie die moralischen Standards von Juden und Christen bei der Frage des Wucherzinses.

Als apologetisches Werk bietet es zugleich Antworten auf antijüdische Einwände der Christen.[36] Darin heißt es:

> Wenn nun, wie ihr sagt, Gott Fleisch geworden ist, besaß dann Jesus die Seele Gottes? Wenn dies der Fall ist, warum schrie er dann auf, dass Gott ihn verlassen habe? Wenn er jedoch eine menschliche Seele besaß, und ihr behauptet ja, dass die Gottheit nach seinem Tode ihm innewohnte, dann gilt für Jesus eigentlich, was sich auf alle Menschenkinder bezieht.[37]

Kimchis Werk hatte großen Einfluss auf Nachmanides (1194–1270) und auf seinen eigenen Sohn David Kimchi (1160–1236), einen der größten Bibelkommentatoren seiner Zeit. Dieser schrieb „Jesus hat ja selbst erklärt, er käme nicht, um die Tora zu zerstören, sondern um sie aufrechtzuerhalten." Zu den jüdischen Polemiken, mit denen die christliche Auslegung der Hebräischen Bibel abgewehrt wurde oder die auf rationalistische Weise die christliche Glaubenslehre in Frage stellten, gehören:

---

36 Kurt Schubert, Jüdische Geschichte, München 1995, S. 75.

37 Josef Kimchi, Sefer Ha'Berit, zitiert nach Pinchas E. Lapide, Ist das nicht Josephs Sohn?, München 1976, S. 100.

- *Kalimmat Ha'Gojim* („Die Schande der Heiden") des Profiat Duran (Isaak ben Moses = Ephodi) (Perpignan 1379)[38]
- *Bitul Ikkarei Dat Ha'Nozerim* („Die Aufhebung der Dogmen des Glaubens der Christen") des Chasdai Crescas (1340–1410/11)
- *Sefer Nizzachon* („Buch der Widerlegung") aus dem Rheinland (13. oder 14. Jahrhundert)
- *Chisuk Emuna* („Stärkung des Glaubens") von Isaac ben Abraham von Troki (1593)

Gershom Scholem (1897–1982) berichtete von dem Apostaten Profiat Duran (1350–1415): dieser meinte, Jesus und seine Schüler seien nicht nur große Magier gewesen, sondern wirkliche Kabbalisten, die einem Trugschluss unterlagen: „Die Lehre von der Trinität, die sie irrigerweise in der Gottheit annehmen, ist bei ihnen aus ihrem Fehlgehen in dieser Wissenschaft entstanden, die das Urlicht, das strahlende Licht und das durchsichtige Licht statuierte."[39] Profiat Duran verstand Jesus quasi als einen irregeleiteten Enthusiasten.

Das „Alte Buch der Polemik," *Sefer Nizzachon Jaschan (Vetus)*, entspricht einer Sammlung jüdischer Reaktionen auf die christliche Polemik und dürfte Ende des 13. oder Anfang des 14. Jahrhunderts zusammengestellt worden sein. Der anonyme aschkenasische Verfasser führt christliche Zeugnisse an, auf die jüdische Erwiderungen folgen.

David Berger, der diese Abhandlung herausgegeben und ins Englische übersetzt hat, bezeichnet diese Anordnung als geradezu enzyklopädisch. Sie war so auch ein nützliches Hilfsmittel für Juden, die sich auf Disputationen mit Christen einlassen mussten. Der Autor widerlegt die Evangelien dabei mit beachtlicher theologischer und latinistischer Kompetenz.[40] Mit dem

---

[38] Zu Profiat Duran siehe Krupp, Messias, S. 173–75.

[39] Gershom Scholem, Ursprung und Anfänge der Kabbala (Studia Judaica 3), Berlin 1962, S. 313.

[40] David Berger, The Jewish-Christian Debate in the High Middle Ages. A Critical Edition of the Nizahon Vetus, Philadelphia 1979.

Sefer Nizzachon verbinden sich auch Rache- und Erlösungsgedanken, etwa wenn es das Hereinbrechen des Messianischen schildert:

> Dieses [d.i. das letzte] Ende besteht in der völligen Vernichtung sämtlicher Völker samt ihren himmlischen Fürsten und Göttern [...] Der Heilige, gelobt sei Er, wird alle übrigen Völker vertilgen, nur Israel [wird bestehen bleiben].[41]

Israel Yuval beschreibt, wie die mittelalterlichen Juden die liturgische Sprache der Gegenseite in Gebrauch nehmen, um ihre entgegengesetzte Position sowohl bestätigend nach innen als auch provokativ nach außen zu verkünden. „Dieses [das heißt, das endgültige] Ende besteht in der völligen Zerstörung aller anderen Völker; Israel allein [wird bleiben].“ Er setzt dazu das *Te Deum* mit dem *Aleinu* in Beziehung: Das christliche Gebet preist Jesus als „König der Herrlichkeit“ *(rex gloriae)* und verkündet seine Fleischwerdung, wobei der Leib der heiligen Jungfrau nicht entweiht worden sei; dagegen enthalte der Zusatz zum *Aleinu*, der im 12. Jahrhundert in französisch-jüdischen Gebetbüchern zu finden ist, scharfe Beschimpfungen von Jesus und Maria.[42]

Christliche Talmudkritik und Zensur

Auf kirchlicher Seite kam es im Mittelalter zu einer Verschärfung der christlichen Polemik. Mit dem Aufkommen der Bettelorden im 13. Jahrhundert entwickelten sich auch neue Methoden der Judenmission. Die Argumentationsgänge wurden in öffentlichen Streitgesprächen erprobt und waren von der Ansicht beherrscht, dass man die *veritas christiana* aus der rabbinischen Traditionsliteratur heraus belegen könne. In diesem

---

[41] Israel Yuval, Zwei Völker in deinem Leib. Gegenseitige Wahrnehmung von Juden und Christen, Göttingen 2007, S. 105.

[42] A.a.O., S. 206.

Zusammenhang kamen auch Messiasvorstellungen und das jüdische Jesusbild zur Sprache. Ora Limor betont, dass sich die Argumentation nun nicht mehr auf die Bibel beschränkte, sondern dass auch der Talmud mit einbezogen wurde. Was die Christen am Talmud ärgerte, war allerdings nicht dessen halachische Komponente, sondern das haggadische Material. Die christlichen Kritiker lasen daraus Ketzereien, Verstöße gegen die Heiligkeit Gottes sowie mutmaßliche Verunglimpfungen des Christentums; sie verstanden den Talmud zudem als irrige Auslegung der Bibel und damit als Wurzel des jüdischen Irrglaubens schlechthin.[43]

Um 1200 setzte eine allgemeine kirchliche Zensur hebräischer Handschriften ein. Jüdische Literatur wurde dabei den Schriften sogenannter Ketzer gleichgestellt. Nach 1230 setzten dann christliche Prediger wie der Franziskaner Berthold von Regensburg (1210–1272) oder der Lyriker Konrad von Würzburg (1220 oder 1230–1287), der in der Literatur immer noch (!) als „Meister Konrad" bekannt ist, die Juden mit den Ketzern gleich: Da Juden am Talmud festhielten, seien sie alle zur Hölle verdammt. Der Vorwurf der Gotteslästerung führt schließlich zu einem Feldzug gegen die rabbinische Literatur an sich.

1239 zeigt der getaufte Jude Nikolaus Donin den Talmud bei Papst Gregor IX. (1167–1241) an, worauf der Papst von den Königen von England, Frankreich, Portugal und Kastilien verlangt, dass sie alle Talmudexemplare konfiszieren und diejenigen christlichen Geistlichen, die hebräische Literatur behielten, exkommunizieren. Tatsächlich folgte nur Ludwig IX. (1214–1270) von Frankreich dieser Aufforderung; zur Klärung der Vorwürfe initiierte er 1240 in Paris zudem eine öffentliche Disputation, bei der Rabbi Jechiel ben Josef unter anderem anführte, die talmudische Polemik beziehe sich zwar auf (einen) Jesus, der Schüler von Josua ben Perachia war, „jedoch nicht

---

[43] Ora Limor, Religionsgespräche, jüdisch-christlich, in: Theologische Realenzyklopädie 28 (Studienausgabe), hg. v. Gerhard Müller et al., Berlin/New York 2006, S. 649f.

auf Rabbi Jesus von Nazareth, der sicherlich die Tora nicht verworfen hat." Die Argumentation der Rabbiner konnte nicht verhindern, dass am 29. September 1242 in Paris 24 Wagenladungen mit mehreren 10.000 Talmudbänden öffentlich verbrannt wurden. Die Talmudverbrennung gilt als eines der größten Kulturverbrechen des christlichen Mittelalters. Rabbi Meir ben Baruch von Rothenburg wurde ihr Zeuge und verfasste daraufhin ein Klagelied: „Frage, Du im Feuer verzehrte, nach dem Frieden Deiner um Dich Trauernden." Dieses Klagelied wird seitdem nach deutschem Ritus alljährlich am Trauertag der Zerstörung des Tempels vorgetragen.

1244 bekräftigte dann Papst Innozenz IV. (1195–1254), dass Gottes, Jesu und Mariä im Talmud gelästert würde, dass die mündliche Lehre das biblische Gesetz, das bereits auf Jesus verweise, verfälschte und die Juden dazu erziehe, sich der wahren Lehre der Kirche zu verweigern. Auf die jüdische Stellungnahme hin, dass der Talmud für Juden für das Verständnis der Hebräischen Bibel aber unverzichtbar sei, setzte der Papst eine Expertenkommission von 40 christlichen Gelehrten ein (darunter auch Albertus Magnus, 1200–1280), die den Talmud aufs Neue verurteilten.

Die bekanntesten mittelalterlichen Disputationen neben der zu Paris (1240) sind die von Barcelona (1263) und Tortosa (1413/14). Mit Blick auf das jüdische Jesusbild ist besonders die Haltung interessant, die der Bibelkommentator Nachmanides in Barcelona einnahm. In seinem Protokoll heißt es:

> Infolgedessen kamen wir überein, zuerst über das Problem des Messias zu reden, ob er schon gekommen sei, wie die Christen glauben, oder ob er noch kommen werde, wie die Juden glauben. Danach wollten wir besprechen, ob der Messias wahrhaftiger Gott oder ganz und gar Mensch sei, von einem Mann und einer Frau hervorgebracht. Sodann wollten wir besprechen, ob die Juden am wahren Gesetz festhielten oder ob die Christen es praktizierten.[44]

---

[44] Hans-Georg von Mutius, Die christlich-jüdische Zwangsdisputation zu Barcelona, Frankfurt a. M. 1982, S. 28.

Infolge der Disputationen kam es zu fortgesetzten Zensurmaßnahmen und zur Konfiszierung und Verbrennung des Talmuds durch die Päpste, die französischen Könige und die Inquisition. Diese umfassende Ablehnung des Talmuds und die damit verbundene Inkriminierung führte auf jüdischer Seite schließlich zu einer Art Selbstzensur der beanstandeten Stellen (in der Regel Bemerkungen zum Römischen Reich, zum römisch-griechischen Heidentum, Passagen über den Übertritt zum Christentum oder über die Samaritaner). Daniel Bomberg (1470/80–1549) besorgte in Venedig zwischen 1520 und 1523 den Erstdruck des vollständigen Talmuds. Er enthält alle später von der Zensur gestrichenen Stellen über Jesus und seine Jünger, so auch der Zweitdruck von 1528 und die Ausgabe Justinianis ab 1546. Von der Basler Talmudausgabe (1578–80) an wurden all diejenigen Passagen im Babylonischen Talmud, in denen Jesus erwähnt wurde oder die mit dem Christentum in Verbindung gebracht werden konnten, gelöscht. Diese gelöschten Textstellen wurden später wiederum in besonderen Sammlungen aufgeführt.[45] Eine durchgängige Wiederherstellung des unzensierten Talmudtextes geschah in Europa erst in den wissenschaftlich-kritischen Ausgaben zu Beginn des 20. Jahrhunderts.

Auch evangelische Theologen taten sich in der Neuzeit mit dem Talmud schwer. Für Johann Jacob Rabe (1710–1798), der die Mischna um 1760 ins Deutsche übersetzte, war das lange Leiden der Juden eine Strafe für ihre Ablehnung des Gottessohnes und für die Verweltlichung und „Verdunkelung" der göttlichen Gebote der Bibel durch das „pharisäische Judentum."[46]

---

45 Siehe dazu „Jesus" in: Encyclopedia Judaica 10, Jerusalem 1978, Sp. 14.

46 Andreas Kilcher, Gesetz und Auslegung, in: Neue Zürcher Zeitung, 12.08.2008.

Verdunkelter Monotheismus, aber kein Götzendienst

Man kann also sagen, die Gegenwehr des Judentums gegen eine immer zudringlicher und gefährlicher werdende Kirche war erbittert. Trotzdem gab es auch einzelne Stimmen, dass Christen keine Ketzer seien.

So erklärte Rabbi Menachem Ha-Meiri von Perpignan (1249–1316), die Christen seien keine Götzendiener, sondern verträten eine Lehre von hohem ethischen Standard.[47] Hermann Cohen (1842–1919) hat darauf hingewiesen, dass die Meinung der mittelalterlichen jüdischen Religionsphilosophen zur Christusbotschaft am besten mit dem Begriff „schittuf" beschrieben werden könne, als eine Deformation und Schwächung des reinen Monotheismus durch Vermischung jüdischer und nichtjüdischer Glaubenselemente.[48] Dieser „verdunkelte Monotheismus" sei aber weder Götzendienst noch Polytheismus.

Gleichzeitig wurden im mittelalterlichen Judentum, etwa von Jehuda Halevi oder Moses Maimonides, bemerkenswerte Überlegungen darüber angestellt, dass das Christentum den Gott Israels unter allen Völkern bekannt mache und deshalb offenbarungsgeschichtliche Relevanz besitze: als Vorbereitung auf den Messias.[49] Im Übergang zur Neuzeit konnte Rabbiner Jacob Emden (1697–1776) Jesus zugutehalten, er habe den Christen Zugang zur Tora verschafft und somit die Heiden aus dem Bann des Götzendienstes herausgerissen.[50]

---

47 Moshe Halbertal, „Ones Possessed by Religion": Religious Tolerance in the Teachings of The Me'iri, in: The Edah Journal 1.1 (2000), S. 1–24.

48 Hermann Cohen, Die Religion der Vernunft aus den Quellen des Judentums, Frankfurt am Main ²1929, S. 280; Clemens Thoma, Christliche Theologie, Aschaffenburg 1978, S. 190.

49 Maimonides hält fest, dass Jesus nicht der Messias gewesen sein konnte, aber dass das Christentum die messianische Lehre des Judentums weit verbreitet habe, siehe Krupp, Messias, 171–73.

50 Thoma, Jüdische Zugänge, S. 163; Krupp, Messias, S. 176–177.

Kapitel 2
Jüdische und christliche Leben-Jesu-Forschung: Der historische Jesus

2.a. Jesus und die jüdische Aufklärung

In der frühen Neuzeit kam es zu einer ersten Annäherung von Juden und Christen. Mit dem Heraufdämmern der Aufklärung entstanden neue Ansätze in Methodologie und Forschung über alle religiösen und ethnischen Grenzziehungen hinweg. Rabbiner Jacob Emdens Forschung war ein erstes jüdisches Fanal dieser Zeitenwende. Nach Emden hat Jesus seine Botschaft nicht an das jüdische Volk gerichtet, sondern ausschließlich an die Völker, um diese zum Einhalten der Noachidischen Gebote zu bewegen. Er schrieb:

> Anders als die Karäer und die Sabbatianer gehören Christen und Muslime zur Kategorie einer Gemeinschaft, die um des Himmels willen besteht, die am Ende bestehen bleiben wird. Sie haben sich aus dem Judentum heraus entwickelt und akzeptieren die Fundamente unserer göttlichen Religion, um Gott unter den Völkern bekannt zu machen, um zu verkündigen, dass es einen Herrn des Himmels und der Erde gibt, göttliche Vorsehung, Belohnung und Bestrafung, der die Gabe der Prophetie verleiht und durch die Propheten Gesetze und Regeln vermittelt, nach denen wir leben sollen [...] Deshalb wird ihre Gemeinschaft überdauern; weil ihre Bemühungen auf den Himmel ausgerichtet sind, wird ihnen die Belohnung nicht vorenthalten werden.[1]

Noch vor Jacob Emden hatten sich zwei andere jüdische Stimmen zu Jesus zu Wort gemeldet, nämlich der litauische Karäer

---

[1] Jacob Emden, Ez Awot (Kommentar zum Traktat Awot), Amsterdam 1751, zu Ab IV, 11, 20, 21.

Isaak ben Abraham von Troki (1533–1594) und der venezianische Rabbiner Leon de Modena (1571–1648).

In Folge katholischer Missionstätigkeit verfasste der Gelehrte Isaak von Troki 1593 ein zweibändiges handschriftliches Fragment mit dem Titel *Chisuk Emuna* („Befestigung des Glaubens“), das auch eine frühe Kritik an den Evangelien beinhaltete. Die Schrift wurde durch einen Schüler abgeschlossen und umfasst 50 Kapitel zur Verteidigung des jüdischen Glaubens und weitere 50 Kapitel zu Widersprüchen und Irrtümern im Neuen Testament. Isaak von Troki kritisiert darin, dass die Verfasser der Evangelien die Juden des Todes Jesu bezichtigten, obwohl dieser doch selbst mit seinem Tod Gottes Willen habe erfüllen wollen. Er stellte zudem fest, dass die Evangelien keine eindeutigen Indizien für die Trinitätslehre, die Jungfrauengeburt und die vermeintliche Göttlichkeit des Menschensohnes liefern.

Die heidenchristlichen Dogmen von Trinität, Erbsünde und Erlösung beschäftigten auch Leon de Modena, der Jesus in seiner Schrift *Magen wa-Hereb* („Schild und Tartsche“), o. J., als einen liberalen Pharisäer beschrieb, der sich zwar als ein von Gott erwählten, den Propheten überlegenen Toralehrer, aber nicht als göttliches Wesen verstanden hatte und der wegen seiner Missachtung halachischer Vorschriften wie etwa des Händewaschens in den Misskredit anderer Pharisäer geraten war.

Dass diese von Christen kaum beachteten Schriften im 19. Jahrhundert wieder ins Bewusstsein der Forschung rückten, ist Abraham Geiger zu verdanken, der 1853 in Breslau „Isaak Troki. Ein Apologet des Judenthums am Ende des sechszehnten Jahrhundert“ veröffentlichte; drei Jahre später, 1856, erschien von ihm in Breslau „Leon da Modena. Rabbiner zu Venedig (1571–1648) und seine Stellung zur Kabbalah, zum Thalmud und zum Christenthume,“ worin Geiger Modena zu einem Vorläufer der Leben-Jesu-Forschung erklärte.

Der Wegbereiter der jüdischen Aufklärung, der Philosoph Moses Mendelssohn, wandte sich dezidiert gegen die *Toldot Jeschu* und schrieb:

> Jesus von Nazareth hat selbst nicht nur das Gesetz Mosches, sondern auch die Satzungen der Rabbinen beobachtet, und was in den von ihm aufgezeichneten Reden und Handlungen dem zuwider zu sein scheint, hat doch in der Tat nur dem ersten Anblick nach diesen Schein. Genau untersucht, stimmt alles nicht nur mit der Schrift, sondern auch mit der Überlieferung völlig überein.[2]

Im Zuge der Aufklärung und der jüdischen Emanzipation konnte die apologetisch-polemische Position zugunsten einer konstruktiven Auseinandersetzung überwunden werden. Der französische Arzt Joseph Salvador (1796–1873) legte 1838 die erste jüdische Jesus-Monographie vor.[3] Im Rahmen der aufkommenden Wissenschaft des Judentums eröffnete Isaak Markus Jost (1793–1860) durch seine anerkennende Einordnung Jesu als Volkslehrer in seiner „Geschichte der Israeliten" 1821 einen Weg, der im 19. und 20. Jh. vor allem von liberalen jüdischen Denkern beschritten wurde.

2.b. Die christliche Leben-Jesu-Forschung – Eine Abkehr vom Dogma[4]

Doch auch auf christlicher Seite stand ein epochaler Perspektivwechsel bevor: die Frage nach dem historischen Jesus und seiner Umwelt. Amy-Jill Levine erklärt in ihrer Sammlung von

---

[2] Moses Mendelssohn, „Jerusalem oder über religiöse Macht und Judenthum," in: Moses Mendelssohn. Ausgewählte Werke, Bd. 2, hg. v. Christoph Schulte/Andreas Kennecke/ Grazyna Jurewicz, Darmstadt 2009, S. 202.

[3] Joseph Salvador, Jésus-Christ et sa doctrine, Paris 1838. Der Titel liegt auch in deutscher Übersetzung vor: Das Leben Jesu und seine Lehre, Dresden 1841.

[4] Vgl. auch die Artikel Leben-Jesu-Forschung, in: Religion in Geschichte und Gegenwart Bd. 5, hg. v. Hans Dieter Betz et al., Tübingen [4]2002, Sp. 147–48 und in: Lexikon für Theologie und Kirche 6, hg. v. Josef Höfer/ Karl Rahner, Freiburg 1986, Sp. 859–64 und John Macquarrie, Jesus VI (Neuzeit), in: Theologische Realenzyklopädie Bd. 17, hg. v. Gerhard Müller et al., Berlin/New York 1993, S. 16–42. Vgl. auch Dieter Georgi, Leben-Jesu-Theologie/Leben-Jesu-Forschung, in: a. a. O., Bd. 20, S. 566–75.

Aufsätzen zur historischen Jesus-Forschung auf lapidare, prägnante Weise den damals neuen, aber noch heute durchaus aktuellen Ansatz der Leben-Jesu-Forschung.

> Die sogenannte Leben-Jesu-Forschung versucht, den Mann aus Nazareth zu verstehen, wie er in seinem eigenen Kontext verstanden wurde und wie er sich selbst verstand [...] Die Einordnung des Mannes aus Nazareth variiert dabei je nach dem persönlichen Interesse der Forscher, nach der von ihm benutzten Methode, nach den Aspekten des Lebens Jesu, die er in den Mittelpunkt stellte, nach seiner Interpretation der gesellschaftlichen Bedingungen, in denen Jesus sich vorfand, und nicht zuletzt nach der theologischen Weltsicht des Forschers.[5]

Es waren Hermann Samuel Reimarus (1694–1768) und David Friedrich Strauß (1808–1874), die sich als erste dem zuwandten. Reimarus, der Professor für orientalische Sprachen in Hamburg war, machte seine Ansichten über das Christentum selbst nicht publik. Fragmente seiner Arbeiten wurden von Gotthold Ephraim Lessing zwischen 1774 und 1778 posthum veröffentlicht, darunter 1778 „Von dem Zwecke Jesu und seiner Jünger."[6] Reimarus postuliert darin, dass es einen tiefgreifenden Unterschied zwischen dem gebe, wer Jesus wirklich war, und dem, was seine Jünger über ihn verkündeten. Jesus selbst, so Reimarus, habe sich als jüdischer Messias verstanden, als politisch motivierter Königsanwärter, der die Befreiung der Juden von den Römern als Beginn der Königsherrschaft Gottes

---

[5] Amy-Jill Levine, Introduction, in: The Historical Jesus in Context, hg. v. Amy-Jill Levine/Dale C. Allison Jr./John Dominic Crossan, Princeton 2006, S. 3–16, hier: S. 3. Die Übersetzungen aus den englischen Originalwerken stammen durchgängig vom Verfasser.

[6] Hermann Samuel Reimarus, Von dem Zwecke Jesu und seiner Jünger: noch ein Fragment des Wolfenbüttelschen Ungenannten, hg. v. Gotthold Ephraim Lessing, Braunschweig 1778. Und: Fragmente des Wolfenbüttelschen Ungenannten. Ein Anhang zu dem Fragment vom Zweck Jesu und seiner Jünger (Bekanntgemacht von G. E. Lessing), Berlin 1784. Weiterhin: Vorrede zur Schutzschrift für die vernünftigen Verehrer Gottes, Göttingen 1967 (Facs. der Handschrift).

verkündigt habe. Erst seine Jünger hätten ihn zum Erlöser der Menschen von ihren Sünden gemacht und ihn als Gründer des Christentums dem Judentum entgegengesetzt. Und wie machten sie das? Nach Reimarus haben die Apostel den Leichnam Jesu gestohlen (vgl. Mt 28,11–15), um sich selbst und das Volk zu täuschen und das Versagen Jesu zu verschleiern. Nach fünfzig Tagen verkündeten sie dann seine Auferstehung und unmittelbar bevorstehende Rückkehr.

Die Suche nach dem historischen Jesus wurde von David Friedrich Strauß fortgeführt, der bereits im Alter von 28 Jahren sein Monumentalwerk „Das Leben Jesu, kritisch bearbeitet“[7] veröffentlichte, in dem er zwischen der historischen Person des Jesus von Nazareth und dem Christus des Glaubens unterschied. Er meinte zwar, die Grundzüge der historischen Gestalt klar erkennen zu können, befand aber auch, dass sie von der „absichtslos dichtenden Sage“ des Mythos verhüllt sei. Strauß propagierte eine mythische Transformation der Jesusüberlieferung. Seiner Ansicht nach ließ sich die Wandlung von Jesus zum Christus eher durch unbewusste mythische Überhöhung erklären als mit einer vorsätzlichen Täuschung. Obwohl er diesen Mythos als positiv begriff, nämlich als Ausdruck der Idee einer Einheit von Gott und Mensch, erschütterte seine Schrift von 1835 Theologie und Kirche. David Friedrich Strauß wandte Jesu Leben geradezu gegen das Dogma der Kirche. Die Kritik am Dogma seiner Zeit sei mit Jesu Geschichte eng verbunden. Nun helfe gerade diese Kritik, die Jesus zu Lebzeiten geübt habe, um Jesus vom Dogma der Kirche zu befreien. Für Strauß, einen erklärten Hegelianer, wird der innerste Kern des christlichen Glaubens durch den mythischen Ansatz nicht berührt,

[7] David Friedrich Strauß, Das Leben Jesu, kritisch bearbeitet, Tübingen 1984 (Reprogr. Nachdr. der 1. Aufl. 1835–36). Weiterhin: Streitschriften zur Vertheidigung meiner Schrift ueber das Leben Jesu und zur Charakteristik der gegenwaertigen Theologie, Hildesheim 1980 (Nachdr. der Ausg.: Tübingen, 1837); Der Christus des Glaubens und der Jesus der Geschichte. Eine Kritik des Schleiermacher'schen Leben Jesu, Gütersloh 1971 (Nachdr. der Ausg.: Berlin 1865).

denn in dem historischen Individuum Jesus ist die Vorstellung von der Gottmenschlichkeit, der höchsten Idee überhaupt. verwirklicht. Strauß wurde zwar 1839 als Professor der Theologie nach Zürich berufen, arbeitete wegen des Widerstands konservativer Kirchenkreise aber lieber weiterhin als freiberuflicher Schriftsteller. Eine neue, „für das Volk bearbeitete" Ausgabe des „Leben Jesu" (1864) wurde in mehrere europäische Sprachen übersetzt. Mit ihr verbreitete sich auch die Frage, was wir denn von Jesus wissen können.

Besonders Strauß' Kollegen und Schüler, unter ihnen Ferdinand Christian Baur (1792–1860) und Eduard Gottlob Zeller (1814–1908) wandten die Methoden ihres Lehrers weiter an und bildeten die Basis der so genannten „Tübinger Schule," die die historisch-kritische Methode ausbaute und verbreitete.

Unter diesen Theologen sind auf katholischer Seite Johann Sebastian von Drey (1777–1853) und Johann Adam Möhler (1796–1838) zu nennen.[8] Bei diesen Theologen spielt immer wieder der Begriff des „Mythos" eine große Rolle – berühmt gemacht hat ihn allerdings ein Theologe des 20. Jahrhunderts, der sich ganz der „Entmythologisierung" des Neuen Testaments gewidmet hat: Rudolf Bultmann (1884–1976). Der Begriff des „Mythos" spielt aber auch in der Auseinandersetzung zwischen Adolf von Harnack (1851–1930) und Leo Baeck (1872–1956) eine entscheidende Rolle, hierauf wird noch detailliert eingegangen.

Als interessante Figur in dieser Reihe ist auch einer zu nennen, der sich auf seine Art der Leben-Jesu-Forschung widmete: der dritte Präsident der Vereinigten Staaten, Thomas Jefferson (1743–1826). 1895 publizierte das National Museum Washington posthum sein Werk „The Life and Morals of Jesus of Nazareth. Extracted textually from the Gospels in Greek, Latin, French and English," in dem er u. a. die Wiederauferstehung Jesu, also den zentralen Glaubensgrund für das Christentum,

---

[8] Vgl. hierzu Jan Rohls, Protestantische Theologie der Neuzeit Bd. 1, Tübingen, 1997, S. 526 ff.

als „Aberglauben" abtat. Bereits der Titel dieses Werks zeigt deutlich die textkritische Herangehensweise Jeffersons auf.[9]

Für die christliche Theologie wie für das Judentum war es durchaus neu, als sich im Zuge der Aufklärung die Einsicht durchsetzte, Geschichte als dynamisches Geschehen sei der menschlichen Beurteilung unterworfen (Karl Mannheim).[10] So erkannte Ernst Troeltsch (1865–1923), dass auch Religion geschichtlich bedingt und damit relativ sei.[11] Das mache die Wahrscheinlichkeitsurteile der historischen Kritik auf sie anwendbar, mit Hilfe der Methoden von Analogie und Korrelation: Alles historische Geschehen sei prinzipiell gleichwertig und historische Ereignisse stünden in einer Wechselwirkung zueinander. Trotzdem müsse Religion von absoluten Werten ausgehen. Paul Tillich (1886–1965), einer der bedeutendsten protestantischen Theologen des 20. Jahrhunderts, hat später die Methode der Korrelation zum zentralen Arbeitsmittel der systematischen Theologie erhoben.[12]

Sören Kierkegaard (1813–1855) hatte schon weit vorher in den „Philosophischen Brocken"[13] den Schluss gezogen, dass

---

[9] Nicht unerwähnt bleiben soll der Essay „Jesus der Jude" (1895) der Schriftstellerin, Erzählerin, Essayistin und Psychoanalytikerin Lou Andreas-Salomé aus russisch-deutscher Familie. Rainer Maria Rilke schrieb ihr dazu am 13. Mai 1897 in geradezu religiöser Verehrung. Er habe ihren Essay „Jesus der Jude" als „Offenbarung" mit „gläubigem Vertrauen" gelesen, ihn gar als eine „Weihe" empfangen.

[10] Vgl. Karl Mannheim, Ideologie und Utopie, Frankfurt a. M. [4]1965.

[11] Vgl. hierzu Ernst Troeltsch, Über historische und dogmatische Methode in der Theologie, in: Gesammelte Schriften, Bd. 2: Zur religiösen Lage, Religionsphilosophie und Ethik, hg. v. ders., Tübingen 1969 (Neudr. der 2. Aufl. 1922).

[12] Vgl. hierzu v. a. Paul Tillich, Systematische Theologie, Bd. 1., Stuttgart 1955.

[13] Sören Kierkegaard, Philosophische Brocken. Abschließende unwissenschaftliche Nachschrift (Teil 1 und 2), in: Gesammelte Werke, hg. v. ders., übers. v. H. Gottsched/Christopf Schrempf, Bd. 6 und Bd. 7, Jena 1910. Vgl. dazu Hayo Gerdes, Das Christusbild Sören Kierkegaards verglichen mit der Christologie Hegels und Schleiermachers, Düsseldorf 1960.

der Anspruch ewiger Seligkeit nicht begründet werden könne, da alles Historische relativ sei. Trotzdem lebe der Christ in der Hoffnung auf genau das. Historische Fakten über Jesus – so exakt sie auch sein mögen – waren für Kierkegaard irrelevant, da sie keinerlei Beweis für die Göttlichkeit Jesu erbringen können. Vielmehr geht es um eine Feststellung völlig anderer Natur: Gott hat sich freiwillig seiner Herrlichkeit begeben und ist Knecht geworden, um sich aus Liebe zu den Menschen an die Seite seiner Geschöpfe zu stellen. Aus diesem Paradox, so Kierkegaard, lebe der christliche Glaube. So bekundet er in der „Unwissenschaftlichen Nachschrift," dass die historisch-kritische Methode für die Theologie nur von relativer Bedeutung sein könne.

Das greift auf eine Einsicht zurück, die bereits Gotthold Ephraim Lessing (1729–1781) in „Über den Beweis des Geistes und der Kraft" formuliert hatte:

> Daran liegt es: daß Nachrichten von erfüllten Weissagungen nicht erfüllte Weissagungen; daß Nachrichten von Wundern nicht Wunder sind. Diese, die vor meinen Augen erfüllten Weissagungen, die vor meinen Augen geschehenen Wunder, wirken unmittelbar. Jene aber, die Nachrichten von erfüllten Weissagungen und Wundern, sollen durch ein Medium wirken, das ihnen alle Kraft benimmt. […] Wenn keine historische Wahrheit demonstriert werden kann: so kann auch nichts durch historische Wahrheiten demonstriert werden. Das ist: *zufällige Geschichtswahrheiten können der Beweis von nothwendigen Vernunftswahrheiten nie werden.*[14]

Zufällige Geschichtswahrheiten können nicht der notwendige Beweis für Vernunftwahrheiten sein. Deshalb hätten ihn Jesu Lehren zum Glauben gebracht, nicht aber seine Taten und Wunder.

Das historische Bewusstsein hatte für eine begrenzte Zeit gravierende Auswirkungen auf die Wahrnehmung Jesu. Wie

---

[14] Gotthold Ephraim Lessing, Über den Beweis des Geistes und der Kraft, Braunschweig 1777, S. 6–7; hier: S. 9.

Lessing war auch Adolf von Harnack 150 Jahre später der Überzeugung, dass das Zeitbedingte Jesu verfalle, das Überzeitliche seiner Botschaft jedoch bliebe.

> Es sind hier nur zwei Möglichkeiten: entweder das Evangelium ist in allen Stücken identisch mit seiner ersten Form: dann ist es mit der Zeit gekommen und mit ihr gegangen; oder aber es enthält immer gültiges in geschichtlich wechselnden Formen. Das letztere ist das Richtige. Die Kirchengeschichte zeigt bereits in ihren Anfängen, daß das Urchristentum untergehen musste, damit das „Christentum" bleibe.[15]

Über die Erkenntniskraft der Leben-Jesu-Forschung für den christlichen Glauben urteilt Albert Schweitzer (1875–1965), auf Jesus werde je neu das Idealbild einer Generation über den Menschen projiziert.

> Es ist der Leben-Jesu-Forschung merkwürdig ergangen. Sie zog aus, um den historischen Jesus zu finden, und meinte, sie könnte ihn dann wie er ist als Lehrer und Heiland in unsere Zeit hineinstellen. Sie löste die Bande, mit denen er seit Jahrhunderten an den Felsen der Kirchenlehre gefesselt war, und freute sich, als wieder Leben und Bewegung in die Gestalt kam und sie den historischen Menschen Jesus auf sich zukommen sah. Aber er blieb nicht stehen, sondern ging an unserer Zeit vorüber und kehre in die seinige zurück. […] Jesus ist unserer Welt etwas, weil eine gewaltige geistige Strömung von ihm ausgegangen ist und auch unsere Zeit durchflutet. Diese Tatsache wird durch eine historische Erkenntnis weder erschüttert noch gefestigt. Sie ist der Realgrund des Christentums.
>
> Nur daß man meinte, er könne unserer Zeit mehr werden dadurch, daß er lebendig als ein Mensch unserer Menschheit in sie hineintritt. Das ist aber nicht möglich. Einmal, weil dieser Jesus so nie existiert hat. Sodann aber, weil geschichtliche Erkenntnis wohl Klärung vorhandenen geistlichen Lebens bringen, aber nie Leben werden kann. Die Geschichte vermag Gegenwart zu zerstören, Gegenwart mit Vergangenheit zu versöhnen, Gegenwart bis zu einem

---

[15] Adolf von Harnack, Das Wesen des Christentums, hg. und kommentiert v. Trutz Rendtorff, Gütersloh 1999, S. 61.

> gewissen Grade in Vergangenheit hineinzulegen: aber Gegenwart aufzubauen ist ihr nicht gegeben.[16]

Für Albert Schweitzer war es unmöglich, den historischen Jesus aus seiner Zeit herauszunehmen.

Wenn man versuche, den historischen Jesus als Lehrer und Heiland in die Gegenwart hineinzustellen, gehe er aber in Wirklichkeit an unserer Zeit vorüber und kehre in die seine zurück. So sei also der historische Jesus gar nicht zu erheben. Diese Unverfügbarkeit des historischen Jesus und die beständige Auseinandersetzung zwischen historischer und dogmatischer Methode bilden den Rahmen der neuzeitlichen christlichen Auseinandersetzung mit dieser Gestalt. Es ist die Kritik der sogenannten „liberalen" christlichen Theologie am Dogma, die das Leben Jesu spannend macht. Das schafft Berührungspunkte mit dem Judentum als Umfeld und Heimat Jesu. Etwa wenn Johannes Weiss (1863–1914) in „Die Predigt Jesu vom Reiche Gottes"[17] in der Nachfolge Albrecht Ritschls (1822–1889)[18] das Reich Gottes als immanente sittliche Aufgabe beschreibt. Oder wenn Ernst Käsemann (1906–1998)[19] lehrt, Bedeutung für den christlichen Glauben habe einmal das historische „dass" der Existenz Jesu, unlösbar verbunden sei damit aber auch die Frage nach dem „wie". Durch diesen historischen Erkenntnisprozess, so bereits Wilhelm Herrmann (1846–1922),[20] nähme man dem christlichen Glauben seine falschen Stützen. Gott offenbart sich der Menschheit durch den historischen Jesus. Die Gedankenwelt Jesu, wie sie im Neuen Testament aufscheint, prägt die christliche Gemeinde. Das auffällige

---

[16] Albert Schweitzer, Geschichte der Leben-Jesu-Forschung, Tübingen [9]1984 (zuerst veröffentlicht unter dem Titel: Von Reimarus zu Wrede. Eine Geschichte der Leben-Jesu-Forschung, Tübingen 1906), S. 397.

[17] Johannes Weiss, Die Predigt Jesu vom Reiche Gottes, Göttingen 1892.

[18] Albrecht Ritschl, Die christliche Lehre von der Rechtfertigung und Versöhnung, Bd. 1–3, Hildesheim 1978 (Nachdr. der Ausg.: Bonn 1882–1883).

[19] Ernst Käsemann, Der Ruf der Freiheit, Tübingen 1968.

[20] Wilhelm Herrmann, Dogmatik, Gotha/Stuttgart 1925; und ders., Der Verkehr der Christen mit Gott, Tübingen [7]1921.

Fehlen metaphysischer Unterfütterung zeigt ganz eindeutig das kantianische und positivistische Erbe in Herrmanns Theologie. Gemeinsam mit Martin Kähler (1835–1912)[21] beurteilt er die Bedeutung des historischen Jesus dennoch vorsichtig. Denn man besitze im Grunde nur Glaubenszeugnisse auf der Folie des Auferstehungsgeschehens. Das mache es sehr schwer, den historischen Jesus überhaupt zu erheben.

Ähnlich sieht das Käsemanns Lehrer Rudolf Bultmann mit seiner existentialen Interpretation.[22] Er veröffentlichte seine Geschichte der synoptischen Tradition im Jahr 1921. Die Schrift war ein Eckstein der formgeschichtlichen Methode, die dem Verständnis der Komposition der synoptischen Evangelien dienen sollte. 1924 distanzierte er sich dann endgültig von der liberalen Theologie. In seiner klassischen Abhandlung über den historischen Jesus schreibt Bultmann:

> Denn freilich bin ich der Meinung, dass wir vom Leben und von der Persönlichkeit Jesu so gut wie nichts mehr wissen können, da die christlichen Quellen sich dafür nicht interessiert haben, außerdem sehr fragmentarisch und von der Legende überwuchert sind […].[23]

Was man jedoch entdecken kann – auf der Grundlage der kritischen Beurteilung der frühesten palästinischen Überlieferungsebene – sind die Grundaussagen der Botschaft Jesu, sein „Wort." Dieses „Wort" handelt vom Kommen des Gottesreiches, einem „Zitat," das jedoch existenziell interpretiert werden muss: „[D]ie Gottesherrschaft [ist] eine Macht, die die Gegen-

---

[21] Martin Kähler, Der sogenannte historische Jesus und der geschichtliche, biblische Christus, München ²1956.

[22] Rudolf Bultmann, Jesus, Berlin 1926. Ders., Das Verhältnis der urchristlichen Christusbotschaft zum historischen Jesus (Sitzungsberichte der Heidelberger Akademie der Wissenschaften, Philosophisch-Historische Klasse 1960/3), Heidelberg 1960. Ders, Jesus Christus und die Mythologie. Das Neue Testament im Licht der Bibelkritik, Hamburg 1964.

[23] Bultmann, Jesus, S. 29.

wart völlig bestimmt, obwohl sie ganz Zukunft ist. Sie bestimmt die Gegenwart dadurch, daß sie den Menschen in die Entscheidung zwingt."[24] Zum historischen Jesus führe kein Weg. „Die Verkündigung Jesu gehört zu den Voraussetzungen der Theologie des Neuen Testaments und ist nicht ein Teil dieser selbst."[25] Der kerygmatische Christus allein sei wesentlich, d.h. das, was über Jesus durch die christlichen Kirchen verkündigt und bezeugt werde. Dahinter solle man nicht fragen, denn im Glauben gebe es sowieso keine objektive Sicherheit. Deshalb vertritt Bultmann die Ansicht, dass jegliche „historische Jesusforschung" nicht nur unmöglich, sondern theologisch illegitim ist, weil sie den Schriftbeweis an die Stelle des Glaubens setzt. Doch obwohl viele Gelehrte inzwischen überzeugt waren, die Forschung sei wieder einmal in einer Sackgasse angelangt, nahmen einige von ihnen den Staffelstab auf und begaben sich auf den Weg, der heute als die zweite Phase der Leben-Jesu-Forschung bezeichnet wird.

So war es der Bultmann-Schüler Ernst Käsemann, der als Erster die jüdische Herkunft Jesu wieder ins Spiel brachte. Er lehrte, dass das historische „Dass" der Existenz Jesu unleugbar von Bedeutung für den christlichen Glauben ist und zugleich unauflöslich mit der Frage nach dem „Wie" verbunden ist.[26] Da der Herr der Kirche nicht einfach nur als mythologisches Wesen gesehen werden kann, völlig losgelöst von seiner historischen Existenz, schlug Käsemann vor, dass das Interesse am historischen Jesus zumindest bis zu einem gewissen Grad theologisch legitimiert ist.

> [Jesus] ist wohl Jude gewesen und setzt spätjüdische Frömmigkeit voraus, aber er zerbricht gleichzeitig mit seinem Anspruch diese Sphäre. Die einzige Kategorie, die seinem Anspruch gerecht wird,

---

[24] A.a.O., S. 38.

[25] Rudolf Bultmann, Theologie des Neuen Testaments, durchgesehen und ergänzt von Otto Merk, Tübingen [9]1948–53, S. 1.

[26] Käsemann, Der Ruf der Freiheit.

> ist völlig unabhängig davon, ob er sie selber benutzt und gefordert hat oder nicht, […] nämlich die des Messias.[27]

Damit bezog Käsemann sich auf Ferdinand Christian Baur und wurde zum Initiator der sogenannten „new quest of the historical Jesus."[28] Es war Gerhard Ebeling (1912–2001),[29] einer der wichtigsten Vertreter der hermeneutischen Theologie, der eine Neubesinnung auf den historischen Jesus für die Christologie der Kirche als wichtig erachtete. Zeit seines Lebens sei Jesus ein Glaubenszeuge gewesen und als Glaubender verbinde Jesus die Christenheit mit dem historischen Judentum seiner Zeit und dessen Wirkungsgeschichte. Durch die Auferstehung werde aus dem Glaubenszeugen auch ein Glaubensgrund für die Kirche, der dem christlichen Glauben Form und Maßstab gebe.

Dem bedeutenden katholischen Konzilstheologen Hans Küng ist beides zunächst wichtig, die Wirkungsgeschichte und der historische Jesus. Für ihn setzt die Wirkungsgeschichte schon vor dem historischen Jesus ein: „Weil die Menschwerdung in Gottes Ratschluß von Ewigkeit wirkkräftig beschlossen war, konnte sie schon vor ihrem historischen Wirklichwerden ihre erlösende Kraft ausstrahlen lassen."[30] Dadurch misst er der historischen Person Jesu hohe Bedeutung bei. Die Kritik Küngs an den früheren Anliegen der Leben-Jesu-Forschung bezieht sich auf den oft anachronistischen Zugang zu den Quellen, die ja nie Geschichtsschreibung sein wollten, sondern Glaubenszeugnisse. Diese Ahistorizität der Quellen ist aber kein Grund

---

[27] Ernst Käsemann, Das Problem des historischen Jesus, in: Zeitschrift für Theologie und Kirche 51.2 (1954), S. 125–53, hier: S. 145.

[28] James Robinson (1924–2016) hat die christliche Leben-Jesu-Forschung nach Ernst Käsemann als „New Quest" (Neue Suche) oder „Second Quest" bezeichnet. Siehe James M. Robinson, A New Quest of the Historical Jesus (Studies in Biblical Theology 25), London 1959.

[29] Gerhard Ebeling, Die Frage nach dem historischen Jesus und das Problem der Christologie, in: Zeitschrift für Theologie und Kirche, Bd. 1 (1959), S. 14–30.

[30] Hans Küng, Rechtfertigung (Serie Piper, Bd. 674), München/Zürich 1957, S. 130f.

für Küng, sie nicht in der Frage nach dem historischen Leben Jesu zu betrachten: „Denn wenn diese auch nicht einfach Berichte sind, so enthalten sie doch Berichte und gründen in Berichten vom wirklichen Jesus."[31] So ist für Küng eine strikte Trennung des „historischen" Jesus und des „geglaubten" Jesus letztlich bei der Frage danach, wer Jesus ist und war, nicht zielführend. „Gewiss, die Glaubenszeugnisse *sind* nicht einfach Berichte, aber sie *enthalten* Berichte und *gründen* in Berichten vom wirklichen Jesus."[32] Deshalb genügt Küng die rein kerygmatische Theologie nicht. Er versichert:

> Die wissenschaftliche Beantwortung der Frage nach dem Jesus der Geschichte wird heute in neuer Form und innerhalb bestimmter Grenzen wieder als möglich angesehen [...] Das Kerygma der Gemeinde ist ja gar nicht verständlich ohne den ganz konkreten Ansatz beim geschichtlichen Jesus von Nazaret, wie auch Bultmanns Theologie des Neuen Testaments beweist.[33]

Und dieser historische Kontext ist ein jüdischer Kontext:

> Das ist in etwa auch das, was uns Christen diesen Jesus fremd macht. Seine Sprache schon ist uns ja fremd. Es ist für uns immer ein sprachliches und theologisches Problem: die oft zwei-, dreifache Übersetzung und Rückübersetzung, etwa aus dem Deutschen ins Griechische und vom Griechischen zurück ins Hebräische bzw. Aramäische. Das gleiche Problem haben wir mit den Bildern, die er gebracht hat. [Das] macht ihn uns Christen fremd, aber Ihnen, den Juden, auch gleichzeitig. [...] Es ist doch schon längere Zeit eine große Offenheit für das Alte Testament da: daß wir es nicht nur christlich interpretieren, sondern daß wir es auch in seiner Eigenständigkeit verstehen müssen.[34]

Als Nächstes fragte Küng:

---

31 Ebd.

32 Hans Küng, Christ Sein, Freiburg 2016, S. 148.

33 A. a. O., S. 149.

34 Küng/Lapide, Jesus im Widerstreit, S. 10–11.

> Kann mir die historisch-kritische Jesus-Forschung, die theologische Wissenschaft überhaupt, Glauben, Glaubensgewißheit verschaffen, wie manche hoffen? Nein, sie kann *den Glauben nicht begründen*. Ich glaube ja nicht „an" die Forschung, an die theologische Wissenschaft, an wissenschaftliche Ergebnisse. [...] Ich glaube – zunächst einmal ganz einfach gesagt – an Gott, wie er mich durch diesen Jesus anspricht.[35]

Dennoch ist es wichtig, die Forschung nach dem historischen Jesus weiterzuführen:

> Auch vor der Jesus-Forschung gab es Glauben, und auch heute glauben viele und ohne Rücksicht auf Forschungsergebnisse. Allerdings muß solcher Glaube vom heutigen Stand des Bewußtseins aus als naiver Glaube bezeichnet werden. Naivität ist nicht schlecht, aber zumindest in Glaubensdingen gefährlich.[36]

Was das Verhältnis zwischen Christen und Juden betrifft, erachtet Hans Küng die Perzeption Jesu als zentralen Aspekt „Wie könnten wir den zentralen Punkt der Kontroverse übersehen? Dieselbe Person, die Juden und Christen zu vereinen scheint, ist auch der Grund der Spaltung: Der Jude Jesus von Nazaret."[37]

> Für die Christen ist dieser Jesus von Nazaret maßgebend, und zwar ist er nicht nur, wie Karl Jaspers sagt, einer der maßgebenden Menschen, sondern eben der Maßgebende schlechthin. Das wäre die eigentliche Unterscheidung. Für einen Juden [...], nach wie vor das Gesetz maßgebend und nicht dieser Jesus von Nazaret.[38]

Und er bekräftigt Ernst Käsemanns Vorschlag, sich neu mit dem historischen Jesus auseinanderzusetzen, indem er ihn am Ende des Kapitels „Christentum und Judentum" zitiert:

> Wir müssen wieder die Frage buchstabieren lernen: Wer ist Jesus? Alles andere zerstreut. Er ist unser Maß, nicht Kirchen, Dogmen

[35] Küng, Christ Sein, S. 153.
[36] A.a.O., S. 157.
[37] A.a.O., S. 172.
[38] Küng/Lapide, Jesus im Widerstreit, S. 42–43.

> und fromme Menschen das seinige. […] Sie taugen genausoviel oder -wenig, wie sie von sich selbst wegweisen und in die Nachfolge Jesu als des Herrn rufen.[39]

Küng fragt sich dagegen für die Zukunft: „Wird im Christentum auf die Dauer der Glaube an den einen Gott Israels nicht gefährdet, wenn ein zweiter Glaubensartikel an Jesus Christus im Verlauf der Geschichte immer mehr Gewicht und höheren Rang erhalten sollte?“[40] Und:

> Dürfen Christen sich noch unüberlegt auf die hohe Christologie der hellenistischen Konzilien berufen und sie zur einzigen Norm für alle ‚Kinder Abrahams‘ bezüglich des Glaubens an Jesus als den Gesandten Gottes machen? Welche Bedeutung messen sie dem Judesein Jesu von Nazaret zu, welchen Stellenwert geben sie ihm für Ihren Glauben?[41]

Das Zentrum der Christologie von Karl Rahner (1904–1984) ist das Verständnis Jesu als „Realsymbol,“[42] dessen Menschsein als Selbst-Ausdruck Gottes in der Geschichte betrachtet werden müsse. Rahners Denken beruht auf der Definition Jesu Christi durch das Vierte Ökumenische Konzil von Chalcedon (451):

> Wir folgen also den heiligen Vätern und lehren alle übereinstimmend: Unser Herr Jesus Christus ist als ein und derselbe Sohn zu bekennen, vollkommen derselbe in der Gottheit, vollkommen derselbe in der Menschheit, wahrhaft Gott und wahrhaft Mensch derselbe, aus Vernunftseele und Leib, wesensgleich dem Vater der Gottheit nach, wesensgleich uns derselbe der Menschheit nach, in allem uns gleich außer der Sünde, vor Weltzeiten aus dem Vater geboren der Gottheit nach, in den letzten Tagen derselbe für uns und um unseres Heiles willen aus Maria, der jungfräulichen Got-

---

[39] Ernst Käsemann, Paulinische Perspektiven, Tübingen 1969, S. 97.

[40] Hans Küng, Das Christentum – Wesen und Geschichte. München 2007, S. 77.

[41] Ebd., S. 143.

[42] Vgl. hierzu Karl Rahner, Zur Theologie des Symbols, in: ders., Sämtliche Werke, hg. v. Karl Lehmann, Johann Baptist Metz, et al., Bd. 4. Freiburg in Br. 1997, S. 300.

> tesgebärerin, der Menschheit nach, ein und derselbe Christus, Sohn, Herr, Einziggeborener, in zwei Naturen unvermischt, unverändert, ungeteilt und ungetrennt kundgetan, in keiner Weise unter Aufhebung des Unterschieds der Naturen aufgrund der Einigung, sondern vielmehr unter Wahrung der Eigentümlichkeit jeder der beiden Naturen und im Zusammenkommen zu einer Person und einer Hypostase, nicht durch Teilung oder Trennung in zwei Personen, sondern ein und derselbe einziggeborene Sohn, Gott, Logos, Herr, Jesus Christus, wie die Propheten von Anfang an über ihn lehrten und er selbst, Jesus Christus, uns gelehrt hat, und wie es uns im Symbol der Väter überliefert ist.[43]

Jesus Christus – „Mensch" im Vollsinn – kann Gott in die Immanenz dieser Welt bringen. Karl Rahners Christologie kann folglich als transzendentale Anthropologie beschrieben werden.[44] Während Küng eine Christologie „von unten" vertritt, vertritt Rahner eine „Christologie von oben."

Das Verhältnis von historischem Jesus und geglaubtem Christus beschäftigte auch den damaligen Kurienkardinal und Präsidenten des Päpstlichen Rates zur Förderung der Einheit der Christen, Walter Kasper. In seinem 1974 erschienenen Buch „Jesus der Christus" stärkt er den Anspruch der Leben-Jesu-Forschung, betont aber auch die Frage nach deren „theologischer Relevanz."[45]

Es ist aber gerade diese Frage nach der theologischen Relevanz aus christlicher Perspektive, die den Blick auf die historische Person Jesu auch verstellen kann. Für die alte Kirche und ihre auf der Trinitätslehre basierende Inkarnationschristologie war das Wunder die menschliche Natur Jesu. Seit der Neuzeit wird die göttliche Natur Jesu zum Gegenstand der Nachfrage. So befinden sich innerhalb der christlichen Betrachtung Jesu

---

[43] Joseph Wohlmuth, Dekrete der Ökumenischen Konzilien, Bd. 1, Paderborn [3]1998, S. 86.

[44] Macquarrie, Jesus, S. 41.

[45] Walter Kasper, Jesus der Christus, Mainz 1974. Siehe auch Walter Kasper, Juden und Christen – das eine Volk Gottes, Freiburg i. Br. 2020; Kapitel II.

zwei Modi im Widerstreit: Geht es der genannten „Christologie von unten“ um die Gestalt Jesu und sein historisches Umfeld, konzentriert sich die „Christologie von oben“ auf die Inkarnation: wie Gott als Gott sich dem Menschen zugewandt habe. Diese Christologie setzt das Gottsein Jesu schon voraus, um eine Versöhnung zwischen Gott und Mensch zu erreichen, von der das Judentum lehrt, sie sei schon immer von Gott gewährt worden. Besonders konsequent denkt Wolfhart Pannenberg (1928–2014) von der Auferstehung als historisches Geschehen her und betont damit, Jesus erhalte seine Autorität für das Christentum erst durch sein Erlöserhandeln.[46] In dem Buch „Was ist der Mensch“ formuliert er eine Theologie „von unten.“ Er leitet seine dogmatischen Aussagen aus der kritischen Untersuchung des Lebens und vor allem der Auferstehung von Jesus von Nazareth ab. Ebendas ist seine programmatische Aussage zum Verständnis von „Geschichte als Offenbarung.“[47] Er lehnt die überlieferte chalzedonische „zwei Naturen“-Christologie ab zugunsten eines dynamischen Verständnisses der Person Christi im Lichte der Auferstehung. Die Wirkungsgeschichte dieses Ereignisses enthülle fortlaufend seine Rolle für die Menschheit. Diese Konzentration auf die Auferstehung als Schlüssel für die Identität Christi bewog Pannenberg, ihre Historizität zu verteidigen und stärker die Erfahrung des auferstandenen Christus als des leeren Grabs in der Geschichte der frühen Kirche zu betonen. Dadurch erhalte die Geschichte ihren Sinn erst rückwirkend und spreche den historischen Fakten ihre eigentliche Bedeutung zu. Um den Weg Jesu in der Welt zu verfolgen, müsste man den Standpunkt Gottes einnehmen. Der Mensch in seiner Beschränkung sei aber dazu gar nicht in der Lage. Es ist diese Position, die auch für das Jesusbild Benedikts XVI. zuzutreffen scheint.[48] Zwar

---

46 Wolfhart Pannenberg, Grundzüge der Christologie, Gütersloh 1964.

47 Wolfhart Pannenberg, Offenbarung als Geschichte, Göttingen [5]1982.

48 Joseph Ratzinger, Jesus von Nazareth, Bd. I: Von der Taufe im Jordan bis zur Verklärung, Freiburg i. Br. 2007.

könne die historisch-kritische Herangehensweise an Jesu Leben das Umfeld seiner irdischen Existenz beleuchten. Die Bedeutung Jesu als Christus und die wahre Interpretation der Bibel in ihren beiden Teilen könne jedoch nur rückwirkend – aus dem Glauben heraus – erfolgen. Es ist diese Herangehensweise, die den historischen Jesus vollends hinter den Vorhang des Christus verschwinden lässt, wie er von der Kirche verkündigt wird. Damit trennt man die Person endgültig von der Funktion: als Idealtypus einer Gott wohlgefälligen Menschheit (Immanuel Kant)[49], als Fleischwerdung der Idee von der Einheit göttlicher und menschlicher Natur (Hegel),[50] als Gewissheit und sinnliche Wahrnehmbarkeit der Einheit von Gott und Mensch (David Friedrich Strauß),[51] als Exempel mit einheitsstiftender Wirkung (Falk Wagner, 1939–1998),[52] oder als das neue Sein. Denn das Sein brauche das Beispiel, dass die Entfremdung des Menschen von Gott prinzipiell überwunden werden kann (Paul Tillich).[53] Alois Emanuel Biedermanns (1819–1885) spekulative Theologie spricht davon, dass Jesus die his-

---

[49] Immanuel Kant, Die Religion innerhalb der Grenzen der bloßen Vernunft, in: Werke, Berlin 2000 (unveränd. Abdr. des Textes der von der Preußischen Akad. der Wiss. 1902 begonnenen Ausg. von Kants gesammelten Schriften).

[50] Für Hegel ist der fundamentale Inhalt des Christentums die Inkarnation Gottes in Jesus: „Diese Menschwerdung des göttlichen Wesens […] ist der einfache Inhalt der absoluten [oder Christlichen] Religion" (Georg Wilhelm Friedrich Hegel, Phänomenologie des Geistes, Stuttgart 1996, Kapitel 89). Die Einheit der göttlichen und menschlichen Natur wird in Jesus gedeutet, da in ihm Gottheit und Menschheit untrennbar sind. Siehe auch Daniel P. Jamros, Hegel on the Incarnation: Unique or Universal?, in: Theological Studies 56 (1995), S. 276–300.

[51] David Friedrich Strauß, Die christliche Glaubenslehre in ihrer geschichtlichen Entwicklung und im Kampfe der modernen Wissenschaft, Darmstadt 2009 (Nachdr. der Ausg.: Tübingen / Stuttgart 1841).

[52] Falk Wagner, Christologie als exemplarische Theorie des Selbstbewusstseins, in: Die Realisierung der Freiheit. Beiträge zur Kritik der Theologie Karl Barths, hg. v. Trutz Rendtorff, Gütersloh 1975, S. 135–67.

[53] Paul Tillich, Das neue Sein (Religiöse Reden, Bd. 2), Stuttgart 1957. Ders.: Christologie und Geschichtsdeutung, in: Gesammelte Werke, Bd. 4:

torische Offenbarung des Erlöserprinzips sei.[54] Eine solche Betrachtung Jesu lässt allerdings seine Botschaft in den Hintergrund treten, die die Änderung menschlichen Handelns zum Anliegen hat. Es ist diese Tendenz, die wir in beinahe jeder Position der beiden großen christlichen Traditionen bisher wiedergefunden haben. Der Ursprung der Leben-Jesu-Forschung im 19. Jahrhundert war durchaus von den durch die Aufklärung aufkommenden Rationalitätsbemühungen geprägt. Es ging um eine tatsächliche Annäherung an den historischen Jesus. Dieses anfängliche Bemühen wurde mit der Zeit durch Fragen nach Heilsgeschehen und Heilsbedeutung immer mehr in den Hintergrund gedrängt. Die logische Folge ist eine Geringachtung der Erträge der christlichen Leben-Jesu-Forschung in wesentlichen Teilen der christlichen Theologie.[55] Besonders eindrücklich wird dies durch die Haltung der Kirchen während des „Dritten Reiches" und der Schoa. Nach dem II. Weltkrieg muss man die Auseinandersetzung mit der Person Jesu im Rahmen einer größeren Bewältigungsstrategie der im Holocaust auf sich geladenen Schuld verstehen. Das Interesse an Jesus als historischer Person zielte im Wesentlichen auf eine Verbesserung der Beziehungen zwischen den Kirchen und dem Judentum.

Im Zuge der Befreiungstheologie eines Leonardo Boff etwa gab es nach 1970 Bemühungen, Jesus als politische Figur zu

---

Der Widerstreit von Raum und Zeit. Schriften zur Geschichtsphilosophie, Stuttgart 1963, S. 83–96.

54 Alois Emanuel Biedermann, Christliche Dogmatik, Bd. 1–2, Berlin ²1884–1885.

55 Aus der „New Quest" / „Second Quest" ist eine „Third Quest" entstanden, die den Quellen außerhalb des Neuen Testaments größere, zumindest aber gleichwertige Bedeutung beimessen wollte. Vgl. hierzu: Leander E. Keck, The Second Coming of the Liberal Jesus?, in: The Christian Century (1994), 784–87. Einer der Vertreter dieser „Third Quest" ist John Dominic Crossan, einer der Mitbegründer des umstrittenen Jesus Seminars, ein Seminar in Kalifornien, das sich laut eigener Aussage ganz der Suche nach authentischem Material über Jesus von Nazareth widmet. Siehe dazu Georgi, Leben-Jesu-Theologie/ Leben-Jesu-Forschung, S. 571 f.

sehen: als „Revolutionär," der sich in seinem Leben und seinen Lehren ganz und gar abhob von seiner damaligen Umwelt.[56] Dass gerade dies nicht der Fall war, ist aber der Ertrag der christlichen Leben-Jesu-Forschung des 19. Jahrhunderts.

Abschließend kann man sagen, dass Jesus als historische Person in der christlichen Theologie keine tragende Wirkung entfaltet hat, im katholischen noch weniger als im protestantischen Denken. Daran hat auch das II. Vatikanische Konzil der katholischen Kirche nichts geändert. Allerdings gedenkt die Erklärung „Nostra Aetate" von 1965 über die Beziehung zu den nicht-christlichen Religionen des bleibenden Bundes Gottes mit seinem Volk und „des Bandes, wodurch das Volk des Neuen Bundes mit dem Stamme Abrahams geistlich verbunden ist."

Die evangelischen Kirchen haben in der zweiten Hälfte des 20. Jahrhunderts eine sehr viel engere Beziehung zum Judentum aufzubauen vermocht und in eindeutigen Erklärungen ihr Nahverhältnis zum Judentum verdeutlicht. Dessen ungeachtet weisen evangelikale Strömungen aber auf das Trennende hin, das die Person Jesu für Judentum und Kirche bedeuten muss. Es besteht nämlich ein grundlegender Widerspruch zwischen dem Anliegen gerade erweckter Christen, ein persönliches Glaubensverhältnis zu Jesus aufbauen zu wollen, und der Tatsache, dass dessen realen Lebensumständen so wenig Bedeutung beigemessen wird.

So muss festgestellt werden: Christliche Theologen studierten Jesu Leben im Grunde nie, ohne auch seine Heilsbedeutung als Zentralfigur des christlichen Glaubens im Blick zu haben. Das ist ihnen nicht zu verdenken. Es ist das Verdienst der jüdischen Leben-Jesu-Forschung, diesen Schleier von uns zu nehmen.

---

[56] Vgl. Leonardo Boff, Jesus Christus, der Befreier, Freiburg 1986.

2.c. Die jüdische Leben-Jesu-Forschung als Heimholung Jesu ins Judentum

William Horbury, Professor Emeritus of Jewish and Early Christian Studies der Universität Cambridge und Fellow des Corpus Christi College, ist Verfasser des Eintrags „Jesus Christus in der Sicht des Judentums" in Religion in Geschichte und Gegenwart (RGG). Er beschreibt die jüdische Position markant:

> Es gibt kein einheitliches Bild von J. Ch.; man kann das Judentum darstellen, ohne ihn überhaupt zu erwähnen. Aus der Antike sind nur wenige talm. und andere jüd. Berichte über J.[esus] erhalten. Später befassen sich ma. Verfasser, oft in apologetischem Kontext, intensiver mit ihm. Schließlich haben moderne jüd. Forscher wichtige Einsichten zur „Leben-Jesu-Forschung" beigetragen.[57]

Beim Stichwort „Leben-Jesu-Forschung" macht Horbury einen Verweispfeil zu Markus Schröders gleichnamigem Artikel.[58] Schröder entfaltet zwar die Leben-Jesu-Forschung von Reimarus bis Harnack, von Bultmann bis Theißen, aber mit der Ausnahme von Géza Vermes findet kein jüdischer Forscher der letzten zweihundert Jahre namentliche Erwähnung. Kann es sein, dass die Auseinandersetzung des modernen Judentums mit Jesus so unbedeutend gewesen ist? Oder wird der jüdische Beitrag zur Leben-Jesu-Forschung so gering erachtet, dass er aus christlicher Sicht keine Erwähnung verdient?

Es gibt sie nämlich, diese jüdischen Denker, die sich mit Jesus beschäftigt haben. Ich will eine Reihe wichtiger Exponenten und Exponentinnen nennen: Abraham Geiger (1810–1874), Claude G. Montefiore (1858–1938), Joseph Klausner (1874–1958), Jacob Z. Lauterbach (1873–1942), Leo Baeck (1873–1956), Jules Isaac (1877–1963), Martin Buber (1878–

---

[57] William Horbury, Jesus Christus, in: Religion in Geschichte und Gegenwart Bd. 4, hg. v. Hans Dieter Betz et al., Tübingen ^{4}2001, Sp. 483–84.

[58] Artikel „Leben-Jesu-Forschung," in: Religion in Geschichte und Gegenwart Bd. 5, hg. v. Hans Dieter Betz et al., Tübingen ^{4}2002, Sp. 147–48.

1965), Robert Eisler (1882–1949), Franz Rosenzweig (1886–1929), Solomon Zeitlin (1892–1976), Abba Hillel Silver (1893–1963), Paul Winter (1904–1969), Robert Raphael Geis (1906–1972), Abraham Joshua Heschel (1907–1972), Ben-Zion Bokser (1907–1984), Hans-Joachim Schoeps (1909–1980), Samuel Sandmel (1911–1979), Haim Cohn (1911–2002), Schalom Ben-Chorin (1913–1999), Hermann L. Goldschmidt (1914–1998), Joel Carmichael (1915–2006), David Flusser (1917–2000), Jochanan Bloch (1919–1979), Ernst Ludwig Ehrlich (1921–2007), Pinchas E. Lapide (1922–1997), Hyam Maccoby (1924–2004), Géza Vermes (1924–2013), Michael Wyschogrod (1928–2015), Jacob Neusner (1932–2016), Rivka Ulmer (*1951), Paula Fredriksen (*1951), Adele Reinhartz (*1953), Susannah Heschel (*1956), Amy-Jill Levine (*1956).

Gerd Theißen wertet das so:

> Während die christliche Theologie mit einer Abkehr vom theologischen Liberalismus die Suche nach dem historischen Jesus abwertete, setzte die gleichzeitig beginnende wissenschaftliche jüdische Jesusforschung die liberale Tradition fort und betonte dabei Aspekte, die in der christlichen Forschung zu kurz kamen, nämlich den jüdischen Charakter des Lebens und der Lehre Jesu – ein Vorgang, der zur „Heimholung Jesu ins Judentum" gehört. Weil man den Konflikt mit dem jüdischen Gesetz nicht mehr im Zentrum des Lebens Jesu verortete, wurden andere Möglichkeiten erwogen, Jesu gewaltsamen Tod historisch zu deuten.[59]

Es ist die Geschichte einer seit dem 19. Jahrhundert zu beobachtenden „Heimholung Jesu" in das Judentum: als exemplarischen Juden, als mahnenden Propheten, als Revolutionär und Freiheitskämpfer, als Großen Bruder und messianischen Zionisten.[60]

---

[59] Theißen/Merz, Der Historische Jesus, S. 27.

[60] Werner Vogler, Jüdische Jesusinterpretationen in christlicher Sicht, Weimar 1988, S. X. Siehe forschungsgeschichtliche Überblicke in Günther Baumbach, Fragen der modernen jüdischen Jesusforschung an die christ-

Den Anstoß dafür gaben Julius Wellhausen (1844–1918) und die historisch-kritische Bibelwissenschaft. Wellhausen hat den Satz formuliert, an dem sich Christen wie Juden in der Folge abgearbeitet haben: Jesus war kein Christ, er war Jude![61]

Dieser Satz muss für jüdische Rezipienten ganz erstaunlich gewesen sein – er traf auf eine Gemeinschaft, die im Zuge der Aufklärung nach bürgerlicher Gleichstellung strebte und sich dabei durch die Idee vom „christlichen Staat" behindert sah. Diese jüdische Beschäftigung mit der zentralen Figur des Neuen Testaments ist nicht grundsätzlicher Natur gewesen. Sie erfolgte aus einem apologetischen Impuls: dem Wunsch nach Teilhabe an der allgemeinen Gesellschaft ohne Aufgabe der eigenen, der jüdischen Identität. Wie gut also, dass Jesus selbst Jude war.

Nun könnte man meinen, die Loslösung von der jüdischen Tradition und Neubewertung des Bleibenden im Judentum könnte ein Grund für das erwachende Interesse an einer jüdischen Leben-Jesu-Forschung gewesen sein. Clemens Thoma stellt jedoch fest, die Freundlichkeit Jesus und dem Christentum gegenüber ab der Wende des 18. ins 19. Jahrhundert sei nicht mit dem Grad der Liberalität und Gesetzesungebundenheit gewachsen.

> Wir finden fast im Gegenteil bei Vertretern der liberalen Wissenschaft vom Judentum des 19. Jahrhunderts antichristliche und antijesuanische Töne von einer Schärfe, die wir von jüdisch-orthodoxer, neoorthodoxer und konservativer Seite kaum vernehmen. Die Vermutung, ein vom Gesetz mehr oder weniger losgelöstes Judentum stehe dem Christentum automatisch näher als ein auf

---

liche Theologie, in: Theologische Literaturzeitung 102 (1977), S. 626–36; Ernst Ludwig Ehrlich, Die Evangelien in jüdischer Sicht, in: FrRu 22 (1970), S. 61–68; Erich L. Gräßer, Motive und Methoden der neueren Jesusliteratur, in: Evangelische Theologie, Beihefte, 18.2 (1973), S. 3–45; Alexander Sand, Jesus im Urteil jüdischer Autoren der Gegenwart, in: Catholica 31 (1977), S. 29–38.

[61] Julius Wellhausen, Einleitung in die drei Evangelien, Berlin 1905, S. 113.

Gesetz und Vätersitte pochendes Judentum, lässt sich historisch nicht belegen.[62]

Abraham Geigers Beschäftigung mit dem jüdischen Jesus und mit dem Christentum ist der Entwurf einer Gegengeschichte. Polemisch im Ton zeigt er Juden des 19. Jahrhunderts auf, warum sie dem Judentum weiter treu bleiben sollten, statt im Christentum eine höhere Stufe religiöser Entwicklung erkennen zu wollen, die das Judentum angeblich nie erreicht habe. So steht Geiger am Anfang einer jüdischen Leben-Jesu-Forschung, die zu einer angemessenen religionsgeschichtlichen Würdigung der jüdischen Quellen auffordert. Gerade in der ureigensten Domäne der christlichen Theologie, der Interpretation der Gestalt Jesu, sollten Juden als maßgebliche Partner bei der Erforschung des Frühjudentums wahrgenommen werden. Christlicherseits wurden die Beiträge der jüdischen Jesusforschung jedoch nicht als heilsame Infragestellung der eigenen Vorurteile oder vielleicht als Gesprächsangebot empfunden, sondern als Anmaßung.

In seinem Werk „Das Judentum und seine Geschichte“ von 1863 zeichnet Abraham Geiger ein Bild von Jesus als einem der einflussreichsten Pharisäer seiner Zeit.[63]

Geiger zufolge zeichneten Jesu Reden und Handeln nichts Einzigartiges und Originelles aus. Vielmehr ließ sich die Gesamtheit seiner Lehren im pharisäischen Schrifttum wiederfinden. Die frühen Christen dagegen seien aufgrund sadduzäischer Einflüsse und der Aufnahme heidnischer Elemente aus der griechisch-römischen Welt von seinem Glauben und seiner Lehre abgewichen. Geigers Entwurf von Jesus als Pharisäer und dem Christentum als Verrat an Jesu jüdischem Glauben wurde für das moderne Judentum zum beliebten Erklärungsmodell über die christlichen Ursprünge und lieferte zugleich eine Verteidigungsposition gegen die christliche Annahme, dass das Ju-

---

62 Thoma, Jüdische Zugänge, S. 165.

63 Abraham Geiger, Das Judentum und seine Geschichte, hg. v. Ludwig Geiger, Breslau 1910, S. 117 f.

dentum nur eine überlebte Form auf dem Weg zum Christentum sei. In ihrer Wirkung bedingen sich dabei Judentum und Christentum bei Geiger: Es gibt keinen christlichen Glauben ohne das Judentum, und die Bedeutung des Judentums für die westliche Zivilisation hängt letztlich vom Erfolg seiner „Tochterreligionen," des Christentums und des Islam, ab. Doch leider wurde Geigers Sicht von der breiteren Öffentlichkeit im deutschen Kaiserreich nicht durchgehend geteilt.

2.d. Das entwürdigte Judentum: Der Berliner Antisemitismusstreit

Im liberalen Bewusstsein der Aufklärung war die Emanzipation des Judentums als eine Art kollektiver Erziehungsprozess betrachtet worden, der die Auflösung der jüdischen Gruppenidentität zum Ziel gehabt hatte. Das Judentum sollte sich als Konfession begreifen. 1869 war die rechtliche Besiegelung der jüdischen Emanzipation im Gesetz des Norddeutschen Bundes erreicht.

Zehn Jahre später führte die Unterstellung eines Zusammenhangs von jüdischer Emanzipation, der Durchsetzung des bürgerlichen Kapitalismus und des ersten Gründerkrachs zu antisemitischen Kampagnen als Folge auf den Eindruck allgemeiner Instabilität. Das katholische Stereotyp des Kulturkampfes als „Krieg des Judentums gegen das Christentum," die Niederlage der Liberalen in der Wahl von 1878/79 und Bismarcks antiliberale Kehrtwendung trugen zum Aufkommen des modernen Antisemitismus als post-emanzipatorisches Phänomen noch bei.[64]

Der Historiker Heinrich von Treitschke (1834–1896), seit 1874 Professor für Geschichte an der Universität Berlin, war 1866 Herausgeber der „Preußischen Jahrbücher" geworden,

---

[64] Vgl. hierzu Walter Homolka, Jüdische Identität in der modernen Welt. Leo Baeck und der deutsche Protestantismus, Gütersloh 1994, S. 41.

die monatlich Besprechungen zur Politik brachten. In seinen Universitätsvorlesungen, Zeitschriftenartikeln, politischen Aufsätzen und seiner mehrbändigen „Deutsche Geschichte im neunzehnten Jahrhundert“ brachte Treitschke klar seine Verachtung für die Juden zum Ausdruck. Der vorgebliche Anlass für Treitschkes Aufsatz „Unsere Aussichten,“ der in dem Satz „Die Juden sind unser Unglück“ in den Preußischen Jahrbüchern im November 1879 gipfelte, war der elfte Band von Heinrich Graetz' „Geschichte der Juden,“ den Treitschke rezensierte. In dieser Besprechung griff er Graetz persönlich an, als Beispiel für die vermeintlich „fanatische Wuth“ der Juden auf ihren „Erbfeind,“ das Christentum.

Heinrich Graetz (1817–1891) war der bedeutendste jüdische Historiker des 19. Jahrhunderts. Mit seiner „Geschichte der Juden“ (11 Bände, 1856–1876) schrieb Graetz das bis heute wirkmächtigste Werk der jüdischen Historiographie. Für Graetz ist das jüdische Volk das Subjekt einer langen, ununterbrochenen, eigengesetzlichen und eigenständigen jüdischen Geschichte von der Antike bis in die Gegenwart; er dachte die jüdische Geschichte dabei als eine Leidens- und Gelehrtengeschichte der Juden, die aus dieser gemeinsamen Erfahrung als Volk geeint wurden. Dieser neue nationaljüdische Ansatz musste all die irritieren, die auf die vollkommene Akkulturation der Juden im Deutschen Reich setzten.

Graetz bewegte sich in der öffentlichen Wahrnehmung von Anfang an auf dünnem Eis. Sein dritter Band der „Geschichte der Juden“ hatte erst in der zweiten Auflage von 1862 mit einem neuen Kapitel zur Entstehung des Christentums, das in der ersten Auflage „wegen allzu skrupolöser [sic] Bedenklichkeit des Verlegers ausgelassen war,“ erscheinen können.[65] Noch vor Treitschke hatte der Berliner Hofprediger Adolf Stoecker (1835–1909), Begründer einer christlichen Arbeiterbewegung als Gegengewicht zur Sozialdemokratie, die Wirkkraft antisemitischer Parolen entdeckt.

---

[65] Vorwort zu Heinrich Graetz, Geschichte der Juden, Bd. 3, Leipzig [2]1862.

Stoecker warf den assimilierten Juden im September 1879 vor, sie hätten die Bedeutung der Emanzipation missverstanden, wenn sie glaubten, sie seien durch sie zu gleichberechtigten Deutschen geworden. Den orthodoxen Lutheraner erzürnte besonders der Anspruch jüdischer Gelehrter seiner Zeit, dass dem Judentum eine besondere Mission in der modernen Welt zukomme. Die Idee einer Überlegenheit der jüdischen Religion über das Christentum war für Stoecker nichts als Blasphemie:

> Menschen, welche mit ihrer ätzenden Kritik Staat und Kirche, Personen und Sachen übergießen, sind höchst erzürnt, wenn ein Anderer sich erlaubt, auf das Judenthum auch nur einen prüfenden Blick zu werfen. Sie selbst überfallen jedes nicht jüdische Bestreben mit Haß und Hohn; sagt man über sie und ihr Treiben ein leises Wort der Wahrheit, so spielen sie die beleidigte Unschuld, die gekränkte Toleranz, die Märtyrer der Weltgeschichte. […]
>
> In der That erscheint mir das moderne Judenthum als eine große Gefahr für das deutsche Volksleben. Damit meine ich weder die Religion der Altgläubigen, noch die Aufklärung der Reformer. Das orthodoxe Judenthum, diese Verknöcherung des Gesetzes, das Alte Testament ohne Tempel, ohne Priester, ohne Opfer, ohne Messias, hat für die Kinder des neunzehnten Jahrhunderts weder Anziehungskraft noch Gefahren. Es ist eine im innersten Kern abgestorbene Religionsform, eine untere Stufe der Offenbarung, ein überlebter Geist, noch immer ehrwürdig, aber durch Christum aufgehoben und für die Gegenwart keine Wahrheit mehr. An religiöser Bedeutung ist das Reformjudenthum noch geringer. Es ist weder Judenthum noch Christenthum, sondern ein dürftiges Ueberbleibsel der Aufklärungsepoche […]. Beide Parteien rühmen freilich, daß die Juden für die Welt und Menschheit Träger der höchsten religiösen und sittlichen Ideen seien, und daß die Mission des Judenthums für jetzt und alle Zukunft darin bestehe, jene Ideen festzuhalten, weiter zu entwickeln und auszubreiten. Die jüdische Presse von rechts und links ist darin ganz einig; der Weihrauch der darüber aus den Synagogen beider Richtungen aufsteigt, ist geradezu sinnberauschend.[66]

---

[66] Adolf Stoecker, Unsere Forderungen an das moderne Judenthum, in:

Stoecker polemisierte gegen Rabbiner, Gelehrte und Publizisten aller jüdischer Richtungen, die ganz im Sinne der Wissenschaft des Judentums das Christentum mit Hilfe der historisch-kritischen Methode auf seine jüdischen Quellen zurückführten, beispielsweise Rabbiner Seligmann Meyer, Rabbiner Lazarus Levi Adler und Sinai Simon Nascher:

> S. Meyer, Redacteur der „Jüdischen Presse" schreibt: „Wir dürfen die unbestrittene Thatsache, daß alle die hohen Ideen, auf denen die sittliche Weltordnung beruht, die den Intelligenzgehalt auch der modernen Cultur und Civilisation und die Grundlage wahrer Menschenliebe bilden, dem Judenthum entstammen, nicht in Frage ziehen lassen. – Alles Gute in den Evangelien ist nicht neu, sondern stammt aus dem Judenthum, und alles Neue ist nicht gut." Ganz ähnlich schreibt Dr. Adler. „Die Religion Israels ist die ewige unveränderliche Wahrheit; Christenthum und Islam sind Vorstufen, welche die Wahrheit erklimmen mußten, ehe ihr die ganze Wahrheit zugänglich werden konnte," und der Reformrabbiner Nascher fällt in den Chorus ein: „Israels Sendung und Begabung ist, ein Leuchtthurm zu sein auf dem Gedankenmeere der Menschheit. Ihr seid berufen – sagt der eitle Mann zu seinen eitlen Zuhörern in einer Predigt – wie die Sterne zu leuchten der Gesammtheit eurer Mitmenschen." […]
>
> Und zugegeben einmal, daß jene hohe Mission wirklich Israels dauernde Aufgabe ist, wer sind denn die vom Geiste Gottes glühenden Denker und Dichter, welche den lebendigen Gott verkünden, preisen, zu Ehren bringen? Etwa die Redacteure des Tageblatt? Oder die Gelehrten des Kladderadatsch?? Wo ist die Prophetenschule heiligen Geistes, in welcher die Jünglinge gebildet werden zu jener Weltmission? Wo sind die Stationen? Wo sind die Missionare? Etwa an den Börsen in Berlin, Wien und Paris? O nein, solche Thorheiten muß man den Juden nicht sagen. Eben das ist ihr Verhängniß, daß sie, an Christo gescheitert, ihren göttlichen Curs verloren, ihre hohe Mission preisgegeben haben und nach dem schneidigen Entweder – Oder des Herrn Jesu: „Ihr könnt nicht Gott dienen und dem Mammon" – den Götzen des Goldes nachlaufen, weil sie die Wege Gottes versäumt haben. […]

Das moderne Judenthum in Deutschland, besonders in Berlin. Zwei Reden in der christlich-socialen Arbeiterpartei. Berlin [2]1880, S. 4–20.

> Israel muß den Anspruch aufgeben, der Herr Deutschlands werden zu wollen. Es entsage der Anmaßung, daß das Judenthum die Religion der Zukunft sein werde, da dasselbe doch so ganz die der Vergangenheit ist. Möchten thörichte Christen nicht fortfahren, das Volk in seinem Dünkel zu bestärken. Die jüdische Orthodoxie mit ihrer Beschneidung ist verlebt, das Reformjudenthum ist gar keine jüdische Religion. Wenn Israel dies erkannt hat, wird es seine vorgebliche Mission hübsch bei Seite lassen und aufhören, den Völkern, die ihm Gast- und Bürgerrecht gewähren, das Christenthum rauben zu wollen.[67]

Als Heinrich von Treitschke kurz darauf seinen Überblick über das gerade zu Ende gehende Jahr 1879 schrieb, sah er im Antisemitismus bereits eine „Bewegung," die alle Schichten der Gesellschaft berührte. Er distanzierte sich von der Primitivität mancher Antisemiten und bekannte sich ausdrücklich zur Emanzipation, griff aber das Stoeckersche Motiv vom Hochmut auf, wenn er schrieb, in jüngster Zeit sei „ein gefährlicher Geist der Überhebung in jüdischen Kreisen erwacht."

Bei Treitschke heißt es dazu:

> „Ich glaube jedoch, mancher meiner jüdischen Freunde wird mir mit tiefem Bedauern Recht geben, wenn ich behaupte, daß in neuester Zeit ein gefährlicher Geist der Ueberhebung in jüdischen Kreisen erwacht ist, daß die Einwirkung des Judenthums auf unser nationales Leben, die in früheren Tagen manches Gute schuf, sich neuerdings vielfach schädlich zeigt. Man lese die Geschichte der Juden von Graetz: welche fanatische Wuth gegen den „Erbfeind," das Christenthum, welcher Todhaß grade wider die reinsten und mächtigsten Vertreter germanischen Wesens, von Luther bis herab auf Goethe und Fichte! Und welche hohle, beleidigende Selbstüberschätzung! Da wird unter beständigen hämischen Schimpfreden bewiesen, daß die Nation Kants eigentlich erst durch die Juden zur Humanität erzogen, daß die Sprache Lessings und Goethes erst durch Börne und Heine für Schönheit, Geist und Witz empfänglich geworden ist! Welcher englische Jude würde sich je unterstehen, in solcher Weise das Land, das ihn schützt und schirmt, zu verleum-

---

[67] Ebd.

den? Und diese verstockte Verachtung gegen die deutschen Gojim ist keineswegs blos die Gesinnung eines vereinzelten Fanatikers. [...] Dazu jene unglückliche vielgeschäftige Vordringlichkeit, die überall mit dabei sein muß und sich nicht scheut sogar über die innern Angelegenheiten der christlichen Kirchen meisternd abzuurtheilen. Was jüdische Journalisten in Schmähungen und Witzeleien gegen das Christenthum leisten ist schlechthin empörend, und solche Lästerungen werden unserem Volke in seiner Sprache als allerneueste Errungenschaften „deutscher" Aufklärung feilgeboten! Kaum war die Emancipation errungen, so bestand man dreist auf seinem ‚Schein'; man forderte die buchstäbliche Parität in Allem und Jedem und wollte nicht mehr sehen, daß wir Deutschen denn doch ein christliches Volk sind und die Juden nur eine Minderheit unter uns; wir haben erlebt, daß die Beseitigung christlicher Bilder, ja die Einführung der Sabbathfeier in gemischten Schulen verlangt wurde."[68]

Treitschkes Aufsatz löste heftige Reaktionen aus. Jüdische und nichtjüdische Kollegen von der Berliner Universität widersprachen ihm und kündigten ihm die Freundschaft auf, 75 „nichtjüdische Ehrenmänner," unter ihnen Theodor Mommsen, Heinrich von Sybel, Rudolf von Gneist und Werner von Siemens, unterzeichneten eine öffentliche Erklärung, in der vom Antisemitismus als einer ansteckenden Seuche die Rede war, die das Verhältnis zwischen Juden und Christen zu vergiften drohe. Die Erklärung wurde am 12. November 1880 in der Berliner „Nationalzeitung" veröffentlicht und stellte einen Wendepunkt in der Auseinandersetzung dar. Die damals als „Treitschkestreit" bezeichnete Debatte um die Loyalität sowie kulturelle Zugehörigkeit der Juden zur deutschen Nation erfasste nahezu alle gesellschaftlichen Kreise. Heinrich Graetz war einer der ersten, die Anfang Dezember 1879 die Äußerungen Treitschkes erwiderten und der auf die Unhaltbarkeit der Vorwürfe verwies; er widerlegte die ihm von Treitschke unterstellte Konstruktion eines jüdischen Staates im Staate. Es waren vor allem

68 Heinrich von Treitschke, Unsere Aussichten, in: Preußische Jahrbücher 44, Heft 5 (1879), S. 559–76.

jüdische Wissenschaftler, die sich gegen Treitschkes Positionen aussprachen, darunter der Breslauer Rabbiner Manuel Joël (1826–1890), der Völkerpsychologe Moritz Lazarus (1824–1903), der Mediävist Harry Breslau (1848–1926), der Philosoph Hermann Cohen (1842–1918) sowie Treitschkes nationalliberale Parteigenossen Ludwig Bamberger (1823–1899) und Heinrich Bernhard Oppenheim (1819–1880). Die jüdischen Hoffnungen vom Beginn der Emanzipationszeit, von Israel Jacobsons Plädoyer für den „gemeinschaftlichen Fortschritt zum Bessereren“ bis hin zu Abraham Geigers Forderung nach der „Gleichberechtigung des Judentums mit den anderen Konfessionen“ waren durch Stoecker und Treitschke bitter enttäuscht worden. Von jetzt an traf jegliche jüdische Forderung nach gesellschaftlicher Gleichstellung zunehmend auf Opposition, erst recht dann, wenn die Juden auf die jüdische Herkunft Jesu verwiesen.

2.e. Leo Baeck und Adolf von Harnack – Die Kontroverse zwischen jüdischer und christlicher Jesusforschung

Im Jahr 1900 veröffentliche Adolf von Harnack in Leipzig seine sechzehn Vorlesungen an der Berliner Friedrich-Wilhelm-Universität über das „Wesen des Christentums,“ die er im Wintersemester 1899/1900 gehalten hatte und die unglaubliche Aufmerksamkeit erregten. „Was ist das Christentum?“ – diese Frage versucht Adolf von Harnack mit den Mitteln der Geschichtswissenschaft zu beantworten, aber auch mit der Lebenserfahrung, die aus erlebter Geschichte erworben ist.[69] Laut Harnack gehen die „Mittel […] der geschichtlichen Wissenschaft […] mit der Lebenserfahrung, die aus erlebter Geschichte erworben ist,“ eine besondere Verbindung ein. Die histori-

[69] Von Harnack, Wesen des Christentums, S. 56. Eine „Wesensbestimmung“ des Christentums aus katholischer Sicht versuchte 1902 Alfred Loisy mit seinem Werk: L’Évangile et l’Église, Paris 1902.

sche Methode ist deshalb das geeignete Mittel, um das moderne Bewusstsein zu einem Verständnis seiner selbst zu führen, denn „was wir sind und haben – im höheren Sinn –, haben wir aus der Geschichte und an der Geschichte, freilich nur an dem, was eine Folge in ihr gehabt hat und bis heute nachwirkt."[70] Für den Historiker stellt sich damit als „höchste Aufgabe, [...] das Wertvolle und Bleibende festzustellen, [...] das Wesentliche zu ermitteln."[71] Das schließt den Gedanken ein, dass aus einer „rein geschichtlichen Betrachtung" keine „absoluten Werturteile" abstrahiert werden können, weil diese immer auch „subjektive Tat" sind.[72]

Die so definierte geschichtswissenschaftliche Methode setzt Harnack auch beim Christentum selbst an. Die „Substanz" des Christentums aber ist „Jesus Christus und sein Evangelium," dessen „Wesen" als historische Persönlichkeit wiederum nur aus seinem historischen Einfluss rekonstruiert werden kann.[73] Das Evangelium enthält „immer Gültiges in geschichtlich wechselnden Formen" und zugleich auch das Kriterium, anhand dessen dieses „immer Gültige" definiert werden kann – „das Evangelium im Evangelium."[74] Harnacks Rückbezug auf die schöpferische Kraft der Persönlichkeit Jesu zum Zweck der historischen Bestimmung des Wesens des Christentums ist auch ein Ausdruck der Verbindung zwischen Persönlichkeit und geschichtlicher Entwicklung, die für sein Geschichtsverständnis grundlegend ist.[75]

---

[70] Von Harnack, Das Wesen des Christentums, S. 14.

[71] A.a.O., S. 19.

[72] A.a.O., S. 22.

[73] A.a.O., S. 17. Vgl. Adolf von Harnack, Das Christentum und die Geschichte (1896), in: Reden und Aufsätze, Gießen ^{2}1906, Bd. 2, S. 1–21, hier: S. 19; und Carl-Jürgen Kaltenborn, Adolf von Harnack als Lehrer Dietrich Bonhoeffers (Theologische Arbeiten 31), Berlin (DDR) 1973, S. 35.

[74] Von Harnack, Das Wesen des Christentums, S. 20.

[75] Das wird am deutlichsten in Adolf von Harnack, Über die Sicherheit und die Grenzen geschichtlicher Erkenntnis (1917), in: Reden und Auf-

Darauf beruht auch die auf die Herausbildung von Dogmen bezogene systematische Entfaltung seiner These, das Dogma sei ein Produkt der Hellenisierung des Evangeliums.[76] Wenn das undogmatische Christentum der Verkündigung des Evangeliums durch Jesus den ursprünglichen Kern des Christentums bildet, muss andererseits auch das *kreative* Element im Auftreten Jesu gesehen werden, insofern es den Rahmen seiner Zeit sprengte.[77] Das Judentum zur Zeit Jesu wird daher nicht in seinen eigenen Zusammenhängen dargestellt, sondern primär als eine überholte, obsolet gewordene Vorstufe des Christentums, die zur rein rhetorischen Antithese zu verkommen droht:

> „Was wollt ihr mit eurem Christus?" wenden uns namentlich jüdische Gelehrte ein; „er hat nichts Neues gebracht." Ich antworte darauf mit Wellhausen: Gewiß, das, was Jesus verkündigt, was Johannes vor ihm in seiner Bußpredigt ausgesprochen hat, das war auch bei den Propheten, das war sogar in der jüdischen Überlieferung seiner Zeit zu finden. Selbst die Pharisäer selbst hatten es.[78]
>
> [Die Pharisäer] hatten leider noch sehr viel anderes daneben [...] Alles stand bei ihnen auf einer Fläche [...] Die reine Quelle des Heiligen war zwar längst erschlossen, aber Sand und Schutt war über sie gehäuft worden, und ihr Wasser war verunreinigt. Daß nachträglich Rabbinen und Theologen dieses Wasser destillieren, ändert, selbst wenn es ihnen gelänge, nichts an der Sache.[79]

---

sätze, Gießen 1923, Bd. 4, S. 3–23, hier: S. 21; vgl. auch Von Harnack, Das Wesen des Christentums, S. 89–98.

[76] Vgl. Adolf von Harnack, Lehrbuch der Dogmengeschichte, Tübingen [4]1909/10, hier: Bd. 1, S. 20.

[77] Obgleich Harnack am Anfang seines Werkes „Das Wesen des Christentums" (S. 19) die Gebundenheit allen menschlichen Seins an „die Koeffizienten seiner eigentümlichen Anlagen und Zeit" betont, verschiebt sich im Laufe seiner Darstellung das Gewicht seiner Argumentation auf die „wahrhaft epochemachenden Persönlichkeiten," die primär danach beurteilt werden, was von ihnen in der Geschichte weiterlebte (a. a. O., S. 42).

[78] Von Harnack, Das Wesen des Christentums, S. 35.

[79] Ebd., S. 37 f. Vgl. auch S. 115: der „Schutt der jüdischen Religion" und auch Harnacks positive Einschätzung der Religion und Religionsgeschichte des Alten Testamentes, a. a. O., S. 89 f.

Obwohl bereits die Pharisäer das zentrale Gebot der Gottes- und Nächstenliebe gepredigt hatten, blieb ihre Verkündigung wirkungslos, weil sie „schwächlich, darum schädlich" war. Historische Stoßkraft habe diese Verkündigung erst von der „Kraft der Persönlichkeit Jesu" her erhalten.[80] Von ihr leitet sich die „Souveränität des Evangeliums" ab, gilt es doch dem „inneren Menschen," der von allen historischen Veränderungen unberührt bleibt.[81]

Durch die Hervorhebung des einzelnen als Geschöpf Gottes drücke Jesu Verkündigung zum ersten Mal und in unüberbietbarer Weise die Idee vom „unendlichen Wert der Menschenseele" aus.

Das Wesen des Christentums besteht nach Harnack darin, dem Menschen das Bewusstsein seiner eigenen Individualität geschenkt zu haben, indem es ihn als Einzelnen in die direkte Beziehung zu Gott, dem Vater, stellt. Trotz der Botschaft der Propheten eines sittlichen Monotheismus (als „ungeheurer Fortschritt in der Geschichte der Religion" gefeiert) sei zur Zeit Jesu die „reiche und tiefe Ethik," die das Judentum durchaus besaß, so von Kultus und Ritual überwuchert gewesen, dass sie „geradezu in ihr Gegenteil verwandelt" gewesen sei. Gegen diese Tendenz verkündigte Jesus eine „bessere Gerechtigkeit," die sich durch eine enge Verbindung von Religion und Sittlichkeit auszeichnete und deren inneres Kriterium der Glaube war – eine Gerechtigkeit, die ihren Ausdruck in Gnade und Liebe fand und nicht mehr im alttestamentlichen Aufrechnen von „Auge um Auge, Zahn um Zahn."[82]

Wegen seiner herausragenden Stellung innerhalb der protestantischen Theologie, aber auch wegen seiner wissenschaftspolitischen Arbeit galt Adolf von Harnack in den Augen der Juden als der Repräsentant der deutschen akademischen Kultur schlechthin. Die umstrittene Position, die er im Rahmen des

---

[80] Ebd., Das Wesen des Christentums, S. 38 f.

[81] A. a. O., S. 22, 75; vgl. auch S. 21, 80.

[82] A. a. O., S. 51–54.

Kampfs um die „Freiheit der Wissenschaft" einnahm, machte ihn als Historiker und als Kritiker des christlichen Dogmas für die moderne jüdische Theologie bis in die ersten Jahrzehnte des 20. Jahrhunderts besonders interessant. Die antijüdische Polemik in Harnacks „Wesen des Christentums" erfuhr – aus der Perspektive der jüdischen Rezeption – noch eine Verschärfung dadurch, dass die Vorlesung „für Hörer aller Fakultäten" konzipiert war. Ein Übriges tat der Schauplatz der Veranstaltung dazu: Berlin – die Stadt, in der der akademische Antisemitismus seine Wurzeln hatte, und zugleich die Stadt mit der größten jüdischen Gemeinde, und nach Frankfurt das wichtigste Zentrum des liberalen Judentums und der „Wissenschaft des Judentums." Die jüdische Auseinandersetzung mit Harnacks „Wesen des Christentums" war ausgesprochen öffentlicher Natur. So gab es zahlreiche Vorträge vor verschiedensten Auditorien – Gemeinden, wissenschaftlichen Gesellschaften, usw. – zu diesem Thema, eine Reihe dieser Vorträge ist auch veröffentlicht worden. Die Diskussionen um Harnacks Vorlesungen fanden nicht nur in theologischen Fachzeitschriften wie der *Monatsschrift für Geschichte und Wissenschaft des Judentums* ihren Weg an die breite Öffentlichkeit, sondern fast noch stärker in Zeitungen wie etwa dem Hauptorgan des liberalen Judentums, der *Allgemeinen Zeitung des Judentums*. Die Harnack'schen Vorlesungen wirkten gleichsam als Katalysator für die geistigen und wissenschaftlichen Strukturen des Judentums.

Schon 1902 war in Berlin die „Gesellschaft zur Förderung der Wissenschaft des Judentums" gegründet worden. Ihre Aufgabe war die Erarbeitung und Veröffentlichung des Entwurfs einer „Wissenschaft des Judentums." Leo Baecks und Joseph Eschelbachers Beiträge zur Wesensdebatte waren die ersten Titel, die von der Gesellschaft herausgegeben wurden. Im gleichen Jahr schrieb der 1895 gegründete „Liberale Verein für die Angelegenheiten der Jüdischen Gemeinde zu Berlin" im *Berliner Tagblatt* einen Preis für die beste Arbeit über das „Wesen des Judentums" aus. Der jüdische Anspruch auf Gleichstellung und auf die Akzeptanz eines lebendigen jüdischen Glaubens sowohl zur Zeit Jesu als auch in der Moderne war der Kernpunkt des jüdischen Beitrags zur „Wesensdebatte." Und jüdische Gelehrte wie Leo Baeck waren bereit, in diese Debatte einzutreten, die allmählich für das Judentum wie für das Christentum zu einem Streit um die Überlegenheit der eigenen Religion auswuchs.

Als wichtigste Schriften sind zu nennen: Felix Perles (1874–1933), Rabbiner in Königsberg: „Was lehrt uns Harnack?" (1902); Martin Schreiner (1863–1926), Orientforscher und Professor für jüdische Geschichte und Literatur an der Berliner „Lehranstalt": „Die jüngsten Urteile über das Judentum" (1902); sowie zwei Werke des Breslauer Rabbiners Joseph Eschelbacher (1848–1916): „Das Judentum und das Wesen des Christentums" (1905) und „Das Judentum im Urteile der modernen protestantischen Theologie" (1907). Eschelsbachers Ausgangspunkt war: „Ueber Judentum und jüdische Religion hören wir sehr häufig Urteile von Christen, über Christentum und christliche Religion von Juden und insbesondere von jüdischen Theologen sehr selten."[83] Die Resonanz darauf war in der jüdischen Presse rundum positiv, so in einer Besprechung auf der Titelseite von *Ost und West* im Februar 1905.[84]

Die jüdische Kritik entzündete sich hauptsächlich an Harnacks letztlich von Julius Wellhausen übernommener These von einem religiös-nationalen Verfallsprozess Israels zum „Judentum" in der Zeit nach dem Exil.[85] Dass das Christentum im

---

[83] Joseph Eschelbacher, Das Judentum und das Wesen des Christentums. Vergleichende Studien (Schriften der Gesellschaft zur Förderung der Wissenschaft des Judentums), Berlin 1905.

[84] Das Judentum und das Wesen des Christentums, in: Ost und West. Illustrierte Monatsschrift für modernes Judentum, Heft 2 (1905), S. 73–84.

[85] In diesem Zusammenhang wird Harnacks Verbindung zu Wellhausen ganz deutlich; vgl. Joseph Eschelbacher, Das Judentum und das Wesen des Christentums. Vergleichende Studien (= Schriften, Bd. 3), Berlin ^{2}1908 (^{1}1904), S. 21–23; Martin Schreiner, Die jüngsten Urteile über das Judentum kritisch untersucht, Berlin 1902, S. 14f. Die historisch-kritische Forschung wurde von der jüdischen Theologie aufmerksam rezipiert: vgl.

Judentum wurzelt, werde aus diesem Grund kaum wahrgenommen, konstatiert man. Die jüdische Theologie sah hierin eine doppelte Negation des Judentums, nämlich des historischen wie auch des modernen, das ja nur als Teil des „Kontinuums" der Geschichte des Judentums begriffen werden kann.[86]

Aus jüdischer Sicht waren vor allem zwei Gründe für Harnacks Fehlurteil verantwortlich:

1. Die Nichtberücksichtigung der Forschungsergebnisse der Wissenschaft des Judentums, insbesondere der Arbeiten zur Beziehung zwischen Jesus bzw. dem Urchristentum und dem zeitgenössischen Judentum (Jüdische Leben-Jesu-Forschung.[87]
2. Die mangelnde Kenntnis der rabbinischen Literatur (z. B. Harnacks Gleichsetzung von Halacha und Haggada). Die jüdischen Autoren haben Harnack ausnahmslos vorgeworfen, nicht zwischen den rituellen und den ethischen Vorschriften im Talmud zu unterscheiden.

Vor dem Hintergrund der besonderen historischen Situation des Judentums an der Schwelle zum 20. Jahrhundert konnten Harnacks Thesen mit ihrer antijüdischen Polemik von der jüdischen Gemeinde nur als extreme Bedrohung verstanden werden. Harnack versucht in seinen Vorlesungen quasi eine Antwort auf Geiger zu finden. Aus Harnacks Sicht ging es gar nicht darum, dass Jesus etwas Neues gelehrt habe: Wichtig war ihm, dass Jesu Lehren „rein" und „kraftvoll" verkündet wurden.

Eschelbacher, Das Judentum und das Wesen des Christentums, S. 2–8 und Eschelbacher, Das Judentum im Urteile der modernen protestantischen Theologie, S. 1–22; vgl. auch die Behandlung des Streites zwischen Felix Perles und Wilhelm Bousset in Heinrich Holtzmann, Besprechung der Kontroverse zwischen F. Perles und W. Bousset, in: Theologische Literaturzeitung 29 (1904), S. 43–46.

[86] Nach Felix Perles, Was lehrt uns Harnack? Frankfurt a. M. 1902, S. 29 f.

[87] Gösta Lindeskog, Die Jesusfrage im neuzeitlichen Judentum. Ein Beitrag zur Geschichte der Leben-Jesu-Forschung, Darmstadt 1973 (Nachdr. mit erw. Bericht. der Ausg. Uppsala 1938).

Man müsse nicht an Jesus glauben, sondern wie er glauben, nämlich an die Vaterliebe Gottes und den unendlichen Wert der Menschenseele. Ein Zeitgenosse Harnacks, Paul Wernle (1872–1939), sagte es so: „Die Religionsgeschichte bewegt sich nicht in erster Linie dadurch vorwärts, dass ganz neue Gedanken auftauchen, sondern dadurch, dass mit alten Gedanken ein ganz neuer Ernst gemacht wird."[88] Wer aber Jesus als Revitalisierer versteht, läuft Gefahr, das Judentum zu pathologisieren. Dies hatte Wilhelm Bousset (1865–1920) in einer Frühschrift getan, in der er die lebendige Botschaft Jesu vom morbiden Hintergrund der jüdischen Umwelt abzuheben suchte. Ernst Troeltsch hat seinen Freund dafür zu Recht kritisiert: „Du hast die Einzigartigkeit Jesu aus dem Doktrinären in das virtuell Persönliche des Lebensgefühls verlegt," dabei aber „das Judentum absolut schwarz gemalt."

Eine der nachhaltigsten Reaktionen auf die Veröffentlichung der Vorlesungen Harnacks kam von Leo Baeck. Mit handfester Polemik versucht Baeck, aus der Kritik am Christentum, wie Harnack es in seinen Vorlesungen porträtiert hatte, die Grundlinien eines „Wesens des Judentums" zu entwickeln. Für Baeck war Jesus „eine echt jüdische Persönlichkeit." Harnacks Leugnung der jüdischen Bedingtheit dieser Gestalt wertet Baeck unter Bezug auf Abraham Geiger als typisches Beispiel der akademischen „Sonderbehandlung" des Judentums. Er bemängelt die Missachtung, mit der Harnack jüdischer Wissenschaft und Literatur begegnet. Diese Vernachlässigung führt nach Baeck zu einer falschen Sicht des Judentums zur Zeit Jesu und zu einem Fehlurteil über die Pharisäer.[89]

Gegen Harnacks Darstellung des Judentums zeichnet Baeck das Bild eines „geistigen" und zutiefst universalen jüdischen Glaubens, der bestimmt ist von ethischen Maßstäben und dessen Frömmigkeit geprägt ist von guten Werken und von Ver-

---

[88] Johann Hinrich Claussen, Die Dornenkrone war nicht im Paket. Frankfurter Allgemeine Zeitung, 25.05.2004.

[89] Leo Baeck, Die Pharisäer (Schocken Bücherei, Bd. 6), Berlin 1934.

trauen. Das „Wesen des Judentums" liegt für ihn begründet im ethischen Monotheismus der Propheten. War es notwendig, dass Gott Jesus Christus als Erlöser in die Welt sandte, und welche Gültigkeit behielt der alte Weg des biblischen Gebotes danach noch? Das ist für Baeck die Kernfrage der jüdischen Identitätskrise seit Paulus.[90] Für Baeck liegt darin eine Abkehr von der sittlichen Freiheit vor, die das Gute, indem es durch den Einzelnen verwirklicht wird, für ihn möglich macht.

Im Jahr 1938, auf dem Höhepunkt des Nationalsozialismus, veröffentlichte Leo Baeck sein Buch „Das Evangelium als Urkunde der jüdischen Glaubensgeschichte," in dem er nachzuweisen versuchte, dass Jesus

> sein ganzes Leben lang ein strenggläubiger Jude geblieben war, dem es niemals in den Sinn gekommen wäre, eine neue Religion zu begründen, geschweige denn sich vor uns, der in allen den Linien und Zeichen seines Wesens das jüdische Gepräge aufzeigt, in ihnen so eigen und so klar das Reine und Gute des Judentums offenbart, einen Mann, der als der, welcher er war, nur aus dem Boden des Judentums hervorwachsen konnte und nur aus diesem Boden hervor seine Schüler und Anhänger, so wie sie waren, erwerben konnte, einen Mann, der hier allein, in diesem jüdischen Bereiche […] durch sein Leben und in seinen Tod gehen konnte – ein Jude unter Juden.[91]

Im Vorwort machte er seine Intention deutlich:

> Auch die viel umstrittene Frage, wie aus der alten Botschaft von Jesus, dem Messias, die Evangelien […] geworden sind, kann – ganz wie die Frage nach dem anfänglichen Sinn dieser Verkündung – nur von einem aus beantwortet sein: von dem Bereiche her, in dem alles dieses Geschehen hervorgewachsen ist. […] Erst wenn

---

[90] D. Martin Luthers Werke: Kritische Gesamtausgabe, Bd. 40.1, Weimar 1883 ff., S. 672: „Quare credentibus in Christum tota lex abrogata est."

[91] Leo Baeck, Werke, hg. v. Albert H. Friedlander et al., Bd. 4, Gütersloh 2006, S. 446. Daneben hat sich Baeck auch intensiv mit Paulus beschäftigt. Vgl. Elias H. Füllenbach, Vom Paulus zum Saulus. Christliche und jüdische Paulusauslegung im 20. Jahrhundert, in: Wort und Antwort, Bd. 49, 2008, S. 100–04.

> die Weise der mündlichen Überlieferung, wie sie im Judentum Palästinas damals lebte, in ihrem Seelischen, in ihrem dichtenden Erzählen und Vernehmen, verstanden ist, kann auch Zusammenklang wie Zwiespalt in unseren Evangelien begriffen sein. Nicht um Quellenschriften, aus denen sie zusammengefügt seien, handelt es sich, sondern um Tradition, in der sie entstanden sind.
>
> Ein Leben Jesu kann geschrieben werden, insoweit das vermocht wird, nur wenn das erschlossen ist, was einst das Geschlecht nach Jesus erzählt und weitergetragen hat. […] Es ist kein Herbeigerufenes, sondern ein Erschienenes, wenn damit das Evangelium als ein Stück jüdischer Geschichte, und kein geringes, als ein Zeugnis jüdischen Glaubens hervortritt.“[92]

Baecks Beschäftigung mit dem historischen Jesus ist exemplarisch für zahlreiche jüdische Versuche, die Lehre Jesu als integralen Bestandteil der jüdischen Tradition und Geschichte zu begreifen. Baecks Kritik am Christentum entfaltet sich dabei in einem Modell der „Polarität“: dem Gegensatz von „klassischer“ und „romantischer“ Religion und dem Spannungsverhältnis von „Geheimnis“ und „Gebot“ in jeder Religion. Aus dieser Polarität lassen sich dann die Bewertungskriterien für eine tiefergehende Analyse von Judentum und Christentum ableiten. Für das Christentum identifiziert und unterscheidet Baeck zwei Hauptströmungen der Tradition: Paulus, Augustinus und Martin Luther repräsentieren das Element des „Geheimnisses,“ die Domäne der romantischen Religion, – Jesus, Pelagius und Calvin das Element des „Gebots,“ die Domäne der „klassischen Religion.“ Während nun aber in den „klassischen“ Religionen, denen das Judentum zuzurechnen sei, ein vollkommenes Gleichgewicht zwischen „Geheimnis“ und „Gebot“ herrsche, sei das Christentum überwiegend von Paulus und Luther geprägt und verkörpere daher die „romantische“ Religion, die dem Menschen ethische Gestaltungskraft letztlich abspreche.[93]

---

92 A. a. O., S. 403.

93 Walter Homolka, Leo Baeck. Jüdisches Denken – Perspektiven für heute, Freiburg 2008, S. 110–114.

Baecks Typologie entreißt dem Christentum ganze Stützpfeiler, weist aber auch in eine wichtige Richtung zum Verständnis seines Anliegens: die Lehre vom Menschen. Denn nicht in der Person Jesu sei der Unterschied zwischen Judentum und Christentum zu sehen:

> Der grundsätzliche Unterschied zwischen Judentum und Christentum, wie er von der paulinischen Theologie herkommt, hat seinen entscheidenden Ausgangspunkt in der Lehre vom Menschen. Es ist die alte biblische Auffassung, [...] dass der Mensch im Gleichnis Gottes geschaffen ist, dass damit eine schöpferische Kraft ihm innewohnt und die Fähigkeit der Entscheidung, die Freiheit ihm gegeben ist, so dass das Gottesgebot als sittliche Aufgabe vor ihn hintreten kann.

Der Mensch kann in seinem Leben frei zwischen Gut und Böse entscheiden. Irrt er, so kann er umkehren. Und weil er es kann, soll er es. Dieser Anschauung steht die Gnadenlehre des paulinischen Christentums mit ihrer Erlösungsbedürftigkeit des Menschen klar entgegen. Und hier, im Bereich des Sittlichen und der Ethik, sei die eigentliche Kluft zwischen Judentum und Christentum zu sehen. Im Mittelpunkt des Streites stand aber die Frage nach der Messianität Jesu. Immer wieder wurde in diesem Zusammenhang Harnacks Wendung, das Evangelium Jesu sei „nichts Neues“ gewesen, zitiert.

In Anknüpfung an diese Aussage betonten jüdische Theologen und Wissenschaftler, die Elemente, die Juden- und Christentum voneinander schieden, seien erst durch Paulus in das Christentum hineingetragen worden.

Aus jüdischer Sicht bedeutete das (1) die christliche Vereinnahmung Jesu durch die dogmatische Auslegung seiner Lehren im Sinne der Logos-Christologie; (2) die Einschränkung des Konzeptes des Monotheismus durch die Lehre von der Trinität; und (3) die Entleerung des ethischen Gehalts der Verkündigung Jesu durch die Dogmatisierung. Die Entstehung des Dogmas wurde auf die Verdrängung des Judentums bzw. des Judenchristentums durch das universale Christentum von Paulus’

Gnaden und die durch diesen Prozess in Gang gesetzte Entwicklung zurückgeführt. Das verweist nicht nur auf einen unwiderlegbaren Zusammenhang zwischen der jüdischen Position und der von Harnack vorgetragenen Dogmenkritik. Viel wichtiger ist, dass hier jüdische Kritik am paulinischen Christentum und liberale protestantische Theologie sich in ihrem Widerstand gegen die etablierte, autoritative Deutung des Christentums im Katholizismus und im konservativen Protestantismus treffen. Grundsätzlich trifft die Betonung zentraler Stiftergestalten in Religionen auf jüdisches Missbehagen.

Während für Harnack die Besonderheit des Christentums in der „Kraft der Persönlichkeit Jesu" selbst liegt, setzt Hermann Cohens (1842–1918) Kritik genau an dieser Frage an: Braucht Religion überhaupt die Bindung an eine Stiftergestalt? Auf dem „Weltkongress für freies Christentum und religiösen Fortschritt" spricht Cohen unter dem Titel „Die Bedeutung des Judentums für den religiösen Fortschritt" und sagt,

> alle Anknüpfung der Religion aber an eine Person setzt sie der Gefahr des Mythos aus. Denn der Grundsinn des Mythos ist die Personifikation alles Unpersönlichen. Darin bewährt sich die Unterscheidung, welche das Judentum überall vom Mythos an sich durchzuführen sucht, dass sie die höchste Tat, die sie von Gott erwarten kann, die Vereinigung seiner Kinder in Eintracht und Treue, durchaus nicht von einer Person erwartet.[94]

Die konstruktive jüdische Kritik an Harnack hob vor allem auf die Kontinuität zwischen vor- und nachexilischem Judentum und auf die daraus folgende konstitutive Beziehung zwischen Jesus und dem Judentum seiner Zeit ab. Gewährleistet diese Kontinuität doch – gerade auch im Blick auf den theologischen Gehalt –, dass das Judentum keineswegs als eine überflüssig gewordene Vorstufe des Christentums betrachtet werden kann, sondern vielmehr die heute noch entscheidende Basis für das

---

[94] Hermann Cohen, Jüdische Schriften, hg. v. Bruno Strauss, Bd. 1, Berlin 1924, S. 18–35. Siehe auch Homolka/Striet, Christologie auf dem Prüfstand, S. 64 f.

Christentum darstellt. Die Harnack-Baeck-Debatte stellt die erste entschiedene Kontroverse zwischen einem christlichen und einem jüdischen Theologen über die Zeit der Herausbildung des Christentums dar. Auf jüdischer Seite ging es um den pointiert vorgetragenen Versuch, die in den Glaubensüberzeugungen des Jesus von Nazareth zum Ausdruck kommende Relevanz des Judentums deutlich zu machen.

Der Jerusalemer Bibelwissenschaftler Yehezkel Kaufmann (1889–1963) hat dies so umrissen:

> Die Haltung Jesu zur Torah ist die gleiche wie die der Meister der Halacha und Haggada, die der pharisäischen Tradition folgten. Die Torah ist die ewig währende Basis ihrer eigenen Haltungen und Lehren, sogar wenn sie scharf von der wörtlichen Bedeutung abzuweichen scheinen. [...] Jesus glaubte, dass seine Lehren nur eine Vervollständigung oder eine Verdeutlichung der Lehren der Torah seien, Wegweiser, die uns Menschen dazu einladen, wie wir leben und uns in ihrem Geist verhalten sollen.[95]

Die Belege für Jesu rabbinisch-jüdische Herkunft und seine profunden Kenntnisse in diesem Bereich dienten zugleich als Argument für die Existenzberechtigung eines modernen Judentums in der christlich dominierten Kultur der Gegenwart. Dabei ging es ebenso um die Gleichberechtigung mit den christlichen Konfessionen, wie um den Erweis, dass das Judentum eine Bereicherung für den „nationalen Geist" darstelle, also ein echter Gewinn für Deutschland sei.

Auch außerhalb Deutschlands versuchten liberale Juden über die Auseinandersetzung mit dem jüdischen Jesus Wege der Verständigung mit dem Christentum zu bereiten. Der britische Gelehrte Claude G. Montefiore (1858–1938), der spätere Präsident der World Union for Progressive Judaism, verfasste 1909 eine positive Studie zu den Evangelien; in seinem zweibändigen Werk „The Synoptic Gospels" (1909) versuchte er, Jesus in die Reihe der großen Propheten Israels einzuordnen.[96]

---

[95] Yehezkel Kaufmann, Goleh ve-Nekar, Tel Aviv 1929, S. 342.

[96] Claude G. Montefiore, The Synoptic Gospels, London 1909. Vgl. dazu

Zehn Jahre zuvor hatte sich Kaufmann Kohler (1843–1926), ein führender deutschstämmiger Vertreter der amerikanischen Reformbewegung, mit Jesus von Nazareth als Reformer seiner Zeit beschäftigt.[97] Kohler verstand Jesus als einen der zahlreichen Messiasprätendenten, mit dessen Tod sich die „erregte Phantasie" seiner Anhänger nicht abfinden konnte. Für die negative Entwicklung des Christentums sei vor allem Paulus verantwortlich, der mit seiner Deutung des Kreuzestodes Jesu als eines sühnenden Opfers des Gottessohnes eine heidnische Mythologie in die christliche Lehre eingeführt habe.[98]

Die hier exemplarisch vorgestellten Argumente sind keineswegs obsolet. Auch moderne christliche Theologen stehen vor der Herausforderung zu erklären, wie Jesus etwas Neues stiften konnte, wenn sich für alles, was er gesagt und getan hat, jüdische Parallelen finden lassen. In seinem Buch „Die Religion der ersten Christen" (2002) beschreibt der Heidelberger evangelische Theologe Gerd Theißen das Innovative bei Jesus als eine „Revitalisierung" des Alten. Seine Originalität läge darin, das Alte „von einem zentralen Inhalt, dem Glauben an den einen und einzigen Gott, her neu belebt" zu haben.

> Was wir beobachten können, ist eine Revitalisierung der Zeichensprache der jüdischen Religion. Mit anderen Worten: Jesus lebte, dachte, wirkte und starb als Jude. Es ist eines der wichtigsten Ergebnisse von 200 Jahren moderner Jesusforschung, dass er zwei

---

Walter Jacob/Leo Baeck/Claude Montefiore, Die Evangelien aus jüdischer Sicht, in: Leo Baeck – Zwischen Geheimnis und Gebot. Auf dem Weg zu einem progressiven Judentum der Moderne (= Herrenalber Forum, Bd. 19), hg. v. Walter Homolka, Karlsruhe 1997, S. 185–91.

[97] Kaufmann Kohler, Jesus from Nazareth from a Jewish Point of View, New York 1899. Siehe dazu auch Yaakov Ariel, Christianity through Reform Eyes: Kaufmann Kohler's Scholarship on Christianity, in: American Jewish History 89.2 (2001), S. 181–91.

[98] Kaufmann Kohler, Grundriss einer systematischen Theologie des Judentums auf geschichtlicher Grundlage (Schriften der Gesellschaft zur Förderung der Wissenschaft des Judentums in Berlin, Bd. 4), Leipzig 1910, S. 321.

> Religionen angehörte: dem Judentum, dem er von ganzem Herzen anhing, und dem Christentum, dessen zentrale Bezugsgestalt er nach seinem Tode wurde – und zwar aufgrund von Deutungen seiner Person, die ihm seine jüdischen Anhänger gaben.[99]

Wir haben gesehen: Genau das war auch die Auffassung von Harnack und anderen im 19. Jahrhundert und diese bietet wiederum Anhaltspunkte für christlich-jüdische Verständigung, wenn sie jenseits des dogmatischen Anspruchs vom kerygmatischen Christus bleibt. Ganz unverfänglich ist sie jedoch nicht. Denn wenn man Jesus ein Mehr an Vitalität zuspricht, muss man dann nicht im Umkehrschluss seiner jüdischen Umwelt und dem sich daraus entwickelten modernen Judentum Lebendigkeit absprechen?

---

[99] Gerd Theißen, Die Religion der ersten Christen. Eine Theorie des Urchristentums, Gütersloh 2000.

Kapitel 3
Jüdische Ansätze zur Leben-Jesu-Forschung in der Moderne

3.a. Jüdische Leben-Jesu-Forschung im 20. Jahrhundert

Im Folgenden sollen einige neuere jüdische Ansätze zum Verständnis des historischen Jesus und seiner Identität vorgestellt werden.

Nach drei Phasen der Leben-Jesu-Forschung tendieren einige christliche Theologen heute dazu, auf die Grenzen einer historischen Annäherung an Jesus zu verweisen. Wie wir sahen, war der protestantische Neutestamentler Rudolf Bultmann im 20. Jahrhundert einer der wichtigsten und ersten Vertreter dieser Positionen. Auf jüdischer Seite wuchs das Interesse am historischen Jesus.

Joseph Klausner (1874–1958)

1922 erschien in Jerusalem die hebräischsprachige Jesus-Monographie „*Yeshu ha-Notsri*" von Joseph Klausner, die großes Aufsehen erregte und scharf angegriffen wurde. 1930 kam die deutsche Übersetzung heraus, die als „die erste großangelegte wissenschaftliche Darstellung des Lebens und der Lehre Jesu vom jüdischen Standpunkt gesehen" gewürdigt wurde.[1] Klassisch ist seine Beschreibung Jesu:

---

[1] Joseph Klausner, Die Gegensätze zwischen dem Judentum und der Lehre Jesu, in: Menorah 5–6 (1930), S. 223–32. Wegen Klausners Nähe zu Julius Wellhausen (1844–1918) erhielt er auch von christlichen Forschern viel Zustimmung. Siehe Thoma, Jüdische Zugänge, S. 167.

> Jesus von Nazareth […] war allein das Produkt Palästinas und des reinen unvermischten, von keinerlei fremden Einflüssen berührten Judentums. […] Seine Heimat war schon damals das Bollwerk stärksten jüdischen Patriotismus […]. Seine Lehre läßt sich durch das biblische und pharisäische Judentum seiner Zeit vollkommen und ausnahmslos erklären.[2]

In einer Zusammenfassung seines 600 Seiten starken Buches benannte Klausner auch die Unterschiede zwischen dem Judentum und der Lehre Jesu:

> *Ex nihilo nihil fit*. Enthielte die Lehre Jesu nicht auch einen Gegensatz zum Judentum, so wäre es Paulus unmöglich gewesen, in ihrem Namen die Zeremonialgesetze abzuschaffen und die Schranken des nationalen Judentums zu durchbrechen.

Sein Fazit:

> Diese Lehre führte, obwohl sie vom Geiste des prophetischen und zum teil auch des pharisäischen Judentums beeinflusst war, einerseits zur Verneinung aller praktischen und religiösen jüdischen Lebensnotwendigkeiten, und steigerte andererseits das geistige Judentum zu einem solchen Extrem, dass es geradezu in seinen eigenen Gegensatz dialektisch umschlug. So ersteht vor uns das merkwürdige Bild: das Judentum brachte das Christentum in seiner ursprünglichen Form (als Lehre Jesu) zur Welt, aber es verstieß seine Tochter, als diese die Mutter in einer tödlichen Umarmung ersticken wollte.[3]

Dennoch bleibt „Jesus für das jüdische Volk ein Lehrer hoher Sittlichkeit und ein Gleichnisredner ersten Ranges."[4]

Bis 1931 erschienen gut 400 kritische Aufsätze in 12 Sprachen über Klausners Buch, in dem erstmals alles damals bekannte Material über Jesus auch aus bis dahin unberücksichtigten Quellen zusammengetragen worden war. Der Versuch, auf Grund der Evangelien eine geschichtliche Darstellung von Jesu

---

[2] Klausner, Jesus von Nazareth, S. 505.

[3] Ebd.

[4] Ebd., S. 573.

Leben zu rekonstruieren oder vielmehr zu konstruieren, fand nicht nur Zustimmung. „Hier muß die grundlegende Anschauung des Verfassers, dass die Evangelien als geschichtliche Quellen in Betracht kommen, entschieden bestritten werden," befand etwa der Wiener Rabbiner Benjamin Murmelstein in seiner Rezension.[5]

Eduard Strauss (1876–1952)

Eine ganz eigene Stimme ist die des Biochemikers und Religionswissenschaftlers Eduard Strauss, ein wichtiger Mitarbeiter des von Franz Rosenzweig gegründeten und geleiteten Freien Jüdischen Lehrhauses in Frankfurt am Main. Er befasste sich in den 1920er Jahren mit dem Neuen Testament, Buddhismus und Mystizismus in den Religionen der Welt. Vier seiner Vorlesungen, in denen er sich mit dem Christentum beschäftigte, sind erhalten; das geplante Buch zu diesem Thema ist nie erschienen (undatiertes Material dazu befindet sich im Leo Baeck Institute in New York). Seine Vorlesungen „Jesus von Nazareth," „Paulus der Bekehrer" und „Augustinus der Bekehrte" wurden von Martin Buber in seiner Zeitschrift „Der Jude" veröffentlicht, die über „Franziskus von Assisi" in „Die Kreatur." Strauss' Kritik: Jesus „tritt zwischen Gott und den Menschen, zwischen den Herrn und sein ewiges Volk." Jesu „Ich aber sage Euch" „übertönt das ‚Wir des Einen Volkes,'" und dadurch, dass Jesus sein „‚Ich' dem jüdischen ‚Wir' mit dem gleichen Anspruch der Ewigkeit gegenübergestellt hat," „dass er aus dem Bunde Gottes mit uns in den Einzelbund trat," habe er das Judentum verlassen.[6] Wie Jesus seinen individualistischen Weg als Vorbild darstellt, das „ist einzelhaft und muß sich in ein-

[5] Benjamin Murmelstein, Joseph Klausner, Jesus von Nazareth, in: Menorah 11–12 (1930), S. 603–05.

[6] Eduard Strauss, Jesus von Nazareth, in: Der Jude, Jg. 6 Heft 11 (1921–1922), S. 686–91.

samer Empfängnis immer wieder neue Einsame als Zeugen schaffen," so etwa Paulus.[7]

Martin Buber (1878–1965)

Der Religionsphilosoph Martin Buber erfuhr mit seiner Jesusdeutung ein eher schwaches Echo innerhalb des Judentums. Umso stärker wirkte er in den christlichen Raum und wird dort wegen seiner Rede von Jesus als Bruder häufig zitiert.[8]

> Jesus habe ich von Jugend auf als meinen großen Bruder empfunden. Dass die Christenheit ihn als Gott und Messias angesehen hat und ansieht, ist mir immer als eine Tatsache von höchstem Ernst erschienen, die ich um seinet- und um meinetwillen zu begreifen suchen muss […] Mein eigenes brüderlich aufgeschlossenes Verhältnis zu ihm ist immer stärker und reiner geworden, und ich sehe ihn heute in stärkerem und reinerem Blick als je. Gewisser als je ist mir, dass ihm ein großer Platz in der Glaubensgeschichte Israels zukommt und dass dieser Platz durch keine der üblichen Kategorien umschrieben werden kann.[9]

Der Brückenbauer Buber sieht in seinem Bruder Jesus keine Inkarnation Gottes, sondern einen Menschen, der von Gott erfüllt ist, „einen Vertreter einer gottunmittelbaren devotio."[10] Jesus ist bei Buber Gestalt und Vermittler des Glaubens, jedoch nicht Glaubensobjekt. Deshalb übt Buber auch harte Kritik an jeglichen Vergottungstendenzen, die er wesentlich von Paulus, dem „Randjuden" auszugehen vermutet. Buber betonte also durchaus auch das Trennende: „Jesus ist mein älterer Bruder, aber der Christus der Kirche ist ein Koloß auf tönernen

---

[7] Eduard Strauss, Paulus, der Bekehrer, in: Der Jude, Jg. 7 Heft 1 (1923), S. 32–44.

[8] Thoma, Jüdische Zugänge, S. 168.

[9] Martin Buber, Zwei Glaubensweisen, Gerlingen 1994, S. 15.

[10] Thoma, Jüdische Zugänge, S. 168.

Füßen."[11] Vor allem missbilligt er an Jesus, dass dieser selbst zu nahe an Gott habe herankommen wollen und durch seine enthusiastische Ethik die Menschen zu überfordern drohe. Auch Messianität misst Buber Jesus in keiner Weise zu:

> Ich glaube fest daran, dass die jüdische Gemeinschaft im Zuge ihrer Wiedergeburt Jesus rezipieren wird, und zwar nicht bloß als eine große Figur ihrer Religionsgeschichte, sondern auch im lebendigen Zusammenhange eines sich über Jahrtausende erstreckenden messianischen Geschehens, das in der Erlösung Israels und der Welt münden wird. Aber ich glaube ebenso fest daran, dass wir Jesus nie als gekommenen Messias anerkennen werden, weil dies dem innersten Sinn unserer messianischen Leidenschaft [...] widersprechen würde. In das mächtige Seil unseres Messiasglaubens, das, an einem Fels am Sinai geknüpft, sich bis zu einem noch unsichtbaren, aber in den Grund der Welt gerammten Pflocke, spannt, ist kein Knoten geschlagen [...] Für uns gibt es keine Sache Jesu, nur eine Sache Gottes gibt es für uns.[12]

Die bahnbrechende Arbeit von Joseph Klausner wies zusammen mit Martin Bubers Verständnis von Jesus als Bruder den Weg für eine Reihe weiterer Bücher jüdischer Autoren über Jesus von Nazareth. Dazu zählen auch die im deutschen Sprachraum besonders populär gewordenen Beiträge von Schalom Ben-Chorin und Pinchas E. Lapide.

Schalom Ben-Chorin (1913–1999)

Seit dem Tod Martin Bubers verstand sich der jüdische Religionsphilosoph und Publizist Schalom Ben-Chorin als dessen Sachwalter und Interpret. Als Fritz Rosenthal 1913 in München geboren, wanderte er 1935 nach schweren Misshandlungen von dort nach Palästina aus. Ab 1938 wandte er sich gegen die har-

---

[11] Schalom Ben-Chorin, Zwiesprache mit Martin Buber, Gerlingen 1978, S. 63.

[12] Martin Buber, Pfade in Utopia, Heidelberg 1985, S. 378.

sche Abschottung und Polemik des orthodoxen Judentums gegenüber dem Christusproblem. Dieses Engagement mündet in sein erstes Büchlein: „Die Christus-Frage an den Juden."[13] Für Ben-Chorin war Jesus eine „zentrale Gestalt der jüdischen Geschichte," nämlich ein „Erzmärtyrer" bzw. ein „Prototyp, der das jüdische Leidensschicksal verkörpert." Zwar erkennt er das Neue Testament nicht als „heilige Schrift im kanonischen Sinn" an, stimmt jedoch mit Leo Baeck darin überein, dass das Evangelium ein Dokument ist, „das zur Geschichte des jüdischen Glaubens gehört." Aus diesem Grund unterstützt er auch den Versuch, Jesus in das jüdische Volk heimzuholen. In „Bruder Jesus. Der Nazarener aus jüdischer Sicht" (1967)[14] zeichnet er Jesus von Nazareth als tief verwurzelt in der Tradition der Pharisäer: „Wir gehen wohl nicht fehl, wenn wir Jesus selbst zu den Pharisäern rechnen, freilich zu einer inneren Opposition innerhalb dieser größten Gruppe des zeitgenössischen Judentums."[15]

Ben-Chorin nähert sich Jesus nicht allein über die Exegese, sondern auch durch Intuition, durch seine „lebenslange Vertrautheit mit dem Text." Für das Judentum, so Ben-Chorin, kann Jesus keinesfalls der Messias sein, denn die Welt habe sich nach dem Opfergang von Golgota nicht zum Besseren verändert. Ben-Chorin lehnt Jesus als Retter ab, der für uns gelitten habe. Doch er kann sich mit einem Jesus identifizieren, der gelitten hat, wie sein jüdisches Volk. Durch die Entmythologisierung Jesu gibt Ben-Chorin den jüdischen Eigenschaften des Nazareners eine ganz neue Realität; seiner Ansicht nach wurde Jesus durch „eine christlich-dogmatische Überhöhung zu weit spiritualisiert [...], sodass die Gefahr eines Christus-Gespenstes entstand."[16] Bei seinem Vorsatz, Je-

---

[13] Schalom Ben-Chorin, Die Christus-Frage an den Juden, Niru Nir – Beiträge zu jüdisch-religiösen Gegenwartsfragen Heft 2, Jerusalem 1941.

[14] Schalom Ben-Chorin, Bruder Jesus: Der Nazarener in jüdischer Sicht, München [14]1992.

[15] Ebd., S. 19.

[16] Schalom Ben-Chorin, Das Judentum im Ringen um die Gegenwart, Hamburg 1965, S. 42.

sus ins Judentum heimholen zu wollen, gerät er allerdings ins Spekulieren, wenn er entgegen den Evangelien feststellt, dass Jesus in keiner Weise mit der jüdischen Tradition gebrochen habe. Nicht belegbar ist beispielsweise auch seine Theorie, dass Jesus „wie jeder Rabbi in Israel verheiratet war" und Kinder gehabt habe.

Ben-Chorin schreibt: „So endet also Jesus in jüdisch-historischer Sicht als ein tragisch Scheiternder. Das aber tut seiner Größe keinen Abbruch, auch und gerade nicht für das jüdische Geschichtsverständnis."[17] Er zeichnet ein Bild von Jesus als dem Menschen schlechthin.

> Der Mensch, wie du und ich, der in seiner Geringfügigkeit exemplarische Mensch. Als diesen Menschen, der in seiner Menschlichkeit exemplarisch lebt, unbehaust und den Leiden ausgesetzt, hat sich Jesus selbst verstanden. Indem er sich als Menschensohn bezeichnet, steht er nicht als Prophet oder als Messias, sondern als Bruder vor uns. Und da er der Menschensohn ist, bricht in ihm die Frage des Menschen auf: „Wer bin ich?"

Und aus einem tiefen Gefühl der Verwandtschaft mit der Person Jesu und der jüdischen Welt, in der er lebte, schließt Ben-Chorin:

> Jesus ist für mich der ewige Bruder, nicht nur der Menschenbruder, sondern mein jüdischer Bruder. Ich spüre seine brüderliche Hand, die mich faßt, damit ich ihm nachfolge. Es ist nicht die Hand des Messias, diese mit den Wundmalen gezeichnete Hand. Es ist bestimmt keine göttliche, sondern eine menschliche Hand, in deren Linien das tiefste Leiden eingegraben ist […] Sein bedingungsloser Glaube, das schlechthinnige Vertrauen auf Gott, den Vater, die Bereitschaft, sich ganz unter den Willen Gottes zu demütigen, das ist die Haltung, die uns in Jesus vorgelebt wird und die uns – Juden und Christen – verbinden kann: Der Glaube Jesu einigt uns, aber der Glaube an Jesus trennt uns.[18]

---

[17] Ben-Chorin, Bruder Jesus, S. 23.

[18] A. a. O., S. 11–12.

Eine angemessene Würdigung Jesu von jüdischer Seite erfordere allerdings, dass die Kirchen ihre Judenfeindschaft aufgeben.[19]

Pinchas E. Lapide (1922–1997)

Der gebürtige Wiener Pinchas E. Lapide, der die Evangelien unter dem Motto „Wer Jesus Christus begegnet, der begegnet auch dem Judentum" las, wird vor allem von christlichen Lesern geschätzt. Er las das Evangelium unter dem Motto: „Laßt uns beide [...] den irdischen Jesus erforschen und erlernen, von unten auf."[20] Lapide studierte in Jerusalem unter dem Einfluss von Martin Buber Judaistik und das Urchristentum, war im diplomatischen Dienst Israels tätig und promovierte 1971 nach einem Forschungsaufenthalt in Köln über „Die Verwendung des Hebräischen in den christlichen Religionsgemeinschaften mit besonderer Berücksichtigung des Landes Israel." So wie Buber Jesus von Nazareth als seinen großen Bruder im Glauben bezeichnete, so wollte auch Lapide mit seinem Buch „Der Rabbi von Nazaret. Wandlungen des jüdischen Jesusbildes" (1974) ganz wie zuvor schon Ben-Chorin „den ‚Bruder Jesus' in das Judentum heimholen."[21] Er folgte den Theorien des amerikanischen Historikers Joel Carmichael (1915–2006), der auch das zionistisch ausgerichtete Magazin *Midstream* herausgab und Jesus von Nazareth 1963 als militanten jüdischen Rebellen darstellte.[22] Lapide machte Jesus aus seiner eigenen Parteinahme für die jüdische Nationalbewegung ohne wissenschaftliche Begründung zu einem Freiheitskämpfer, der einen „messianischen Zionismus" zu verwirklichen suchte:

---

19 Thoma, Jüdische Zugänge, S. 170.

20 Küng/Lapide, Jesus im Widerstreit, S. 50

21 Pinchas E. Lapide, Der Rabbi von Nazareth: Wandlungen des jüdischen Jesusbildes, Trier 1974.

22 Joel Carmichael, Leben und Tod des Jesus von Nazareth, München 1965.

> Daß er im Geiste jüdisch war, in sechs Dingen zumindest, steht fest: in seiner Hoffnung, in seiner Eschatologie, in seinem jüdischen Ethos, in seinem blinden Gottvertrauen, in seiner gut-jüdischen, messianischen Ungeduld und, last not least, in seinem jüdischen Leiden [...] Daß er oft im Kontrast stand zu seiner Umwelt, macht ihn auch jüdisch, denn ich kenne keine Leuchte des Judentums von Mose an, die nicht lebhaft Widerstand innerhalb des Judenvolkes hervorgerufen hat.[23]

Doch wenn Jesus der Tora so treu war,[24] warum wurde er dann gekreuzigt? Sein „messianischer Zionismus" machte ihn zum Feind der Römer, als der er nach Lapide ganz allein die Verantwortung für seinen Tod trug. Aus diesem Grund fasst Lapide die Schuld der Christen gegenüber dem Judentum folgendermaßen zusammen:

> 1800 Jahre lang hat die Kirche drei Dinge mit Jesus gemacht: Sie hat ihn entjudet, sie hat ihn hellenisiert, und sie hat ihn sehr wirksam uns allen verekelt: durch Zwangspredigten, durch Zwangstaufen, durch Kinderraub [...] Das Christentum, wie ich es sehe, verdankt seine Gründung dem erhabenen Jesusbild der Urkirche, jener Judengemeinde, die in ihm, neben dem Propheten, einen Gerechten und eine Leuchte Israels oder den Messias sah – alles sterbliche Söhne Israels.[25]

Seine Thesen, die der Neutestamentler 1979 in seinem Buch „Der Jude Jesus. Thesen eines Juden. Antworten eines Christen" veröffentlichte, sind ebenso pointiert wie plakativ:

- Jesus hat sich seinem Volk nicht als Messias kundgegeben
- das Volk hat Jesus nicht abgelehnt
- Jesus hat sein Volk nicht verworfen

---

[23] Küng/Lapide, Jesus im Widerstreit, S. 23–24.

[24] „Weder Markus noch Matthäus behaupten in ihren Berichten über die Handlungen Jesu, daß ein einziges Gebot je verletzt oder gar gebrochen wurde. Das müssen Sie mir glauben, denn meinen Talmud kenne ich mehr oder minder [...] Dieser Jesus war so torahtreu, wie ich es zu sein hoffe" (Küng/Lapide, Jesus im Widerstreit, S. 26).

[25] Küng/Lapide, Jesus im Widerstreit, S. 13.

Pinchas E. Lapide versuchte, durch Rückübersetzung ins Hebräische die spätgriechische Überformung der Evangelien zu durchdringen, um so zu einem ursprünglicheren Verständnis der Quellen zu gelangen.

> Der Weinstock, der Weinberg, der Feigenbaum, die Söhne des Reiches, die bösen Winzer, der verlorene Sohn und, wenn Sie wollen, hundert andere Bilderreden Jesu sind eindeutige Anspielungen, die nur für den bibelkundigen Juden und seine Ohren gemeint waren. Sobald sie ins Griechische oder gar ins Deutsche übersetzt werden, klingen sie nicht nur fremd, sondern verzerrt und unnatürlich.[26]

Diesem bewusst subjektiven Jesus-Bild gegenüber duldete Lapide keinen Widerspruch:

> Wer diesen lebensbejahenden, bibelbeseelten Nazarener, den die Liebe zu Israel erfüllte, zum weltfremden Moralprediger und Jenseits-Theologen umfunktionieren will: einen Mann, der sich angeblich weigert, am verzweifelten Widerstandskampf seiner Juden teilzunehmen […], wer das im Namen der Theologie fertig bringt, der begeht eine Schmähung Jesu, die an Rufmord, wenn nicht Antijudaismus grenzt.

In seinem Buch „Auferstehung: Ein jüdisches Glaubenserlebnis"[27] erklärt Lapide Ostern gar zu einer jüdischen Glaubensbewegung, die den Heiden den Weg zu Gott ebnet. Gefragt, wie die Kontinuität der Heilsgeschichte neu belebt werden könnte, antwortete er:

> Das Selbstverständnis der Juden meiner Generation [ist] im Grunde österlich. Österlich, weil für alle Juden unserer Tage, auch die, die nie in Europa waren, Auschwitz eigentlich das bedeutet, was für fromme Christen Karfreitag sein muß, ein Golgata nationalen Ausmaßes. Die Staatsgründung Israels hingegen ist Ostermontag: die Auferstehung aus Schutt und Asche des ganzen Volkes, das aus dem Massengolgata den Weg zurück in seine Bibelheimat findet, genau wie es 27 Prophezeiungen im Alten Testament voraussagen.

---

26 A. a. O., S. 8–9.

27 Pinchas E. Lapide, Auferstehung: Ein jüdisches Glaubenserlebnis, Stuttgart/München 1978.

> Für Juden, die immer verfolgt wurden, die immer die ersten Opfer der Ungerechtigkeit und der Lieblosigkeit der Menschen waren, wo immer es Weltgeschichte gab, die allzuoft das Kreuz tragen mußten, an das die Christen glaubten, die sich trotz aller Macht und aller Gewalt im heiligen Rest behaupten konnten, welche bessere Verkörperung können Sie für so ein Judenvolk finden als diesen armen Rabbi von Nazaret. [...] Ist dieser am Kreuz verblutende Rabbi nicht die echte Fleischwerdung seines Leidenvolkes, das nur allzuoft ermordet wird am Kreuz dieses Judenhasses, den wir in unserer Jugend selbst erfahren mußten?[28]

Samuel Sandmel (1911–1979)

Dem gegenüber steht die Sicht Samuel Sandmels, Professor am Hebrew Union College Cincinnati. Seiner Ansicht nach ermöglichen die neutestamentlichen Schriften gar keinen Blick auf den historischen Jesus, sondern geben nur einige karge Fakten.[29]

> Das Neue Testament ist ein religiöses Buch, das Werk einer religiösen Gemeinschaft, die überzeugt war, Gottes Offenbarung empfangen zu haben. In diesem Sinn ist es kein historisches Buch, auch wenn es historische Elemente enthält, und auch keine Sammlung von Erzählungen, wenngleich es narrative Elemente enthält. Es ist vielmehr ein Zeugnis der Glaubensannahme, dass bei Gott alle Dinge möglich sind, und damit zugleich ein Bericht über jene Geschehnisse, die sich nach dieser Glaubensüberzeugung ereignet haben müssen.[30]

Sandmel stellt die Frage, ob das Neue Testament überhaupt eine verlässliche Quelle zur Identifizierung des historischen Jesus sein kann. Im Gegensatz zu vielen anderen Stimmen, die wir gehört haben, vermutet er, dass es keine Grundlage für

---

[28] Küng/Lapide, Jesus im Widerstreit, S. 16–17.

[29] Samuel Sandmel, We Jews and Jesus, New York/London 1965.

[30] Samuel Sandmel, A Jewish Understanding of the New Testament, Woodstock 2005, S. 9.

einen tatsächlich historischen Zugriff darstellt. „Der Historiker muss leere Stellen ausfüllen, wo Brüche vorliegen, und er muss aus vagen Hinweisen kaum begründbare Schlüsse ziehen."[31] Eigentlich ist es nur möglich zu berichten, was die Evangelisten über Jesus schrieben – und zwar bereits aus der Haltung des Glaubens heraus.

> Bestimmte nackte Tatsachen können historisch nicht bezweifelt werden. Jesus, der in Galiläa öffentlich in Erscheinung trat, als Herodes Antipas Tetrarch des Landes war, war eine geschichtliche Gestalt, der Anführer einer Bewegung. Er hatte Anhänger, die Jünger genannt wurden. Der Anspruch wurde erhoben – entweder von ihm oder für ihn – er sei der langersehnte jüdische Messias. Er wanderte von Galiläa nach Jerusalem, wahrscheinlich im Jahr 29 oder 30, und wurde dort hingerichtet, als Aufrührer von den Römern gekreuzigt. Nach seinem Tod glaubten seine Jünger, er sei auferstanden und in den Himmel aufgefahren, würde jedoch zum angekündigten Zeitpunkt zum letzten göttlichen Gericht über die Menschheit auf die Erde zurückkehren.

Abgesehen von diesen nackten Tatsachen taucht kein Bild des historischen Jesus auf. „Das Hauptinteresse der Anhänger Jesu [...] galt nicht dem, was er sagte oder tat, sondern dem, was er war." Hier kommt der Historiker an seine Grenzen. Einerseits war Jesus Lehrer, doch andererseits war seine Lehre ohne erkennbare Originalität. Einerseits hielt Jesus sich für den Messias, doch andererseits starb er den römischen Märtyrertod. So gesehen ist aber der historische Jesus nicht fassbar, man könne über ihn nur berichten, was die Evangelisten über ihn aus der Haltung des Glaubens heraus schrieben.

> Die Suche nach dem realen Menschen Jesus war nicht von Erfolg gekrönt. Wir sehen heute vielmehr, dass sie vergeblich bleiben musste, da sie sich etwas Unmögliches vorgenommen hatte, ausgehend von der verlockenden, aber trügerischen Vorannahme, dass literarisches Material, geschaffen aus einer spirituellen Überzeugung heraus, sich wissenschaftlich aussieben lässt und ein lebens-

---

[31] A. a. O., S. 32.

> wahrer Bodensatz zurückbleibt [...] Nur wer sich mit einer halbhistorischen Antwort oder unbewusst unwahren Aussage begnügt oder mit einer wenig genauen Zusammenschau zufrieden ist, kann als Behauptung formulieren, dass Jesus dies oder das sagte oder lehrte. Man kann über Jesus nur schreiben, wie die Evangelisten über ihn schreiben.[32]

Doch noch ein weiterer Kritikpunkt ist gegen bestimmte Formen der Würdigung Jesu in früheren jüdischen Erörterungen vorzubringen. Gegenüber jüdischen Stimmen der Leben-Jesu-Forschung, die der Gestalt Jesu Einmaligkeit und Unvergleichlichkeit zumessen (z.B. David Flusser), weist Sandmel mit Nachdruck darauf hin, dass diese Attribute für einen religiösen Juden allein Gott zukämen, jedoch niemals einem Menschen. Menschen können nach jüdischem Verständnis bestenfalls „groß“ sein. Solche „Größe“ misst Sandmel Jesus bereitwillig zu: „Nur ein Jude, der einzigartige Qualitäten auf sich vereinigt, könnte andere Juden von seiner Wiederauferstehung überzeugt haben.“

Ernst Ludwig Ehrlich (1921–2007)

Diese Position vertritt auch der Basler Judaist und Religionswissenschaftler Ernst Ludwig Ehrlich: Er meint, die neutestamentlichen Quellen sagen zu wenig über den Menschen und Juden [Jesus] aus, weil sie im Glauben und im Blick auf den Christus verfasst worden sind. Der historische Jesus kann durch die Rückkehr hinter das neutestamentliche Kerygma nicht ermittelt werden. „Trotz intensiver wissenschaftlicher Forschung dürfte es wohl niemals gelingen, ein volles Bild vom ‚historischen Jesus‘ wiedergewinnen zu können.“ Im Unterschied zu vielen anderen Jesusinterpreten des Judentums sieht Ehrlich vor allem zwei gesicherte Resultate: die Binsen-

---

[32] Sandmel, Jewish Understanding, S. 198 f.

wahrheit, dass Jesus Jude war, und Jesu Kreuzestod.[33] Die eigentliche Provokation von Jesu Leben stecke in seiner Verkündigung der Nähe des Reiches Gottes und in seiner Forderung, Gottes Willen so zu erfüllen, wie er ihn verstand. „Diese apokalyptische Gestimmtheit hatte zur Folge," so Ehrlich, „dass Jesus gesetzeskritisch war" und sich somit durchaus von seiner pharisäischen Umwelt abhob. Hier stimmt er mit dem Erlanger Religionshistoriker Hans-Joachim Schoeps überein, der bei Jesus „eine scharfe Kritik und Verurteilung gewisser jüdischer Verhaltensweisen" erkannte.[34]

Hans-Joachim Schoeps (1909–1980)

Die Ursache für Jesu Konfliktsituationen mit den Pharisäern sieht Schoeps in seiner anderen Einschätzung „des alttestamentlichen Gesetzes" begründet. Damit heben sich Ehrlich und Schoeps in ihrer Beurteilung von der überwiegenden Mehrheit ihrer jüdischen Kollegen, vor allem Schalom Ben-Chorin und Pinchas E. Lapide ab, die in Jesus eher die pharisäische Prägung, den „Bruder," herausarbeiten.

Nach Schoeps verläuft eine direkte Linie zwischen der Jesusüberlieferung und den frühchristlichen Gemeinden.[35] Jesus und nicht Paulus oder der Evangelist Johannes war der Ausgangspunkt für die Entstehung der Kirche.

Erwähnt werden soll hier auch eine der ersten Veröffent-

---

[33] Ernst Ludwig Ehrlich, Eine jüdische Auffassung von Jesus, in: Jesu Jude-Sein als Zugang zum Judentum, hg. von W. P. Eckert/H. H. Henrix (Aachener Beiträge zu Pastoral- und Bildungsfragen, Bd. 6), Aachen 1976, S. 35–49.

[34] Hans-Joachim Schoeps, Jesus und das jüdische Gesetz, in: Studien zur unbekannten Religions- und Geistesgeschichte (Veröffentlichungen d. Gesellschaft für Geistesgeschichte 3), Göttingen 1963, S. 41–61. Hans-Joachim Schoeps, Die großen Religionsstifter und ihre Lehren, Darmstadt [3]1954, S. 75.

[35] Schoeps, Jesus und das jüdische Gesetz, S. 41–61.

lichungen von Schoeps, „Jüdisch-christliches Religionsgespräch in neunzehn Jahrhunderten. Geschichte einer theologischen Auseinandersetzung." Das Buch erschien 1937 im Berliner Vortrupp-Verlag quasi unter Ausschluss der nichtjüdischen Öffentlichkeit, im Jahr vor der Flucht nach Schweden. Hans-Joachim Schoeps stellt darin die Geschichte des Gesprächs zwischen Israel und der Kirche im Spiegel der Kontroversen von neunzehn Jahrhunderten dar und folgert daraus schließlich die Erwartung des Kommenden als Gemeinsamkeit von Judentum und Christentum: „Beide eint eine gemeinsame Erwartung, dass das Eigentliche, das wir nicht kennen, das wir nur ahnen können, erst noch *kommen wird*, in jener Stunde, da sich der Anfang verschlingt in das Ende."[36]

Für Sandmel, Ehrlich und Schoeps lassen sich – wie gesehen – wenige gesicherte Aussagen über den „historischen Jesus" machen. Das Jesusbild von Schoeps ist von der Einsicht Sandmels und Ehrlichs bestimmt, „dass die Rekonstruktion des ‚Urjesus,' des Jesus, wie er wirklich gewesen ist, bei der vorliegenden Quellenlage aus den uns zugänglichen Evangelienstoffen gar nicht möglich ist."[37]

David Flusser (1917–2000)

Die bekannte Jesus-Monographie David Flussers stellt Jesus als Juden mit messianischem Anspruch dar. „Jesus in Selbstzeugnissen und Bilddokumenten"[38] (1968) hat sich bis 1999 allein auf Deutsch in über 100.000 Exemplaren verkauft, ist in andere Sprachen übersetzt worden und damit eines der meist verbreitetsten Jesus-Darstellungen.

---

[36] Hans-Joachim Schoeps, Jüdisch-christliches Religionsgespräch in neunzehn Jahrhunderten. Geschichte einer theologischen Auseinandersetzung, Berlin 1937, S. 199.

[37] Schoeps, Die großen Religionsstifter, S. 60.

[38] David Flusser, Jesus, Reinbek 1968.

Flusser beginnt sein Buch mit den Worten: „Dieses Buch wurde vor allem verfaßt, um zu zeigen, daß es möglich ist, eine Lebensgeschichte Jesu zu schreiben“[39] und setzt sich damit von den vorherigen zwei Phasen der Leben-Jesu-Forschung bewusst ab. Michael Volkmann bemerkt dazu: „Die erste Phase der Erforschung des Lebens Jesu im 19. Jahrhundert hatte mit der Erkenntnis geendet, jeder Forscher projiziere in sein Jesusbild die eigenen Ideale hinein. In der zweiten Phase der Leben-Jesu-Forschung im 20. Jahrhundert wurden die Quellen so kritisch beurteilt, dass man annahm, das gesicherte Wissen über Jesus passe auf eine Postkarte.“[40]

Flusser stützt sich in seiner flächigen Darstellung Jesu beinahe ausschließlich auf die synoptischen Evangelien:

> Ein Evangelium, das eine nachösterliche Christologie lehren will, ist nur das Evangelium Johannis, und darum ist es historisch weniger wertvoll als die ersten drei synoptischen Evangelien. Dieser in diesen Evangelien geschilderte Jesus ist also der historische Jesus und nicht der „kerygmatische Christus.“[41]

Entstanden ist eine die synoptischen Evangelien harmonisierende Nacherzählung, die Flusser mit zeitgeschichtlichen Erkenntnissen angereichert hat.[42]

> Die urchristlichen Berichte über Jesus sind nicht so unglaubwürdig, wie man heute vielfach annimmt. […] Wenn man die drei [synoptischen] Evangelien unbefangen liest, wird man gewahr, daß sie im ganzen nicht so sehr einen Erlöser der Menschheit schildern, sondern einen jüdischen Wundertäter und Prediger.[43]
>
> […] Um Jesus zu verstehen, ist die Kenntnis des zeitgenössischen Judentums unentbehrlich. Der jüdische Stoff ist nicht nur

[39] Ebd., S. 7.

[40] Michael Volkmann, David Flusser und der jüdische Jesus, in BlickPunkt.e Nr. 2/2018 (April 2018), S. 7–9, hier: S. 7.

[41] Flusser, Jesus, S. 10.

[42] Vogler, Jüdische Jesusinterpretationen, S. 65.

[43] Flusser, Jesus, S. 9.

darum wichtig, weil er es ermöglicht, Jesus in seiner Zeit zu sehen, sondern auch, um seine Aussprüche richtig zu interpretieren.[44]

Johann Maier hat diese Herangehensweise als „methodologisch unbekümmert" kritisiert.[45] Michael Krupp urteilt über David Flusser jedoch: „Ich habe viele Lehrer im Neuen Testament gehabt, keiner kannte dieses Buch so gut wie er, und keiner diesen Jesus so intim wie er, auch keiner von den Juden."[46]

Clemens Thoma beschreibt ihn so:

> David Flusser gilt bei Juden und Christen als genial und schwer katalogisierbar. Über jeden Zweifel ganz und gar im Judentum beheimatet, ist er gleichzeitig ein profunder Kenner und Liebhaber Jesu und des Christentums. Als solcher ist er ein unbequemer, nicht konformer und nicht zähmbarer Gesprächspartner [...] Als jüdischer Neutestamentler warnt er immer wieder vor entgeschichtlichender und schematisierender Formgeschichte, vor einem Aufreißen von Gräben zwischen dem irdischen Jesus und der Osterverkündigung, vor einem Ausspielen Jesu gegen Paulus, vor einem Auseinanderdividieren von Jesus und Urkirche, vor Überexponierungen, Theologisierungen und Versteinerungen neutestamentlicher Texte.[47]

Für Flusser war Jesus ganz und gar Jude. Er versteht ihn als gesetzestreuen Sohn seines Volkes,[48] der sich in keiner Weise über die Tora erhoben hat:

> Wir versuchen, den Zeitgenossen Jesus vor Augen zu stellen, der die Sprache seines Volkes sprach und in den jüdischen Traditionen lebte, der den jüdischen Glauben an den einen Gott der Welt und die Überlieferungen „unseres Lehrers Mose" nicht aufheben, sondern in ihrem tiefsten Sinn zur Geltung bringen wollte.[49]

---

44 A. a. O., S. 11.

45 Johann Meier, Gewundene Wege der Rezeption. Zur neueren jüdischen Jesusforschung, in: Herder-Korrespondenz 30 (1976), S. 313–319, hier: S. 316.

46 Volkmann, David Flusser, S. 7.

47 Thoma, Jüdische Zugänge, S. 169.

48 Krupp, Messias, S. 192–193.

49 Flusser, Jesus, S. 14.

Allerdings habe sich Jesus gegen den „Starrsinn der Stockfrommen" gewandt.[50] Flusser fragt sich bei Christen, die Jesus gerne als „souveränen Gesetzesbrecher"[51] darstellen, ob diese Interpretation nicht auf antijüdischen Tendenzen beruhe. Denn für Flusser besteht das Revolutionäre der Verkündigung Jesu nicht in einer Kritik am jüdischen Gesetz, sondern im Ruf nach einer neuen Moral und in der Idee des „Königreichs der Himmel."[52] „Er ist der einzige uns bekannte antike Jude, der nicht nur verkündet hat, daß man am Rande der Endzeit steht, sondern gleichzeitig, daß die neue Zeit des Heils schon begonnen hat."[53] Jesus habe sich dabei selbst als Menschensohn im Sinne eines endzeitlichen Richters verstanden. An anderer Stelle erklärt Flusser das Selbstverständnis Jesu und seine eigene Perspektive darauf so:

> Solange daran nicht manche christliche Neutestamentler zu zweifeln begonnen haben – und sogar erklärt haben, das Leben Jesu sei unmessianisch gewesen (wie sieht denn ein messianisch lebender Mensch aus?) –, ist es keinem Juden eingefallen, an dem messianischen Selbstbewußtsein Jesu zu zweifeln […]. Ich habe in den letzten Jahren viel Kraft und Fleiß darauf verwendet, sowohl hebräisch als auch englisch zu zeigen, daß sich Jesus als der Messias, der kommende Menschensohn wirklich verstanden hat.[54]

Für David Flusser ist Jesus also ein Charismatiker, für den die Erwartung des Kommenden zentral ist. Das macht ihn für Flusser einzigartig und lässt ihn aus dem Rahmen der pharisäischen Lehre herausragen. Hier ist auch ein Anknüpfungspunkt an Hans-Joachim Schoeps gegeben. Vor allem aber wird dadurch der Einfluss Flussers auf die christliche Leben-Jesu-Forschung erklärlich, auch und insbesondere im evangelikalen Christen-

---

50 A. a. O., S. 46.

51 Thoma, Jüdische Zugänge, S. 169.

52 A. a. O., S. 64.

53 A. a. O., S. 87.

54 David Flusser, Das Christentum – eine jüdische Religion, München 1990, S. 47 f.

tum. Deshalb nehmen Tora und das Gesetz in der evangelikalen Bewegung vor allem in den USA eine zuvor nie gekannte zentrale Bedeutung ein.[55]

David Flusser arbeitete eng mit seinen christlichen Kollegen zusammen (u. a. mit Robert Lindsey, Randall Buth, Brad Young und R. Stephen Notley), die auch als „Jerusalem School of Synoptic Research" bekannt wurden. Obwohl ihre Thesen bezüglich der Synoptiker mittlerweile wissenschaftlich widerlegt und überholt sind, so muss man Flusser doch zu Gute halten, dass er als jüdische Stimme die „Third Quest" in den Fokus der neutestamentlichen Forschung gerückt hat und die Quellendiskussion dadurch vorangetrieben wurde. Dies ist deshalb bemerkenswert, weil David Flusser vor allem biblischer Hermeneutiker war und „auf ein Gespräch mit der historisch-kritischen Jesus-Forschung (und sei es auch nur in den literarkritischen Fragen) verzichtet".[56]

Géza Vermes (1924–2013)

Géza Vermes war einer der bedeutendsten jüdische Gelehrten unserer Zeit. Erzbischof Rowan Williams beschrieb ihn 2012 im Guardian mit den Worten: „Géza Vermes ist in der englischsprachigen Welt der unbestritten beste Kenner der jüdischen Literatur aus der Zeit Jesu, insbesondere der Schriftrollen vom Toten Meer.[57] Der langjährige Leiter des „Forum for Qumran Research" am Oxford Centre for Hebrew and Jewish Studies war als Kind zusammen mit seinen Eltern zum Katholizismus

---

[55] Ich danke Bruce Chilton für den freundlichen Hinweis auf die Wirkungsgeschichte der Jesusforschung David Flussers in „Implications and Prospects of Jewish Jesus Research. A Review Essay", in: Journal for the Study of the Historical Jesus 16 (2018), S. 62–79.

[56] Vogler, Jesus-Interpretationen, S. 69.

[57] Rowan Williams, Review of Christian Beginnings, by Géza Vermes, Guardian, 14.07.2012.

übergetreten. Nach dem Holocaust wurde er zum Priester geweiht, kehrte aber später wieder zum Judentum zurück.

Géza Vermes hat sich seit etwa 1960 mit Jesus – seiner Person, seiner Geschichte und seinen Lehren – befasst und kann, was den Versuch betrifft, Jesus historisch als Juden zu identifizieren, durchaus als Optimist bezeichnet werden. Sein erstes Buch zu diesem Thema, „Jesus the Jew. A Historian's Reading of the Gospels" (1973) fand weltweit große Aufmerksamkeit, wurde mehrfach aufgelegt und in zahlreiche Sprachen übersetzt, 1993 auch ins Deutsche.[58] 1983 folgte „Jesus and the World of Judaism," 1993 „The Religion of Jesus the Jew." 2000 legte er dann mit der nochmaligen Überprüfung der Quellen in „The Changing Faces of Jesus"[59] einen neuen Ansatz vor. 2002 erschien als fünftes Buch der Begleitband „The Authentic Gospel of Jesus."[60] Und zum Schluss warf er in „Christian Beginnings: From Nazareth to Nicaea (AD 3–325)"[61] einen Blick auf Jesus und die Frühkirche.

Vermes versucht, die Person Jesus in all seinen Büchern als heiligen jüdischen Mann zu zeichnen und die Quintessenz seiner eschatologischen Botschaft mit Hilfe der literarischen Analyse herauszuarbeiten. Er verankert Jesus im Milieu jüdischer Charismatiker, die als Exorzisten, Wundertäter und Volksprediger auftraten und in der rabbinischen Literatur als *Chassidim rischonim* bezeichnet werden; diese „frühen Frommen" galten als Erben einer alten prophetischen Tradition. Vermes rechnet Jesus also nicht den Pharisäern, den Essenern oder Zeloten zu, sondern einer charismatischen Bewegung in Galiläa. Was die christliche Leben-Jesu-Forschung betrifft, so wird die Formulierung „Jesus der Jude" für Vermes zum emotional beladenen

---

[58] Géza Vermes, Jesus der Jude. Ein Historiker liest die Evangelien, Neukirchen 1993.

[59] Géza Vermes, The Changing Faces of Jesus, London 2000.

[60] Géza Vermes, The Authentic Gospel of Jesus, London 2003.

[61] Géza Vermes, Christian Beginnings: From Nazareth to Nicaea (AD 3–325), London 2012.

Synonym für den Jesus der Geschichte, dem Gegensatz zum göttlichen Christus; diese Formulierung impliziere neben dem Faktum, dass Jesus Jude und kein Christ war, allerdings auch die andauernde Suche nach dem Jesus als dem angeblichen Gründer des Christentums.[62]

So war Jesus für Vermes zwar nicht der Stifter des Christentums, doch „einzigartig in der Tiefe seiner Einsicht und in seiner charakterlichen Größe" und ein „unerreichter Meister in der Kunst, den innersten Kern spiritueller Wahrheit freizulegen."[63] Unter diesen Prämissen, so Vermes, muss Jesus als gestorbener Mensch, nicht als auferstandener Gott gesehen werden.

*

In diesem Kapitel habe ich versucht, einen kurzen Überblick über die verschiedenen Standpunkte der jüdischen Jesusforschung im 20. Jahrhundert zu geben. Manche von ihnen, die versuchten, Jesus als charismatischen Religionsführer in das Judentum zu reintegrieren, waren durchaus optimistisch; andere hielten diesen Versuch für vergeblich. Mir lag jedoch vor allem daran zu zeigen, warum die Juden sich näher mit Jesus auseinandergesetzt haben. Meiner Meinung nach war die Intention apologetisch: Juden wollten Juden bleiben und trotzdem Teil der christlichen Gesellschaft sein. Wie gut also, dass Jesus Jude war.

---

[62] Siehe dazu Géza Vermes, Jesus the Jew, in: Jesus' Jewishness. Exploring the Place of Judaism in Early Judaism, hg. v. J. H. Charlesworth, New York 1991, S. 108–22.

[63] Vermes, Jesus der Jude, S. 206.

3.b. Jüdische Leben-Jesu-Forschung im 21. Jahrhundert

Die meisten jüdischen Forscher – oder Forscher mit jüdischer Perspektive, die über Jesus schreiben –, beschäftigen sich in erster Linie mit der Verortung und Beschreibung des historischen, kulturellen, ethnischen und religiösen Kontexts Jesu und seiner Wirkung auf das jüdische Selbstverständnis oder den christlich-jüdischen Dialog.[64] Leben und Tod Jesu lagen kurz vor der Zerstörung des Zweiten Tempels, in einer ganz entscheidenden formativen Zeit für das moderne rabbinische Judentum. Die ältere jüdische Suche und theologische Heimholung kann zum Teil als Versuch gesehen werden, eine gemeinsame Grundlage mit dem christlichen Umfeld zu finden; das neuere jüdische akademische Interesse am historischen Jesus gebraucht Jesus als Werkzeug, um einen tieferen Einblick in das Judentum zu Beginn des rabbinischen Zeitalters zu gewinnen. Die jüdischen Wissenschaftler, die sich mit diesem Thema befassen, berühren dabei viele Fragen, die auch für christliche Theologen und Historiker wichtig sind; daher kann es schwierig sein, zwischen genuin jüdischen und genuin christlichen oder schlicht historischen Perspektiven auf Jesus – oder einfach theologischen Lesarten der christlichen Heiligen Schrift zu unterscheiden. Ich möchte im Folgenden einige jüdische theoretische Ansätze aus der neueren Forschung und dem Gebiet des christlich-jüdischen Verhältnisses behandeln. Danach stelle ich kurz einige der bedeutenderen jüdischen theologischen Bei-

---

[64] Zu einer neueren Sammlung christlicher und jüdischer Forscher, die sich mit der Bedeutung der Leben-Jesu-Forschung für den christlich-jüdischen Dialog befassen s. Bruce Chilton et al. (Hg.), Soundings in the Religion of Jesus: Perspectives and Methods in Jewish and Christian Scholarship, Minneapolis 2012; hier finden sich auch Beiträge von Amy-Jill Levine, Adele Reinhartz (Vorwort), Michael J. Cook, James G. Dunn und Gerd Theißen. Es gibt aber auch eine weniger wissenschaftliche, populärere Veröffentlichung: Jesus through Jewish Eyes, hg. v. Beatrice Bruteau, Maryknoll 2001.

träge und Arbeiten aus der jüngeren Zeit vor, die relevant für die neutestamentliche Forschung sind.

Michael J. Cook und Jonathan Brumberg-Kraus

Michael J. Cook, Rabbiner und Professor of Judaeo-Christian Studies und Professor of Intertestamental and Early Christian Literatures am Hebrew Union College, gehört zu den führenden jüdischen Gelehrten, die neutestamentliche Forschung betreiben und sich im jüdisch-christlichen Dialog engagieren.

Cook hat ein nützliches Set von Kategorien skizziert, denen er eine Reihe von Motiven und Trends in der jüdischen Jesusforschung zuordnet. Dass Juden sich der christlichen Heiligen Schrift in unvoreingenommener Weise nähern, dass sie dazu tendieren, sich auf Aspekte zu konzentrieren, die Juden involvieren oder Auswirkungen auf jüdische Interessen haben, liegt natürlich auf der Hand.[65] Doch er identifiziert darüber hinaus Tendenzen, die christlichen Theologen Anlass zur Kritik an der jüdischen Forschung gaben: Jüdische Forscher reduzieren, so der Vorwurf, Teile der christlichen Überlieferung, die mit ihrem eigenen Glauben in Widerspruch stehen, auf „spätere, den Texten von der Kirche übergestülpte Zusätze."[66] Cook begründet das Problem zwar nicht explizit mit dieser Argumentation, doch seine Logik folgt dem „Prinzip der Ungleichheit," das während der Zweiten Christlichen Phase der Leben-Jesu-Forschung entwickelt und kanonisiert wurde und heute von den meisten Forschern als implizit antisemitisch abgelehnt

[65] Michael J. Cook, Jewish Reflections on Jesus: Some Abiding Trends, in: The Historical Jesus through Catholic and Jewish Eyes, hg. v. Bryan LeBeau/Leonard Greenspoon/Dennis Hamm, Harrisburg 2000, S. 95–111, hier: S. 96ff.; s. auch Jonathan Brumberg-Kraus, Jesus as Others People's Scripture, in: The Historical Jesus through Catholic and Jewish Eyes, hg. v. Bryan LeBeau/Leonard Greenspoon/Dennis Hamm, Harrisburg 2000, S. 155–66, hier: S. 156–57.

[66] Cook, Jewish Reflections on Jesus, S. 99.

wird. Dieses Prinzip behauptet, kurz gesagt, dass alles, was an Jesus nicht jüdisch ist, der echte Jesus, ergo der christliche Jesus sein muss (Leonard Swiffer schreibt in seinem Vorwort zu „Jesus Reclaimed", der englischen Ausgabe, dass das Prinzip der Ungleichheit „dazu tendierte, Jesus seinem natürlichen jüdischen Kontext zu entfremden").[67] Doch wenn jüdische Forscher abtun, was in ihren Augen nicht jüdisch genug ist oder ihren eigenen Ansichten widerspricht, dann benutzen sie ihrerseits, jedenfalls implizit, eine Methode, die inhärent antichristlich genannt werden könnte.

Cook hat außerdem verschiedene biblische Narrative ausgemacht, zu denen jüdische Forscher seiner Ansicht nach tendenziöse oder vorurteilsbehaftete Forschung betrieben haben; in seinem Essay aus dem Jahr 2010 skizziert er darüber hinaus vier weitere „problematische" Bereiche: das Letzte Abendmahl, den Sanhedrin, Blasphemie und Barabbas.[68] Cook moniert außerdem, dass viele jüdische Forscher ein negatives Bild von Paulus haben und propagieren (wobei die meisten ihre Abneigung auf die Paulusbriefe und nicht unbedingt auf die Apostelgeschichte gründen).[69] Cook fragt interessanterweise, warum die Juden nicht die Auffassung vertreten, dass Paulus' Lehren eine Extrapolation und Erweiterung des Denkens Jesu sind, statt ihn einfach negativ zu sehen, wie sie bereits Jesus gesehen haben;[70] mit dieser Frage lenkt er die Aufmerksamkeit auf eines der jüngsten christlichen und jüdisch-christlichen Arbeitsgebiete: die Forschung, die sich mit Paulus selbst – mit seiner Identität, seinem gesellschaftlichen Kontext und seiner Theologie – befasst und mit der Zeit, in der sich die frühchristliche

---

[67] Homolka, Jesus Reclaimed, S. xii.

[68] Cook, Where Jewish Scholars on Jesus Go Awry, S. 70–77.

[69] A. a. O., S. 100.

[70] Eugene J. Fisher ist der Ansicht, Cook leide selbst unter dem „anti-paulinischen Syndrom" (Eugene J. Fisher, Typical Jewish Misunderstandings of Christ, in: The Jewish Jesus: Revelation, Reflection, Reclamation, hg. v. Zev Garber, West Lafayette 2011, S. 228–48, hier: S. 235).

Kirche herausbildete.[71] Cooks Bewertung und Sicht der jüdischen Jesusforschung ist fast durchgängig negativ; als Ursache der tendenziösen und vorurteilsbehafteten Forschung konstatiert er einen grundlegenden Mangel an Wissen.[72] Deshalb mahnt er die jüdischen Forscher, das Studium des Neuen Testaments ernster zu nehmen, um zu vermeiden, was er als Ignoranz bezeichnet.

Cooks Buch „Modern Jews Engage the New Testament: Enhancing Jewish Well-Being in a Christian Environment" (2008) ist ein Textbuch für jüdische Forscher, Geistliche und Laien.[73]

Jonathan Brumberg-Kraus, das früheste Beispiel eines zeitgenössischen jüdischen Forschers, der eine Theorie über die jüdische Auseinandersetzung mit dem Neuen Testament vorgelegt hat, stimmt mit Cook darin überein, dass die jüdische Forschung bis jetzt von Vorurteilen geleitet war. Im Gegensatz zu Cook vertritt er jedoch einen nicht-partikularistischen Ansatz für die neutestamentlichen Studien. Seiner Ansicht nach „verstärken bestimmte Tendenzen in der jüdischen neutestamentlichen Forschung tatsächlich ein Bild des normativen rabbinischen Judentums, das einer liberalen jüdischen Perspektive feindlich gegenübersteht."[74] Brumberg-Kraus favorisiert eine säkulare, unvoreingenommene Forschung, in der „soziologi-

---

71 S. Kathy Ehrensperger, ‚Called to Be Saints': The Identity Shaping Dimension of Paul's Priestly Discourse in Romans, in: Reading Paul in Context: Explorations in Identity Formation: Essays in Honour of William S. Campbell, hg. v. Kathy Ehrensperger/J. B. Tucker, Bloomsbury 2013, S. 90–109; an dieser Stelle analysiert sie Passagen, die die traditionellen Kommentatoren in Hinsicht auf die Reinheitsgebote und Kaschrut als „Unterminierung der Torah" verstanden haben (S. 90), und kommt zu dem Schluss, dass „weit entfernt, die Relativierung der jüdischen Identität zu betreiben, Paulus hier die besondere Identität sowohl der Juden als auch der Völker in Christus bestätigt und stärkt" (S. 109).

72 Eugene J. Fisher erkennt ebenfalls negative jüdische Ansätze zur neutestamentlichen Forschung; s. Fisher, Typical Jewish Misunderstandings.

73 Cook, Modern Jews.

74 Jonathan Brumberg-Kraus, A Jewish Ideological Perspective on the

sche und komparative Methoden in der neutestamentlichen Forschung vorzuziehen sind, weil sie die rabbinischen und christlichen Quellen, die als ‚normativ' gelten, in einen Zusammenhang stellen, relativieren und subjektivieren."[75] Das könnte helfen, jüdische Forscher aus der Nische herauszuholen, in der sie einfach nur um Beiträge zu Antisemitismus-belasteten Themen gebeten werden, und es kann, so fährt er fort:

> einen modernen liberalen jüdischen Mythos stärken. In diesem Mythos ist das Judentum nicht monolithisch, sondern vielfältig; das jüdische Volk ist kein Volk, das ausgesondert wurde, sondern Teil eines größeren gesellschaftlichen und kulturellen Systems; und die jüdische Geschichte ist nicht nur die Geschichte großer jüdischer Männer, sondern auch jüdischer Frauen und anderer Menschen, die von der rabbinische Gesellschaft (den „Gewinnern") als „sektiererisch" marginalisiert wurden. Außerdem überprüft diese Perspektive kritisch christliche Bekenntnisse auf ihre Universalität und schafft den Juden damit zugleich Raum für eine Nische in dem größeren, christlichen sozialen und kulturellen System, in dem wir leben.

Während Brumberg-Kraus die Juden auffordert, säkulare, interdisziplinäre Methoden zu übernehmen, um die Forscher zu entstigmatisieren und nicht-orthodoxe jüdische Positionen im Blick auf das rabbinische Judentum zu stärken, vertritt Cook die Ansicht, dass Juden sich als Juden mit dem Neuen Testament befassen sollten.[76]

Study of Christian Scripture, in: Jewish Social Studies n.F. 4.1 (1997), S. 121–52, hier: S. 135–36.

[75] A. a. O., S. 140.

[76] Zu einem neueren Überblick über die jüdische Lehre vom Neuen Testament s. Joel Gereboff, Teaching about Jesus and Early Christianity at U.S. Rabbinic Schools, in: Teaching the Historical Jesus: Issues and Exegesis, hg. v. Zev Garber, New York 2015, S. 69–79.

The Jewish Annotated New Testament

Ausgehend von Cooks pädagogischem Standpunkt haben Amy-Jill Levine, Professor of New Testament and Jewish Studies an der Vanderbilt-Universität, und Marc Zvi Brettler, Professor in Judaic Studies an der Duke University, ihr „The Jewish Annotated New Testament“ veröffentlicht (2011), in der Überzeugung, dass es wichtig ist, sowohl Juden als auch Nicht-Juden Kenntnisse über die jüdischen Elemente im Neuen Testament zu vermitteln. Schließlich „war Jesus ein Jude, und Paulus ebenfalls: Höchstwahrscheinlich waren auch die Verfasser, die wir als Matthäus und Markus kennen, Juden, und ebenso die Verfasser des Jakobusbriefs und der Offenbarung.“[77] Eindringlich betont Amy-Jill Levine, wie wichtig es ist, das Wissen der Juden über das Christentum, aber auch das Wissen der Christen über das Judentum zu vertiefen. An anderer Stelle unterstreicht sie, dass Juden und Christen nicht nur ihre gemeinsamen Werte kennen müssen, „um zu verstehen, was wir gemeinsam haben und wie es kam, dass wir uns trennten,“[78] sondern dass damit auch wichtige theologische Implikationen verbunden sind. Sie fährt fort: „Wenn Christen die Inkarnation ernstnehmen, sollten sie auch ernstnehmen, wo und wann und wem sie widerfuhr.“[79]

Auch von dem verstorbenen liberalen britischen Rabbiner und Bibelforscher Sidney Brichto besitzen wir eine Übersetzung des Neuen Testaments, genauer: eine „Übersetzung und moderne Erklärung,“ die im Jahr 2010 postum veröffentlicht wurde.[80] Doch Brichtos Neues Testament enthält im Gegensatz

---

[77] Amy-Jill Levine und Marc Zvi Brettler, Vorwort zu The Jewish Annotated New Testament, New York 2011, S. xi. Zum jüdischen Paulus siehe Kathy Ehrensperger, Searching Paul. Conversations with the Jewish Apostle to the Nations, Tübingen 2019.

[78] Amy-Jill Levine, Jesus through Jewish Eyes, Interview in Christianity Today, April 2012, S. 52.

[79] A. a. O., S. 53.

[80] Sidney Brichto (Hg. und Übersetzer), The New Testament, London 2010.

zu den Veröffentlichungen von Levine und Brettler keine didaktischen und erklärenden Anmerkungen.

Diese Übersetzungen und die inhärenten pädagogischen Implikationen etablierter jüdischer neutestamentlicher Forschung sind Produkte der jüdisch-christlichen Annäherung in den multikulturellen Gesellschaften nach der Schoa. Zweifellos hat der Holocaust das christlich-jüdische Verhältnis völlig verändert. Aus dem Schweigen christlicher Theologen und dem Übergehen jüdischer Beiträge in der Vorkriegszeit wurde nach der Schoa ein Gespräch mit Tiefe. Michael Wyschogrod – der vielleicht wichtigste jüdische Theologe der letzten fünfzig Jahre, der sich mit dem Christentum auseinandergesetzt hat – ist der Ansicht, dass der christlich-jüdische Dialog, „zu dem es aus wissenschaftlichen und theologischen Erwägungen" kam, zwar auf jeden Fall zustande gekommen wäre, dass das Wissen auf Seiten der Christen über ihre Komplizenschaft und Schuldhaftigkeit in der antijüdischen Geschichte jedoch zweifellos für eine völlig andere Atmosphäre gesorgt habe.[81]

Zev Garber und Bruce Chilton

Es überrascht nicht, dass der moderne christlich-jüdische Dialog sich auf die Gestalt Jesu konzentriert hat, wenn auch in unterschiedlichen Zusammenhängen. Insbesondere aus jüdischer Perspektive geschah dies auch aus sehr unterschiedlichen Motiven. Zev Garbers Essaysammlung „The Jewish Jesus: Revelation, Reflection, Reclamation" beinhaltet das breite Spektrum jüdischen Forschungsinteresses an Jesus und dem Neuen Testament und wirft zugleich ein Licht auf bestimmte christliche Bedenken im Blick auf jüdische Ansätze zum Um-

[81] Michael Wyschogrod, A Jewish View of Christianity, in: Abraham's Promise: Judaism and Jewish-Christian Relations, hg. v. R. Kendall Soulen, Grand Rapids 2004, S. 149–64, hier: S. 149–50.

gang mit der christlichen Heiligen Schrift.[82] Die vielfältigen Beiträge, von denen einige im Rahmen des Symposiums „In the Context of Judaism and the Challenge to the Church" an der Western Reserve University im Jahr 2009 vorgetragen wurden, ergänzen in vielerlei Hinsicht die theoretischen Positionen der modernen Wirkungsgeschichten. Die zugrundeliegende Überzeugung der Beiträge ist die Tatsache, dass Jesus Jude war. Garber, früherer Professor für Jüdische Studien am Los Angeles Valley College und Gründer der Zeitschrift *Shofar*, erklärt offen, dass „der moderne Jude sich mit dem Glauben und dem Schicksal Jesu, nicht aber mit dem Glauben an Jesus identifizieren kann."[83]

Alle Autoren in Garbers Essaysammlung gehen zunächst von der zentralen Aussage der dritten Phase der Leben-Jesu-Forschung aus: Jesus war Jude. Von diesem Ausgangspunkt entwerfen sie verschiedene historische Jesusbilder und skizzieren mit Bezugnahme auf jüdische und christliche Quellen das geistige gesellschaftliche Umfeld, in dem Jesus lebte. Obwohl im Untertitel der Essaysammlung der Begriff „Heimholung" verwendet wird, fällt bei den Beiträgen, die fast durchgehend von jüdischen Wissenschaftlern verfasst wurden, insbesondere ihre Prägung durch die dritte Phase der Leben-Jesu-Forschung auf. Die jüdische Leben-Jesu-Forschung hat sich in Fachkreisen bereits zu einer anerkannten Disziplin entwickelt; die Essays dieses Buchs könnten ebenso gut in jeder Sammlung zum Themenkreis historischer Jesus, paulinische Theologie oder auch hellenistische Kulturen in der Levante stehen. Der erste Essay, ein Beitrag von Bruce Chilton, dem anglikanischen Geistlichen und bekannten Neutestamentler, behandelt die „Kabbala des Rabbis Jesus," indem er behutsam jüdische und christliche Quellen miteinander verwebt. Chilton kommt zu dem Schluss,

---

[82] Zev Garber, The Jewish Jesus: Revelation, Reflection, Reclamation, West Lafayette 2011.

[83] Zev Garber, Introduction, in: The Jewish Jesus: Revelation, Reflection, Reclamation, S. 8.

dass Jesu „messianische Identität eine Funktion seines Selbstbewusstseins und des Gewahrwerdens seiner *talmidim* (Jünger) war, dass seine *Kabbala* [überlieferte Lehren] die Vision Gottes in seiner Herrlichkeit offenbart, weil der göttliche Geist das ermöglicht".[84] Chilton bedient sich sogar der hebräischen Terminologie, um ein christliches Argument über die bestehende Kontinuität zwischen Jesus und der jüdischen Tradition und der Christologie zu stützen. Die übrigen Beiträge des ersten Teils der Essaysammlung stammen größtenteils von jüdischen Wissenschaftlern, gebrauchen ähnliche Methoden für die Deutung Jesu im fortlaufenden Dialog mit der jüdischen Überlieferung,[85] wenn auch mit unterschiedlichen Zielen. Der zweite Teil enthält Essays, die kritisch untersuchen, wie Juden und Christen die Heiligen Schriften der jeweils anderen Religion erfassen können und welche Implikationen sich daraus ergeben: „What Was at Stake in the Parting of the Ways between Judaism and Christianity?" von Richard Rubenstein und „A Meditation on Possible Images of the Jewish Jesus in the Pre-Modern Period" von Norman Simms sind nur zwei Beispiele dafür. Ein herausragender Beitrag ist Eugene J. Fishers kritischer Essay über die frühe jüdische Auseinandersetzung mit der christlichen Heiligen Schrift.[86] Der dritte Teil von Garbers Essaysammlung behandelt verschiedene Fragen des christlich-jüdischen Dialogs, so auch Michael J. Cooks Beitrag „How Credible Is Jewish Scholarship on Jesus?"[87]

Ungeachtet der Kritik von Fisher und Cook, kann festgestellt werden, dass jüdische Forscher mittlerweile vollständig in die Leben-Jesu-Forschung integriert sind. Das wird gestützt von der Tatsache, dass Chilton in zahlreichen eindeutig christ-

---

[84] Bruce Chilton, Die Kabbalah of Rabbi Jesus, in: The Jewish Jesus: Revelation, Reflection, Reclamation, S. 20–35, hier: S. 33.

[85] Garber, Introduction, in: The Jewish Jesus: Revelation, Reflection, Reclamation, S. 4.

[86] Fisher, Typical Jewish Misunderstandings, S. 228–48.

[87] Michael J. Cook, How Credible is Jewish Scholarship on Jesus, in: The Jewish Jesus: Revelation, Reflection, Reclamation, S. 251–70.

lichen Sammelbänden Artikel mit ähnlicher Methodologie veröffentlicht hat. Ein Beispiel ist sein im Jahr 2007 veröffentlichter Beitrag im Band „Jesus from Judaism to Christianity: Continuum Approaches to the Historical Jesus."[88] Der Herausgeber Holmén erklärt den „Kontinuum-Ansatz" als Versuch, „die Lehre Jesu und die christliche Wirkungsgeschichte in einem Bericht zusammenzuführen. Die „Kontinuum-Perspektive" versucht, einen Jesus zu zeichnen, der sowohl in seinen jüdischen Kontext passt als auch in einem nachvollziehbaren Verhältnis zu frühchristlichen Haltungen steht."[89] Wenn man „frühchristliche Haltungen" durch „jüdische Haltungen zur Zeit des Zweiten Tempels" ersetzen würde, könnte es sich, *mutatis mutandis*, genausogut um die Arbeit eines jüdischen wie eines christlichen Forschers handeln.

Amy-Jill Levine

Einen wichtigen Beitrag zur Leben-Jesu-Forschung leistete Amy-Jill Levine mit dem Sammelband „The Historical Jesus in Context" (2006), den sie zusammen mit Dale C. Allison Jr. und John Dominic Crossan herausgab.[90] Levines zahlreiche Veröffentlichungen haben auch zur Debatte über die Rolle christlich-feministischer Argumente für das jüdisch-christliche Verhältnis beigetragen; so etwa ihr Essay „Jesus, Divorce and

---

[88] Bruce Chilton, Mamzerut and Jesus, in: Jesus from Judaism to Christianity: Continuum Approaches to the Historical Jesus, hrsg. v. Tom Holmén, London 2007, S. 17–33; s. auch Chiltons Band mit jüdischen und christlichen Herausgebern in the Missing Jesus: Rabbinic Judaism and the New Testament, hrsg. v. Bruce Chilton/Craig A. Evans/Jacob Neusner, Boston 2002.

[89] Tom Holmén, An Introduction to the Continuum Approach, in: Jesus from Judaism to Christianity, hrsg. v. Tom Holmén, London 2007, S. 1–16, hier: S. 1–2.

[90] Amy-Jill Levine/Dale C. Allison/John D. Crossan (Hgg.), The Historical Jesus in Context, Princeton 2006.

Sexuality: A Jewish Critique" in der im Jahr 2000 erschienenen Essaysammlung „The Historical Jesus through Catholic and Jewish Eyes." Ihrer Ansicht nach ist „die Kehrseite des christlichen Feminismus der Anti-Judaismus,"[91] da Feministinnen seit jeher das „Ungleichheitsprinzip" benutzt haben, um eine christliche feministische Position herauszuarbeiten.[92] Levine argumentiert jedoch auch für ein pluralistisches Judentum in jener Zeit und zitiert in überzeugender Weise rabbinische Quellen für ihre provokante These gegen die Historizität des Neuen Testaments in diesem Punkt.

„The Historical Jesus Through Catholic and Jewish Eyes" ist eine wichtige eigenständige Sammlung mit theoretischen Positionen von Brumberg-Kraus, Cook und einem Beitrag des verstorbenen Daniel Harrington, in der aus katholischer Sicht die Bedeutung jüdischer Leben-Jesu-Forschung dargestellt wird. Harrington, damaliger Professor für Neues Testament an der Boston College School of Theology and Ministry, skizziert, welche Fragen die zu seiner Zeit gerade erst zugänglich gewordenen Schriftrollen vom Toten Meer aufwarfen: über die Sprache, mit der Jesus im Neuen Testament beschrieben wird; über den Ursprung der christlichen Bewegung; über die Anerkennung Jesu als jüdischen Weisheitslehrer, die erklärt, warum er in frühchristlichen Hymnen als Weisheit Gottes gepriesen wird; über Jesu Tod zum besseren Verständnis, ob dieser Tod eine historische Notwendigkeit oder ein tragischer Fehler war; und über verschiedene Lesarten des Matthäusevangeliums, welches

---

91 Amy-Jill Levine, Jesus, Divorce and Sexuality: A Jewish Critique, in: The Historical Jesus through Catholic and Jewish Eyes, hrsg. v. Bryan LeBeau/Leonard Greenspoon/Dennis Hamm, Harrisburg 2000, S. 113–29, hier: S. 116; s. auch Kathy Ehrensperger, That We May Be Mutually Encouraged: Feminism and the New Perspective in Pauline Studies, New York 2004.

92 Neuere Ausführungen über die Bedeutung von Jesus im jüdisch-christlichen Dialog s. in Amy-Jill Levine, Jesus in Jewish-Christian Dialogue, in: Soundings in the Religion of Jesus: Perspectives and Methods in Jewish and Christian Scholarship, hrsg. v. Bruce Chilton/Anthony Le Donne/Jacob Neusner, Minneapolis 2012, S. 175–88.

das jüdischste und doch zugleich auch das am meisten antijüdische Evangelium sei.[93]

Paula Fredriksen

Paula Fredriksen, Professorin an der Boston University und Distinguished Visiting Professor of Comparative Religion an der Hebrew University in Jerusalem, ist eine der wenigen jüdischen Forscherinnen, die seit Jahrzehnten Arbeiten über das Neue Testament und das Judentum zur Zeit des Zweiten Tempels veröffentlicht. Gemeinsam mit Adele Reinhartz, Professorin am Department of Classics and Religious Studie in Ottawa, brachte Fredriksen im Jahr 2001 eine Essaysammlung heraus. „Jesus, Judaism und Christian Anti-Judaism: Reading the New Testament after the Holocaust" vereint Reinhartz, Levine und Fredriksen sowie die christlichen Forscher John G. Gager und E. P. Sanders in einer Diskussion über anti-jüdische Lehren in der frühen Kirche.[94]

Fredriksen hat eine ganze Reihe bedeutender historischer Arbeiten über das Neue Testament und die frühe Kirche vorgelegt, etwa „Augustine and the Jews: A Christian Defense of Jews and Judaism" (2010)[95] und davor schon „Jesus of Nazareth, King of the Jews: A Jewish Life and the Emergence of

---

[93] S. Daniel J. Harrington, Retrieving the Jewishness of Jesus: Recent Developments, in: The Historical Jesus through Catholic and Jewish Eyes, hg. v. Bryan LeBeau/Leonard Greenspoon/Dennis Hamm, Harrisburg 2000, S. 67–84, hier: S. 82–83.

[94] Paula Fredriksen/Adele Reinhartz (Hgg.), Jesus, Judaism, and Christian Anti-Judaism: Reading the New Testament after the Holocaust, Louisville 2002. Der Band ist dem christlichen Neutestamentler und Bischof Krister Stendahl (1921–2008) gewidmet.

[95] Paula Fredriksen, Augustine and the Jews: A Christian Defense of Jesus and Judaism, New Haven 2010; Paula Fredriksen, Jesus of Nazareth, King of the Jews: A Jewish Life and the Emergence of Christianity, New York 1999; Paula Fredriksen, From Jesus to Christ: The Origins of the New Testament Images of Jesus, New Haven ^{2}2000.

Christianity" (1999) sowie „From Jesus to Christ: The Origins of the New Testament Imaged of Jesus" (1988, 2. Auflage 2000). In diesen Werken geht es um die Konzeptualisierung der frühen Christen und ihr zeitgenössisches jüdisches gesellschaftliches und religiöses Umfeld. So ist Fredriksens Augustinus zum Beispiel ein Philo-Semit, der aufgrund seines ähnlichen Wertesystems und seiner mediterranen Herkunft das Judentum für die einzige nicht-christliche Religion hält, die von der Kirche toleriert werden könne. Im Vorwort zur zweiten Auflage von „From Jesus to Christ" (2000) erklärt Fredriksen, dass sie ihre Ansichten über eine Reihe von Fragen seit der ersten Veröffentlichung der Monographie im Jahr 1988 geändert habe. Anders als damals sei sie jetzt der Auffassung, dass sämtliche Verfasser der Evangelienerzählungen tatsächlich Juden waren und dass Jesus und seine Darstellung in den Evangelienerzählungen tatsächlich innerhalb und nicht außerhalb der jüdischen Überlieferungen verortet werden.[96]

Fredriksens Arbeit über den sich herausbildenden Pluralismus im Judentum und Christentum jener Zeit hat maßgeblich zum Verständnis verschiedener jüdisch-christlicher Sekten beigetragen, die sich damals formierten und sich zu normativen jüdischen und christlichen Gruppierungen weiterentwickelten.[97] Fredriksen baut auf der Arbeit des jüdischen Gelehrten Alan Segal, der 1986 in seinem umstrittenen Buch „Rebecca's Children: Judaism and Christianity in the Roman World" als einer der ersten jüdischen Wissenschaftler die These vertrat, dass „die Zeit Jesu den Anfang nicht nur einer, sondern zweier

96 Fredriksen, From Jesus to Christ, S. xiii–xxviii.

97 Zu einer Definition der verschiedenen Bedeutungen des Terminus „jüdisches Christentum" s. Matt Jackson-McCabe, What's in a Name? The Problem of ‚Jewish Christianity,' in: Jewish Christianity Reconsidered; Rethinking Ancient Groups and Texts, hrsg. v. Matt Jackson-McCabe, Minneapolis 2007, S. 7–38; s. auch Stanley K. Riegel, Jewish Christianity: Definitions and Terminology, in: New Testament Studies 24.3 (1978), S. 410–15.

großer Religionen des Westens markiert: des Judentums und des Christentums."[98]

Adele Reinhartz

Die kanadische feministische Neutestamentlerin Adele Reinhartz hat sich über lange Zeit aus einer ebenfalls jüdischen, aber dennoch anderen Perspektive mit dem Johannesevangelium befasst. Ihre Monographie „Befriending the Beloved Disciple: A Jewish Reading of the Gospel of John" (2005) ist eine literarische Neubewertung des Johannesevangeliums mit Lesarten, die jüdische Wissenschaftler normalerweise meiden.[99] Mit einem innovativen Narrativ-Ansatz untersucht Reinhartz das Evangelium: Von den weitgehend negativen anti-jüdischen Aspekten bis hin zu Passagen, in denen sie etwa die Begegnung von Maria Magdalena und Jesus (Joh 20) mit Teilen des Hohenlieds in Beziehung setzt. Doch Reinhartz betont explizit, dass ihr Ansatz nicht versucht, einen „historischen Jesus" freizulegen, sondern dass sie das Narrativ als ein literarisches Konstrukt über Jesus als den Christus untersucht. Dabei konzentriert sie sich auf den impliziten Autor, den sie als den geliebten Jünger identifiziert, der in ihren Augen drei unterschiedliche, aber miteinander in Zusammenhang stehende Geschichten präsentiert: die Geschichte des Jesus, der auf Erden wandelte, die kosmologische Geschichte und die Geschichte der johanneischen Gemeinschaft. Ihr Hauptinteresse gilt dabei dem Autor und der Strategie, mit der er den Leser in die Geschichte, die er erzählt, involviert. Es ist eine leserorientierte literarische Analyse, die sich mit den offenbar anti-jüdischen

---

[98] Alan F. Segal, Rebecca's Children: Judaism and Christianity in the Roman World, Cambridge 1986, S. 1.

[99] Adele Reinhartz, Befriending the Beloved Disciple: A Jewish Reading of the Gospel of John, New York 2001.

Tendenzen im Narrativ befasst, ohne jedoch direkt auf die Frage nach dem historischen Jesus einzugehen.

Segal und Fredriksen haben gleichsam die Tür für die Debatte über jüdisch-„christliche" Identitäten und Gruppierungen aufgestoßen, doch in jüngerer Zeit war Daniel Boyarin eine der innovativen Stimmen auf dem Gebiet der frühchristlichen Forschung und der Leben-Jesu-Forschung.[100]

Daniel Boyarin

Boyarins Publikationen über Jesus und die Evangelien stellen Christen vor die Herausforderung, ihr Verständnis der Schrift, die immerhin die Grundlage des christologischen Dogmas bildet, ganz neu zu bewerten. Der historische Jesus kann auf diese Weise zur christlich-jüdischen Annäherung beitragen, jenseits bloßer Bemühungen um interreligiöse Toleranz. Indem er nachweist, dass der historische Jesus und die ersten Darstellungen Jesu zutiefst jüdisch sind, unterminiert Boyarin die traditionelle christliche Argumentation, die Jesus, die Evangelisten und Paulus aus dem jüdischen Kontext löste. Boyarin besitzt, wie Fredriksen und Reinhartz, profunde Kenntnisse des Neuen Testaments und der rabbinischen Quellen, die es ihm ermöglichen, Fragen nach der ethnischen Zugehörigkeit zu beleuchten, und mit Autorität die These aufzustellen, dass Juden und Christen in den ersten Jahrhunderten nach der Kreuzigung keinen Widerspruch darin sahen, Jude und Christ zugleich zu sein. In seinem Buch „A Radical Jew: Paul and the Politics of Identity" (1994) kommt Boyarin in der Tat zu dem Schluss, dass Paulus eine doppelte Identität

---

100 Daniel Boyarin, Dying for God: Martyrdom and the Making of Christianity and Judaism, Stanford 1999; s. auch Boyarin, A Jewish Reader of Jesus.

hatte, dass er Jude und Christ zugleich war – wie viele seiner Zeitgenossen auch.[101]

Die Kontextualisierung Jesu und der Bibel, so wie Boyarin sie sieht, darf nicht allein der Tradition der christlich-jüdischen Forschung überlassen bleiben; Boyarins Auseinandersetzung mit Jesus sollte darüber hinaus im größeren Kontext postkolonialer Forschung betrachtet werden. Statt eines, wie er meint, anachronistischen Verständnisses von Religion, zieht Boyarin es vor, von ethnischer Zugehörigkeit zu sprechen. Aus postkolonialer Perspektive[102] ist die jüdische Auseinandersetzung mit Jesus nicht länger in das größere christliche Narrativ ein- oder ihm gar unterzuordnen. Stattdessen wird in gewisser Weise die Dynamik umgekehrt, die christliche Überzeugung von der überlegenen Originalität ihres Narrativs gestürzt und das hegemoniale Machtspiel umgedreht. Boyarin nutzt in seinem Werk „The Jewish Gospel" den Diskurs über Ethnie und Identität sowie die üblichen Methoden der Leben-Jesu-Forschung für das provokante Argument, das Christentum hätte „nicht nur das Alte Testament an sich gerissen, sondern auch das Neue Testament, indem es diesen durch und durch jüdischen Text aus seinen kulturellen Ursprüngen in den jüdischen Gemeinden Palästinas im 1. Jahrhundert herauslöste."[103]

---

[101] Daniel Boyarin, A Radical Jew: Paul and the Politics of Identity, Berkeley 1994.

[102] Walter Homolka, Claiming a Place in Pluralist Society: Jewish Jesus Research in Post-Colonial Perspective (Dissertation), Lampeter 2015.

[103] Daniel Boyarin, The Jewish Gospels: The Story of the Jewish Christ, New York 2012, S. 157. Man kann Boyarins Ansatz oder einzelne Aspekte seiner These durchaus ablehnen, doch es bleibt die Tatsache, dass er wichtige Aspekte herausarbeitet, die es verdienen, berücksichtigt zu werden, insbesondere im Blick auf ihre Auswirkungen auf das christliche Selbstverständnis. S. Peter Schäfer, The Jewish Jesus: How Judaism and Christianity Shaped Each Other, Princeton 2012, S. 5.

Jacob Neusner

Natürlich gibt es auch eine ganze Reihe wichtiger jüdischer Beiträge zu bestimmten Spezialgebieten der Leben-Jesu-Forschung. Einer der vielleicht profiliertesten und bekanntesten jüdischen Wissenschaftler auf dem Gebiet des Neuen Testaments ist Jacob Neusner. Neusner hat sowohl Quellen der christlichen Bibel als auch Arbeiten von christlichen Forschern für seine eigenen Forschungen zum Judentum der Antike am Ausgang der Zeit des Zweiten Tempels herangezogen.[104] In seiner Auseinandersetzung mit dem Christentum zeigt sich Neusner als profunder Kenner des Judentums, der sich bis in die kleinsten Einzelheiten auskennt. Mit diesem Wissenshintergrund hat er sich mit Aspekten der Reinheit in der christlichen Bibel, mit der christlichen Wissenschaft insgesamt und ihrer Relevanz für die Halacha befasst.[105] Doch wie in seiner Untersuchung über „Purity in Rabbinic Judaism" – in der er Ed Parish Sanders vorwirft, eine Theorie der jüdischen Halacha aufgestellt zu haben, die „schlicht und einfach falsch" ist[106] – sind seine Ausführungen über das Christentum manchmal eher zufälliger Natur, etwa wenn die christliche Bibel herangezogen wird, um seine eigene innerjüdische Argumentation zu stützen. Zur Frage der Reinheit, die vor allem in Theorien eine wichtige Rolle spielt, in denen die These vertreten wird, dass Jesus das jüdische Gesetz – und damit das Judentum – abgelehnt habe, hat Thomas Kazen, ein Christ jüdischer Herkunft, in der 2010 überarbeiteten Auflage seines Buchs „Jesus and Purity Halacha: Was Jesus Indifferent to Impurity?" (2002) eine umfassende

---

[104] Jacob Neusner, Ancient Judaism: Debates and Disputes, Atlanta 1993; Jacob Neusner, Contexts of Comparison: Reciprocally Reading Gospels' and Rabbis' Parables, in: The Missing Jesus: Rabbinic Judaism and the New Testament, hrsg. v. Bruce Chilton/Craig A. Evans/Jacob Neusner, Boston 2002, S. 45–68.

[105] Jacob Neusner, Purity in Rabbinic Judaism: A Systematic Account; The Sources, Media, Effects and Removal of Uncleanness, Atlanta 1994.

[106] Neusner, Purity in Rabbinic Judaism, S. 58.

Auswertung der verschiedenen Seiten des Streits veröffentlicht.[107]

Wie oben bereits angesprochen, sind der Prozess und die Hinrichtung Jesu wichtige Themen für jüdische Forscher, nicht zuletzt auch im Zusammenhang mit der Geschichte des christlichen Antisemitismus. Doch auch Rechtswissenschaftler haben sich mit dem Prozess Jesu und den verschiedenen juristischen Fragen im Kontext der Rechtsgeschichte befasst; Chaim Saimans „Jesus' Legal Theory – A Rabbinic Interpretation" (2007)[108] stellt die zeitgenössische Rechtstheorie in seinen Ausführungen der Rechtsprechung im 1. Jahrhundert u.Z. gegenüber.[109]

Nicht zuletzt gibt es auch eine Reihe jüdisch-orthodoxer Beiträge zum jüdisch-christlichen Dialog, in denen neutestamentliche Elemente interpretiert werden. Im Gegensatz zu den säkularen oder eher liberalen Auffassungen vieler der oben vorgestellten jüdischen Forscher, tendieren die orthodoxen Autoren dazu, Diskussionen über die christliche Bibel oder den historischen Jesus zu vermeiden. Allerdings besteht ein ausgesprochenes Interesse am christlich-jüdischen Dialog, mit dem vorrangigen Ziel, im Schatten der Schoa ein gegenseitiges Verständnis und ein gewisses Maß an Toleranz zu erreichen.[110]

---

[107] Thomas Kazen, Jesus and Purity Halakhah: Was Jesus Indifferent to Impurity?, Winona Lake 2010.

[108] Chaim Saiman, Jesus' Legal Theory – A Rabbinic Interpretation, Villanova 2007; s. auch Chaim Saiman, Jesus' Legal Theory – A Rabbinic Reading, in: Journal of Law and Religion 23.1 (2007/2008), S. 97–130.

[109] Zu einer längeren Kritik Saimans und einer unabhängigen Theorie s. David A. Skeel Jr., What Were Jesus and the Pharisees Talking about When They Talked about Law?, in: Journal of Law and Religion 23.1 (2007/2008), S. 141–46.

[110] Zu orthodoxen Positionen im Blick auf die Weltreligionen im Allgemeinen s. Alon Goshen-Gottstein und Eugene Korn (Hgg.), Jewish Theology and World Religions, Oxford, Portland 2012; bes. darin Eugene Korn, Rethinking Christianity: Rabbinic Positions and Possibilities, S. 189–215; weitere orthodoxe Essays finden sich in Elisheva Carlebach/Jacob J. Schacter (Hgg.), New Perspectives on Jewish-Christian Relations, Boston 2012.

Es gibt zwei Ausnahmen von der Regel, dass Vertreter der Orthodoxie die Auseinandersetzung mit der christlichen Bibel scheuen: Irving Greenberg und Michael Wyschogrod.

Irving Greenberg

Greenberg vertritt in seiner eigenen Beitrags-Sammlung „For the Sake of Heaven and Earth“ (2005)[111] die These, dass Christentum und Judentum in vieler Hinsicht dem gleichen Bund verpflichtet seien, aber unterschiedliche Aufgaben hätten in Bezug auf den Messianismus und ihre Rolle in der Geschichte.[112] Das Konzept des Bundes und sein Schicksal nach dem Tod Jesu sind Hauptthemen der orthodoxen jüdischen Auseinandersetzung mit Jesus. Aus traditioneller christlicher Sicht wurden jeweils verschiedene Formen der supersessionistischen Theorie verfochten, um den Juden den Status als Gottes erwähltes Volk abzuerkennen.[113]

Auch der orthodoxe Theologe Abraham J. Heschel (Susannah Heschels Vater) vertritt eine positive Sicht des Christentums; s. seine Aufsätze in Abraham J. Heschel/Susannah Heschel, Moral Grandeur and Spiritual Audacity: Essays, New York 1996, bes. darin No Religion Is an Island, S. 235–50.

[111] Irving Greenberg, For the Sake of Heaven and Earth: The New Encounter between Judaism and Christianity, Philadelphia 2004.

[112] Zur Kontroverse über Greenbergs These innerhalb orthodoxer Kreise s. David Singer, The Greenberg-Lichtenstein Exchange of 1966, in: Modern Judaism 26.2 (2006), S. 113–26.

[113] Auf der Synode der Evangelischen Kirche im Rheinland im Jahr 1980 sind die Delegierten übereingekommen, die alte supersessionistsche Haltung aufzugeben. Eine Darstellung dieser Haltung und die Diskussion darüber findet sich in Wolfram Liebsters Beitrag zum Verlauf der Synode (Wolfram Liebster, Umkehr und Erneuerung im Verhältnis von Christen und Juden, in: Umkehr und Erneuerung: Erl. zum Synodialbeschluß d. Rhein. Landessynode 1980 ‚Zur Erneuerung d. Verhältnisses von Christen u. Juden,‘ hrsg. v. Bertold Klappert/Helmut Starck, Neukirchen-Vluyn 1980, S. 55–65).

Michael Wyschogrod

Michael Wyschogrod ist vielleicht der einzige andere jüdische Forscher, der aus einer rein theologischen Perspektive in den christlich-jüdischen Dialog nach der Schoa eingetreten ist. Seine Arbeit ist von größter Bedeutung sowohl für christliche als auch jüdische Theologen, was umso mehr überrascht, als er praktizierender orthodoxer Jude ist. Orthodoxe Juden haben sich, wie Wyschogrod selbst zugibt, traditionell geweigert, „in einen wie auch immer gearteten Dialog mit dem Christentum zu treten."[114] Wyschogrods eigener Mentor, Joseph B. Soloveitchik, eine einflussreiche Größe in der modernen orthodoxen Bewegung, hatte jeglichen christlich-jüdischen Dialog auf dem Gebiet der Theologie abgelehnt.[115]

Ausgehend von der weitverbreiteten Auffassung, dass Theologie für das Judentum nicht so wichtig sei, definiert Wyschogrod Theologie als „den Versuch, die grundlegenden Lehren der Bibel über Gott und seine Beziehung zum Menschen und zum Universum auf einer gleichsam systematischen Ebene zu verstehen"[116] und rechtfertigt damit seine Auseinandersetzung mit dem christlichen und jüdischen Selbstverständnis. Wyschogrods Veröffentlichungen zum Christentum, meist in Essayform, konzentrieren sich auf Gebiete, in denen christliche und jüdische Forscher üblicherweise in aporetischem Streit liegen. Sein interessantestes Werk über christlich-jüdische Theologie (er ist einer der ganz wenigen, für die diese Aussage kein Oxy-

---

[114] Michael Wyschogrod, A Jewish View of Christianity, S. 154.

[115] A.a.O., S. 155; zu einer Beurteilung der orthodoxen theologischen Wende in den späten Sechzigerjahren des 20. Jahrhunderts, die das orthodoxe Denken für die Vorstellung eines Dialogs mit den Christen öffnete, s. David Singer, The New Orthodox Theology, in: Modern Judaism 9.1 (1989), S. 35–54.

[116] Michael Wyschogrod, The Impact of Dialogue with Christianity and My Self-Understanding as a Jew, in: Abraham's Promise: Judaism and Jewish-Christian Relations, hrsg. v. R. Kendall Soulen, Grand Rapids 2004, S. 225–36.

moron ist) behandelt Paulus als jüdischen Denker[117] und seine Ansichten zur Inkarnation.[118] Die Inkarnation ist für Wyschogrod ein entscheidendes Thema für den christlich-jüdischen theologischen Dialog, da sich für die Juden an

> dieser Frage entscheidet, ob das Christentum Götzendienst oder ein monotheistischer Glaube ist. Die christliche Identität hingegen ist untrennbar vom Verständnis Jesu als dem einen Nicht-Geschaffenen mit zwei Naturen, einer Person der Trinität, gleichgesetzt mit dem Vater und dem Heiligen Geist.[119]

Seine nicht unumstrittene[120] Argumentation gipfelt in der These, „die christliche Lehre der Inkarnation Gottes in Jesus ist die Steigerung der Lehre von der Einwohnung Gottes in Israel insofern, als sie von der Einwohnung in einem einzigen Juden spricht, statt diese Einwohnung auf das Volk Jesu als Ganzes zu verteilen".[121]

---

117 S. Michael Wyschogrod, Paul, Jews, and Gentiles, in: Abraham's Promise: Judaism and Jewish-Christian Relations, hrsg. v. R. Kendall Soulen, Grand Rapids 2004, S. 188–201.

118 S. Michael Wyschogrod, Inkarnation, in: Pro Ecclesia 2.2 (1993), S. 208–15; Michael Wyschogrod, A Jewish Perspective on Incarnation, in: Modern Theology 12.2 (1996), S. 195–209; Michael Wyschogrod, Vorwort zu Inkarnation in der Perspektive des jüdisch-christlichen Dialogs. Studien zu Judentum und Christentum von Jean B. Madragule Badi, Paderborn/Bonn 2006.

119 Wyschogrod, Vorwort zu Madragule, Inkarnation, S. 16.

120 Zu einer heftigen Kritik an dem impliziten jüdischen rassistischen Essentialismus und ethischen Partikularismus, der aus Wyschogrods Auffassung vom Wesen des Bundes und der Gegenwart des Göttlichen in Israel resultiert, s. Leora Batnitzky, Jesus in Modern Jewish Thought, in: Jesus among the Jews: Representation and Thought, hrsg. v. Neta Stahl, London 2012, S. 159–70; s. auch Shai Held, The Promise and Peril of Jewish Barthianism: The Theology of Michael Wyschogrod, Modern Judaism 25.3 (2005), S. 316–26.

121 Michael Wyschogrod, Incarnation and God's Dwelling in Israel, in: Abraham's Promise: Judaism and Jewish-Christian Relations, hrsg. v. R. Kendall Soulen, Grand Rapids 2004, S. 165–78, hier: S. 178.

Ich habe weiter oben geschrieben, dass Géza Vermes wahrscheinlich der letzte berühmte jüdische akademische Vertreter der Leben-Jesu-Forschung in klassischem Sinn war. Wenn man sich das breite Spektrum der Ansätze zeitgenössischer Philosophen und Theologen ansieht, die hier vorgestellt wurden, könnte man sagen, dass sie in vieler Hinsicht auf der Grundlage arbeiten, die jüdische Wissenschaftler wie Vermes erst schaffen mussten. Die jüdische Auseinandersetzung mit der christlichen Bibel zeigt, dass die allgemeine Akzeptanz der Prämisse, dass Jesus Jude war, vielen Bereichen der Jüdischen Studien neue Impulse gegeben hat. So hat zum Beispiel Boyarin die Debatte über die religiöse Haltung Jesu ausgeweitet auf die Frage nach der religiösen und ethnischen Herkunft von Paulus; und Wissenschaftler wie Cook kämpfen für die Institutionalisierung der neutestamentlichen Forschung als Bestandteil der Rabbiner-Ausbildung. Ich habe aufgezeigt, wie Denkerinnen wie etwa Fredriksen sich mit verschiedenen Aspekten der christlichen Bibel befasst haben, um die christlich-jüdische Verständigung, aber auch die jüdische Theologie selbst voranzutreiben. Sämtliche genannten Beispiele gehen von der Annahme aus, dass das Judesein Jesu und die christliche Bibel im Allgemeinen berechtigte und wichtige Gegenstände jüdischer akademischer Forschung sind.

Im Folgenden möchte ich mich kurz der Archäologie zuwenden, die, ähnlich wie die oben aufgeführten theologischen und historischen Beispiele, sowohl für jüdische als auch für christliche Forscher von Interesse ist. Auch ist es gerade das Forschungsgebiet der Archäologie, in dem in den letzten zwanzig Jahren signifikante Fortschritte in der Leben-Jesu-Forschung und der Forschung des Judentums zur Zeit des Zweiten Tempels zu verzeichnen sind.

3.c. Der Beitrag der Archäologie zur Leben-Jesu-Forschung

Eine literarische Analyse der bedeutendsten Trends in der Leben-Jesu-Forschung, insbesondere in Bezug auf methodologische Neuerungen und den aufkommenden Pluralismus in dieser Disziplin, wäre nicht vollständig ohne eine kurze Erörterung des Beitrags der Archäologie zur jüngsten Leben-Jesu-Forschung. In einem Forschungsbereich, der über Jahrhunderte mit einer begrenzten Zahl von Quellen zu kämpfen hatte, haben sowohl die Archäologie als auch ihre Integration in die Leben-Jesu-Forschung die Zahl der zugänglichen Quellen beträchtlich vergrößert (man denke unter anderem an die Qumran-Funde). Entscheidende Erkenntnisse wurden gewonnen über die gesellschaftlichen, ethnischen und religiösen Bräuche und Kulturen im Palästina des 1. Jahrhunderts. Die Archäologie hat die Diversität der jüdischen und frühchristlichen Gemeinden und auch den Einfluss der hellenistischen und römischen Kultur in dieser Region bestätigt. James Charlesworth, Professor of New Testament Language and Literature und Direktor des Dead Sea Scrolls Projects am Princeton Theological Seminary, ist der Ansicht, dass die Archäologie „nicht nur wichtig, sondern von geradezu elementarer Bedeutung für die völlig neue Erfassung des kulturellen und soziologischen Umfelds Jesu und damit auch seines Lebens und seiner Botschaft" sei.[122]

Es wäre vielleicht unredlich, von einer jüdischen oder christlichen Archäologie zu sprechen; doch die Gründung des Staates Israel hatte zur Folge, dass ein Großteil der in Israel betriebenen archäologischen Forschung von christlicher und israelischer Seite angeregt und finanziert wurde.[123] Soweit sie

[122] James H. Charlesworth, From Old to New, in: Jesus Research: An International Perspective; the First Princeton-Prague Symposium on Jesus Research, Prague 2005, hrsg. v. James H. Charlesworth/Petr Pokorny, Grand Rapids 2009, S. 56–72, hier: S. 57.

[123] Richard A. Batey, Jesus and the Forgotten City, Grand Rapids 1991; James H. Charlesworth (Hg.), Jesus and Archaeology, Grand Rapids 2006; Douglas R. Edwards/C. T. McCullough (Hgg.), Archaeology and the Gali-

die Jesusforschung betrifft, hat sich die Arbeit vor allem auf das Gebiet von Galiläa konzentriert, weil hier vermutlich der Mittelpunkt des Wirkens Jesu lag. Sean Freyne, Theologie-Professor am Trinity College in Dublin, einer der meistpublizierten Galiläa-Experten, hat in seinem historischen Werk „Jesus, A Jewish Galilean: A New Reading of the Jesus-Story" (2005) die drei Hauptaspekte der archäologischen Forschung in Galiläa skizziert:

> 1. Ausmaß und Art des Einflusses der sich ausbreitenden griechischen Kultur in der Region; 2. die Identifikation jüdischer ethnischer Prägungen an verschiedenen Orten; und 3. Der Wandel der gesellschaftlichen und ökonomischen Bedingungen unter der herodianischen Herrschaft.[124]

Die meisten historischen Auseinandersetzungen über die Region Galiläa beschäftigen sich mit der Frage, inwieweit das Gebiet jüdisch oder hellenisiert war.

Die Forschung zu dieser Frage war äußerst ertragreich. So glauben moderne Archäologen zum Beispiel nicht mehr, dass Jesus in dem in der Nähe von Jerusalem gelegenen Städtchen Bethlehem geboren wurde; sie plädieren stattdessen für das Bethlehem in Galiläa, *Bet Lehem HaGlilit*[125] (mit dem impliziten Vorwurf, die Christen hätten die später entstandene Siedlung in der Nähe Jerusalems gewählt, um die Erfüllung der

---

lee, Atlanta 1997; Sean Freyne, Galilee and Gospel: Collected Essays (WUNT 125), Tübingen 2000; Sean Freyne, Jesus, a Jewish Galilean: A New Reading of the Jesus-Story, London 2005; Richard A. Horsley, Galilee: History, Politics, People, Valley Forge, 1995; Richard A. Horsley, Archaeology, History, and Society in the Galilee, Valley Forge, 1996; Eric M. Meyers (Hg.), Galilee through the Centuries: Confluence of Cultures, Winona Lake 1999; Jonathan L. Reed, Archaeology and the Galilean Jesus: A Re-examination of the Evidence, Harrisburg 2000; Halvor Moxnes, The Construction of Galilee as a Place for the Historical Jesus – Part 1, in: Biblical Theology Bulletin 31 (2001), S. 26–37.

124 Freyne, Jesus, A Jewish Galilean, S. 14.

125 Aviam, Jews, Pagans and Christians, S. 315.

davidischen Prophezeiung zu belegen).[126] Mordechai Aviam ist einer der israelischen Archäologen, die in Galiläa arbeiten, wie seine Veröffentlichung „Jews, Pagans and Christians in the Galilee" zeigt.[127] Auch Zeev Weiss, ein israelischer Wissenschaftler, hat viel über das Galiläa des 1. Jahrhunderts und Israel veröffentlicht (auf Hebräisch).[128] Und wenn man über Galiläa hinausblickt, so vereint Charlesworths im Jahr 2013 erschienene, internationale und interdisziplinäre Aufsatzsammlung über Gräber in der Nähe von Jerusalem eine Reihe von Archäologen, die sich neben anderen Projekten mit der Suche nach den Gräbern von Herodes und Jesus beschäftigt haben.[129]

Auch wenn die Archäologie eine Disziplin ist, die eine Interpretation ihrer Funde als Teil ihrer Methodologie voraussetzt, vermitteln ihre Erkenntnisse über das Leben zur Zeit des Zweiten Tempels immer wieder bedeutsame Einblicke für die Leben-Jesu-Forschung. Vor allem die Debatte über die Frage, wie stark Galiläa vom Judentum geprägt war, konnte infolge der archäologischen Forschung weitgehend beigelegt werden. Mark Chancey hat in seinem Buch „The Myth of a Gentile Galilee" (2002) die These aufgestellt, dass Galiläa überwiegend jüdisch war.[130] So konnte nachgewiesen werden, dass frühere

---

[126] S. Bruce Chilton, Rabbi Jesus: An Intimate Biography, New York 2000.

[127] Aviam, Jews, Pagans and Christians. Zum galiläischen Bethlehem als Geburtsort Jesu siehe auch schon Klausner, Jesus of Nazareth, 231 f.

[128] Zeev Weiss, Jewish Galilee in the First Century CE, in: Flavius Josephus, Vita: Introduction, Hebrew Translation and Commentary [auf Hebräisch], hrsg. v. Daniel Schwartz, Jerusalem 2007, S. 15–60.

[129] James H. Charlesworth (Hg.), The Tomb of Jesus and His Family? Exploring Ancient Jewish Tombs near Jerusalem's Walls, Grand Rapids 2013.

[130] Mark A. Chancey, The Myth of a Gentile Galilee, Cambridge/New York 2002; Zu einer Essaysammlung mit kontroversen Haltungen s. Harold W. Attridge/Dale B. Martin/Jürgen Zangenberg (Hgg.), Religion, Ethnicity, and Identity in Ancient Galilee: A Region in Transition, Tübingen 2007. S. auch z.B. James H. Charlesworth (Hg.), Jesus and Archaelogy, Grand Rapids 2006; Stefan Alkier/Jürgen Zangenberg (Hgg.), Zeichen aus Text und Stein. Studien auf dem Weg zu einer Archäologie des Neuen Testaments, Tübingen 2003.

Versuche, Jesus aufgrund seiner Herkunft aus Galiläa zu entjudaisieren – wie es etwa Ernest Renan und Gustav Adolf Wislicenus Mitte des 19. Jahrhunderts versucht haben – von einem antijüdischen triumphalistischen Verständnis des Christentums getragen waren.[131]

---

[131] S. Shawn Kelley, Racialising Jesus: Race, Ideology and the Formation of Modern Biblical Scholarship, London 2002; s. auch Kathy Ehrensperger, What's in a Name? Ideologies of Volk, Rasse and Reich in German New Testament Interpretation – Past and Present, in: Ethnicity, Race, and Religion in Early Christian and Jewish Identities, hrsg. v. David Horrell, London/New York 2018, S. 92–112.

Kapitel 4
Der jüdische Jesus in der Moderne: Eine diverse Wirkungsgeschichte

4.a. Wichtige rezeptionsgeschichtliche Stimmen in der Theologie

Die Geschichte der Deutung Jesu von jüdischer Seite ist letztlich genauso heterogen wie die Juden selbst. Der folgende Überblick wird einige der wichtigsten Werke in den Blick nehmen, die im Kontext der Wirkungsgeschichten der Leben-Jesu-Forschung zu verstehen sind oder diese ihrerseits historisch untersuchen.

Die zunehmende Zahl von Veröffentlichungen zur christlichen Wirkungsgeschichte Jesu steht im Gegensatz zu den relativ wenigen zur jüdischen Wirkungsgeschichte Jesu und der noch geringeren Zahl von Werken, die sie aus jüdischer Perspektive behandeln; Werken also, die die gebräuchliche Methodik oder theoretische Bias beleuchten könnten.

Es gibt allerdings noch andere Bereiche, die sich mit der Heimholung befassen, allen voran die Literatur. Auf einige bedeutende neuere Veröffentlichungen will ich exemplarisch im Exkurs am Ende des Kapitels eingehen.

Matthew Hoffman

Ein Versuch einer umfassenden Auseinandersetzung mit der jüdischen Jesusforschung ist Matthew Hoffmans Buch „From Rebel to Rabbi,“ das im Jahr 2007 erschien.[1] In der Einleitung und im ersten Kapitel befasst sich Hoffman zwar mit der „Su-

---

[1] Matthew Hoffman, From Rebel to Rabbi: Reclaiming Jesus and the Making of Modern Jewish Culture, Stanford 2007.

che nach dem jüdischen Jesus" (60 Seiten) – will sagen der deutsch-jüdischen Forschung des 19. Jahrhunderts –, doch der Löwenanteil seines Werks (191 Seiten) widmet sich einer faszinierenden und tiefgehenden Analyse der Gestalt Jesu in der jiddischen Dichtung und Literatur, im „Yiddish Modernism" ebenso wie im Werk osteuropäischer Bildender Künstler. Ausgehend von Albert Schweitzers geradezu zum Gemeinplatz gewordener Feststellung zur Jesusforschung, dass „jüdische Schriften über Jesus uns mehr über die Juden als über Jesus sagen,"[2] gründet Hoffman seine Arbeit auf die Vorstellung von der jüdischen Heimholung Jesu als Brücke zu den christlichen Mainstream-Kulturen – als Instrument die westliche Kultur zu akzeptieren und als Weg für die Juden, ihr Judesein in diesem Kontext zu behaupten.[3] Darüber hinaus erklärt er mit Hilfe von Homi Bhabhas kultureller Theorie der Hybridität die jüdische Inbesitznahme und Verwandlung Jesu im Prozess der Integration:

> Das Verständnis der jüdischen Heimholung als Praxis kultureller Hybridität und neue „Strategie der Selbstfindung" zieht ein komplexeres Verständnis der modernen jüdischen Identität nach sich, in dem ältere Leitbilder von „jüdisch" und „christlich" transzendiert werden, um eindeutig hybride moderne Formen von Identität und Kultur zu schaffen. In den folgenden Kapiteln werde ich die Myriade möglicher Formen eines ganz bestimmten kulturellen Hybriden aufdecken: des Juden Jesus.[4]

Trotz dieses hochgesteckten Anspruchs bleibt „From Rebel to Rabbi" mehr oder weniger der historisch-kritischen Methode verhaftet. Insbesondere in Bezug auf das 19. Jahrhundert bietet Hoffman wenig. Zu kurz kommt etwa die Besprechung konkurrierender christlicher Forschungsstränge und deren Auswirkung auf die jüdischen Forscher. So entsteht der Eindruck, die jüdische Suche stünde in einem intellektuellen Vakuum.

---

[2] Zitiert in Hoffman, From Rebel to Rabbi, S. 2.

[3] A. a. O., S. 2 ff.

[4] A. a. O., S. 7.

Ein Hinweis auf den bleibenden Beitrag der jüdischen Wissenschaftler zu diesem Forschungsbereich bleibt ebenfalls aus. Für seine wichtigsten Quellenverweise stützt er sich zudem weitgehend auf Susannah Heschels Buch „Abraham Geiger and the Jewish Jesus“ (s. S. 173 f.).

Für Neta Stahl,[5] Professorin für hebräische Literatur an der Johns Hopkins Universität, besteht Hoffmans einzigartige Leistung in seiner aufschlussreichen Analyse der Unterschiede zwischen den intellektuellen Sphären Ost- und Westeuropas und in seinem äußerst fundierten Überblick über die europäische jiddische und (wenige) hebräische Literatur über Jesus Anfang des 20. Jahrhunderts.[6] Hoffman sieht in der osteuropäischen, vorwiegend künstlerischen Auseinandersetzung mit Jesus eher eine „judaisierende“ als eine „verwestlichende“ Aneignung der Gestalt Jesu.[7] Seine Ausführungen zu (größtenteils unübersetzten) Werken von Shmuel Niger (1883–1955), Sholem Asch (1880–1957), Chaim Zhitlowsky (1865–1943), Yosef Chaim Brenner (1881–1921), Ahad Ha-Am (geb. Asher Ginsberg, 1856–1927), S. An-Ski (Shloyme Rappoport, 1863–1920), Issur Ginsberg (1872–1947), Uri Zvi Greenberg (1896–1981) und vieler anderer über Jesus und wiederum die Auswirkungen dieser Werke (s. die „Brenner-Affäre“[8]) gewähren äußerst wertvolle Einblicke in eine sehr andere und einzigartige jüdische Heimholung Jesu.[9] Hinzu kommt seine Darstellung der Bilden-

---

[5] Neta Stahl, Rezension von „From Rebel to Rabbi: Reclaiming Jesus and the Making of Modern Jewish Culture“ von Matthew Hoffman, AJS Review 32.2 (2008), S. 457–60, hier: S. 458.

[6] Hoffman, From Rebel to Rabbi, insb. S. 117–251.

[7] A. a. O., S. 117 ff.

[8] Die Brenner-Affäre war ein oft fast hasserfüllt ausgetragener Streit zwischen konkurrierenden zionistischen Lagern zur Definition, wer Jude sei; zu ihren Hauptfiguren gehörten Yosef Chaim Brenner, Ahad Ha'Am, Shai Hurwitz und Joseph Klausner; vgl. Hoffman, From Rebel to Rabbi, S. 90–116.

[9] Zu einer neueren Erörterung Jesu im Werk von Greenberg s. Glenda Abramson, The Crucified Brother: Uri Zvi Greenberg and Jesus, in: Jesus

den Künstler Marc Chagall (1887–1985),[10] Moses Ezekiel (1844–1917), Mark Antokolsky (1843–1902; der „erste russisch-jüdische Künstler, der das Bild Jesu in seine Kunst aufnahm"[11]), Ephraim Moses Lilien (1874–1925) und andere. Die Tatsache, dass Hoffman Maurycy Gottliebs (1856–1879) im 19. Jahrhundert entstandenes Bild von einem jüdischen Jesus, der in Kafarnaum predigt (1878/79), und sein Bild „Christus vor seinen Richtern" (1877–79)[12] wie auch das berühmte und höchst brisante Bild von Max Liebermann, „Der zwölfjährige Jesus im Tempel" von 1879,[13] unberücksichtigt ließ, ist ein weiterer Beleg für die Kluft zwischen seinem Anspruch auf Vollständigkeit und der Möglichkeit, ein solches ehrgeiziges Unterfangen tatsächlich zu vollenden.

Dennoch muss festgehalten werden, dass Hoffman überzeugend darstellt, inwiefern die wachsende zionistische Bewegung und der latente christliche Antisemitismus in Osteuropa die Annäherung an Jesus in eine radikal andere Richtung drängten als man bei den theologischen und historischen Versuchen im Westen beobachten kann. Gabrielle Safran, Professorin für Jüdische Studien in Stanford, beschreibt Hoffman als „den ersten

---

among the Jews: Representation and Thought, hrsg. v. Neta Stahl, London 2012.

[10] Amishai-Maisels hat eine Reihe von Essays über einzelne Arbeiten Chagalls und auch über die Umstände ihrer Entstehung geschrieben: Ziva Amishai-Maisels, The Jewish Jesu, in: Journal of Jewish Art 9 (1982), S. 84–104; Ziva Amishai-Maisels, Chagall's White Crucifixion, in: Art Institute of Chicago Museum Studies 17.2 (1991), S. 139–81; Ziva Amishai-Maisels, Chagall's Dedicated to Christ: Sources and Meanings, in: Jewish Art 21–22 (1995), S. 68–94; s. auch Mirjam Rajner, The Iconography of the Holy Family in Chagall's 1909–1910 Works, in: Interaction Between Judaism and Christianity in History, Religion, Art and Literature, hrsg. v. Marcel Poorthuis/Joshua Schwartz/Joseph Turner, Leiden 2009.

[11] Rajner, Iconography of the Holy Family, S. 495.

[12] S. Verweis auf Maurycy Gottlieb in Amitai Mendelsohn, Jesus of the Sabra Thorns: The Figure of Jesus in Israeli Art, in: Jesus among the Jews, hrs. v. Neta Stahl, London 2012, S. 203–15, hier: S. 203.

[13] Siehe Vorwort.

Forscher, der die Behandlung Jesu durch *maskilim*, jiddische Schriftsteller, der Behandlung Jesu durch jüdische Bildende Künstler gegenüberstellt" und bezeichnet sein Werk als die „erste gründliche Untersuchung" zur jüdischen Moderne.[14]

Leider akzeptiert Safran Hoffmans impliziten Anspruch, dass sein Werk in gewisser Weise ein vollständiges Narrativ der jüdischen Heimholung darstelle. Das würde voraussetzen, dass sich die Heimholung Jesu auf die Schriftsteller und Künstler beschränkte, die er erwähnt. Ebenso hieße das, dass die Heimholung tatsächlich zu einem Ende gekommen sei. Safran spricht vom „Aufstieg und Fall des jüdischen Interesses an Jesus."[15] Wie Stahl herausarbeitet, hat Hoffman jedoch die moderne hebräische Literatur vollständig ignoriert, insbesondere Schriftsteller „wie Pinchas Sadeh, Nathan Zach, Yehuda Amichai, Dalia Rabikowicz, Yona Wallach, Meir Wieseltier, Yitzhak Laor, Yoel Hoffmann und Avot Yeshurun."[16] Hinzuzufügen wäre noch Hoffmans Reduktion des Bialik-Preisträgers A. A. Kabak (1880–1944) auf eine kurze Fußnote.[17] Kabak war ein bahnbrechender hebräischsprachiger Romanautor, dessen Buch *Ba-Mishol ha-Tsar* (1937, „The Narrow Path") der erste hebräische zionistische Roman war, der seinem Jesus auch religiöse und nicht einfach nur nationale und kulturelle Elemente zuschrieb.[18]

Darüber hinaus übergeht Hoffman die jüdischen Theologen und Jesus-Biografen sowohl vor als auch nach der Schoa wie

---

[14] Gabrielle Safran, Rezension von From Rebel to Rabbi: Reclaiming Jesus and the Making of Modern Jewish Culture von Matthew Hoffman, in: American Historical Review 113.2 (2008), S. 468–69, hier: S. 469.

[15] A. a. O., S. 469.

[16] Stahl, Rezension von From Rebel to Rabbi, S. 459.

[17] Hoffman, From Rebel to Rabbi, S. 123.

[18] Kabaks Deutung Jesu ist – angesichts seiner „post-epiphanen" orthodoxen Überzeugungen so etwas wie eine Anomalie; s. Melissa Weininger, An Ethical Zionist: Jesus in A. A. Kabaks Bemish'ol hatsar, in: Prooftexts 32.1 (2012), S. 1–2.

z. B. Leo Baeck,[19] Robert Eisler, Emil Ludwig, Martin Buber, Schalom Ben-Chorin, Pinchas E. Lapide und David Flusser; englisch- und deutschsprachige Schriftsteller und Gelehrte wie Joel Carmichael, Rabbi H. G. Enelow (1898–1963; „A Jewish View of Jesus," veröffentlicht 1920), John Cournos (1881–1966; „An Open Letter to Jews and Christians," veröffentlicht 1938), Ernest R. Trattner (1898–1963; „As a Jew Sees Jesus"),[20] sowie Israel Abrahams (1858–1925), Dozent für talmudische Literatur in Cambridge;[21] und zeitgenössische jüdische Theologen und Akademiker wie Michael Wyschogrod und Amy-Jill Levine (s. oben: „Jüdische Leben-Jesu-Forschung im 21. Jahrhundert"). Der gescheiterte Versuch Hoffmans, eine umfassendere Wirkungsgeschichte der jüdischen Heimholung Jesu zu erstellen, unterstreicht nur die Fülle und Tiefe dieses Forschungsgebiets wie auch die Tatsache, dass die Auseinandersetzung mit diesem Thema alles andere als abgeschlossen ist.

Susannah Heschel

Eine bedeutende Historikerin nach der Schoa, die sich mit der jüdischen Jesusforschung befasst, ist Susannah Heschel, Eli Black Professor of Jewish Studies am Dartmouth College und Tochter von Abraham Joschua Heschel. In ihrem Buch „Abra-

---

[19] Zu einer umfassenden Diskussion Leo Baecks und seines intellektuellen Beitrags zur Theologie und zum interreligiösen Dialog s. Walter Homolka, Jüdische Identität in der modernen Welt: Leo Baeck und der deutsche Protestantismus, Gütersloh 1994.

[20] Zu einer zeitgenössischen Analyse dieser englischsprachigen Schriftsteller in Bezug auf Joseph Klausners zionistischem Jesus s. Eugene S. Tanner, Recent Jewish Interpretations of Jesus, in: Journal of Bible and Religion 8.2 (1940), S. 80–82.

[21] Zu einer Erörterung der jüdischen Auseinandersetzung mit Jesus (vorrangig englischsprachig) in der Zeit von 1900 bis 1950, mit vielen bibliographischen Hinweisen in den Fußnoten s. Kapitel 7, The Jewish Quest of Jesus, in: Walter P. Weaver, The Historical Jesus in the Twentieth Century, 1900–1950, Harrisburg 1999, S. 230–56; zu Israel Abrahams s. S. 249–51.

ham Geiger and the Jewish Jesus" (Deutsche Ausgabe: „Der jüdische Jesus und das Christentum: Abraham Geigers Herausforderung an die christliche Theologie") hat sie als Erste konkrete Elemente jüdischer Geistesgeschichte innerhalb der damals entstehenden Forschung zum Postkolonialismus zusammengefügt.[22] Laut Arnold Eisen, ehemaliger Professor in Stanford und Chancellor des Jewish Theological Seminary, hat sie mit ihrem Werk eine „längst überfällige Neubewertung der Bedeutung eines der einflussreichsten Denker des modernen Judentums" vorgelegt."[23] Heschel hat ihre Theorie im Rahmen einer Erörterung von Abraham Geigers Jesusforschung vorgestellt. Es ist ihr Verdienst, aufgezeigt zu haben, dass die jüdisch-deutschen Forscher des 19. Jahrhunderts die Ersten waren, „die die anerkannten ‚Wahrheiten' über die Geschichte des Westens und die Rolle, die Christentum und Judentum jeweils darin spielten, in Frage stellten."[24] Heschels Arbeit bahnte Forschern wie Hoffman den Weg, die sich auf der Suche nach Antworten auf die Frage nach der jüdischen Aneignung der Symbolik Jesu ganz selbstverständlich postkolonialer und kultureller Theorien bedienten. Ihr innovativer Ansatz und ihre weiteren Arbeiten zu diesem Thema[25] stellen die jüdische Erfahrung in Europa in den theoretischen Rahmen des Postkolonialismus.[26]

---

[22] Susannah Heschel, Abraham Geiger and the Jewish Jesus, Chicago 1998. Deutsche Übersetzung von Christian Wiese: Der jüdische Jesus und das Christentum: Abraham Geigers Herausforderung an die christliche Theologie, Berlin 2001.

[23] Arnold Eisen, Rezension von Abraham Geiger and the Jewish Jesus von Susannah Heschel, in: Church History 68.1 (1999), S. 197.

[24] Heschel, Der jüdische Jesus, S. 29.

[25] Susannah Heschel, Revolt of the Colonized: Abraham Geiger's ‚Wissenschaft des Judentums' as a Challenge to Christian Hegemony in the Academy, in: New German Critique 77 (1999), S. 61–85; s. auch Susannah Heschel, Jewish Studies as Counterhistory, in: Insider/Outsider: American Jews and Multiculturalism, hrsg. v. Susannah Heschel et al., Berkeley 1998, S. 101–15.

[26] Darüber hinaus hat Heschel sich auch aus feministischer Perspektive

Heschel wendet die postkoloniale Theorie auf eine Deutungsgeschichte der Wirkung von Abraham Geigers Werk und seiner Wirkungsgeschichte an und erschafft so eine „Gegengeschichte."[27] Geigers Werk kann damit als ein Versuch gelesen werden, christliche (deutsche und protestantische) Überlegenheitsansprüche zu untergraben und auf den Kopf zu stellen, „die Gleichsetzung von westlicher Zivilisation und Christentum zu untergraben und statt dessen das Judentum als die Quelle zur Geltung zu bringen, aus der sich das Christentum (und der Islam) […] entwickelt haben."[28] Heschel bezeichnet diesen Prozess als Umkehrung des christlichen „Blicks," durch die Abraham Geiger, ein Jude, sich des Jesusmythos „bemächtigte"[29]; in einem späteren Buch sieht Heschel Geigers Arbeit als einen Versuch der „Kolonisierten," die „Kolonisten" „durch einen Aufstand der Kolonisierten" zu stürzen.[30] Ihre Anwendung des typisch postkolonialen Dualismus bei der Gegenüberstellung von Kolonisierten und Kolonisten könnte zu einer Überbewertung des Einflusses von Antisemitismus im theologischen Diskurs führen. Einmal abgesehen von Heinrich Graetz bietet Heschel keinerlei Einsichten in das Denken von Geigers jüdischen Zeitgenossen, also den größeren geistigen Kontext, in dem Geiger stand.[31]

---

intensiv mit dem Judentum befasst. Vgl. Susannah Heschel, On Being a Jewish Feminist, New York 1995.

27 „Geiger versuchte das Judentum zu verteidigen, indem er eine Gegengeschichte verfasste. […] Gewiss lagen seinen Bemühungen unterschiedliche Motive zu Grunde, darunter die Absicht, eine historische Rechtfertigung der Reform des Judentums vorzulegen, doch vorranging war das Ziel, dem christlichen Antijudaismus auf dem Wege der Herausforderung durch eine Gegengeschichte Jesu ein Ende zu bereiten" (A. a. O., S. 44).

28 A. a. O., S. 43.

29 A. a. O., S. 54.

30 Heschel, Revolt of the Colonized, S. 64 ff.

31 Robert Southard in seiner Rezension von „Abraham Geiger and the Jewish Jesus," Association for Jewish Studies Review 24.2 (1999), S. 406–8.

Christian Wiese

Christian Wiese hat in seinem Buch „Wissenschaft des Judentums und Protestantische Theologie im wilhelminischen Deutschland“[32] Heschels innovativen postkolonialen Ansatz auf die gesamte Epoche und auch auf andere jüdische und christliche Gelehrte angewandt.[33] Wiese übersetzte Heschels Werk „Abraham Geiger and the Jewish Jesus“ ins Deutsche.[34] Wieses eigene Forschung konzentriert sich auf theologische Debatten im protestantischen Lager (und im Blick auf die jüdische Minderheit auf das, wie er betont, Fehlen einer solchen Debatte) im späten 19. und Anfang des 20. Jahrhunderts. Heschel selbst hebt in ihrer Einführung in die englische Ausgabe hervor, dass Wieses Werk zwei wichtige neue Impulse setzt. Zum einen setzt er sich mit der Dialektik und der (fehlenden) Interaktion zwischen christlichen und jüdischen Theologen und Historikern der damaligen Zeit auseinander, zum anderen stellt er in seiner Arbeit die „jüdische Perspektive in den Vordergrund.“[35] Wieses Werk schaut vordergründig auf Gershom Scholems Behauptung, dass die Wissenschaft des Judentums die jüdischen Interessen zugunsten einer assimilationistischen Agenda[36] verraten habe und dass die Versuche eines christlich-jüdischen Dialogs in Wirklichkeit ein „Schrei ins Leere“[37] gewesen seien.[38] Obwohl Wiese bestätigt, dass die Vertreter der

---

32 Christian Wiese, Wissenschaft des Judentums und Protestantische Theologie im wilhelminischen Deutschland. Ein Schrei ins Leere?, Tübingen 1999.

33 Vgl. Wieses Ausführungen zur postkolonialen Theorie im Verhältnis zu Heschel in seiner englischen Ausgabe (Christian Wiese, Challenging Colonial Discourse: Jewish Studies and Protestant Theology in Wilhelmine Germany, Leiden/Boston 2005, S. 25–26 und S. 437–39).

34 Heschel, Der jüdische Jesus.

35 Heschel, Vorwort zu Wiese, Wissenschaft des Judentums, S. IX.

36 Wiese, Wissenschaft des Judentums, S. 361 ff.

37 A. a. O., S. 362.

38 Gershom Scholem stand der deutsch-jüdischen Gegebenheit völlig ablehnend gegenüber; besonders bitter äußerte er sich über die Reform-

Wissenschaft des Judentums – größtenteils – ignoriert wurden, zeichnet er in seinem Buch ein hoch differenziertes Porträt der politischen und gesellschaftlichen Kräfte, die trotz des christlichen akademischen Schweigens entscheidende Auswirkungen auf das jüdische Selbstverständnis in der wilhelminischen Ära hatten.

George L. Berlin

Angesichts der hohen Zahl von europäischen Veröffentlichungen und der historischen Wirren im Europa des 20. Jahrhunderts mag es verzeihlich erscheinen, wenn man der Entwicklung des Liberalen und des Konservativen Judentums in den USA zu derselben Zeit keine Beachtung schenkt. George L. Berlins Werk von 1989, „Defending the Faith: Nineteenth-Century American Jewish Writings on Christianity and Jesus," gewährt jedoch einen faszinierenden Einblick in den aufkeimenden jüdisch-christlichen Dialog im Kontext der Jesusforschung in Nordamerika.[39] In unserem gemeinsamen Buch zum Pluralismus im Judentum zeigen Gilbert S. Rosenthal und ich auf,[40] dass die jüdische Auswanderung aus Mittel- und Osteuropa nach Nordamerika viele der wissenschaftlichen Debatten, Interessen und Ziele der jüdischen geistigen Zentren – wie etwa der Hochschule für die Wissenschaft des Judentums und des

---

bewegung und die Wissenschaft des Judentums; s. Gershom Scholem, Judaica: Die Wissenschaft vom Judentum, Bd. 6, Frankfurt a. M. 1997.

[39] George L. Berlin, Defending the Faith: Nineteenth-Century American Jewish Writings on Christianity and Jesus, Albany 1989.

[40] S. Walter Homolka und Gilbert S. Rosenthal, Das amerikanische Judentum, in: Das Judentum hat viele Gesichter: Eine Einführung in die religiösen Strömungen der Gegenwart, Berlin 2014, S. 30–38. S. auch Mary C. Athans, Courtesy, Confrontation, Cooperation: Jewish-Christian/Catholic Relations in the United States, in: U.S. Catholic Historian 28.2 (2010), S. 107–34; zur Auswanderung s. S. 108–14; zum jüdischen Jesus s. S. 114–15.

Jüdisch-Theologischen Seminars Breslau – in die neue Heimat transferierte. Das nordamerikanische liberale Rabbinerseminar Hebrew Union College in Cincinnati wurde zwar schon im Jahr 1875 gegründet, doch seine beiden ersten Präsidenten, Isaac Mayer Wise (1819–1900) und Kaufmann Kohler (1843–1926) wurden beide in deutschsprachigen Ländern geboren und hatten dort studiert. Kohler war laut Yaakov Ariel, Professor of Religious Studies an der Universität von North Carolina, ein „Schüler"[41] Geigers und nicht nur sehr freimütig im jüdisch-christlichen Dialog, sondern auch verantwortlich für die Einführung und Förderung „deutsch-jüdischer akademischer Methodik, wissenschaftlicher Einrichtungen und Forschungsvorhaben."[42] Der Zustrom deutscher Rabbiner nach Amerika führte dazu, dass, wie ein amerikanisch-jüdischer Forscher 1905 bestätigte, „die führenden Juden der letzten Generation in den Vereinigten Staaten fast alle im Ausland geboren und ausgebildet worden waren."[43] Berlin erwähnt auch andere Einflüsse wie etwa die epochemachenden Jesusbiographien von David F. Strauss und Ernest Renan, da beide Bücher auch in Nordamerika erschienen waren.[44]

Berlin konzentriert sich durchgängig auf den Diskurs in Amerika. Seine Ergebnisse passen zu meinen Erkenntnissen über die Situation Deutschlands im 19. Jahrhundert: Die Reformer brachten nicht nur eine apologetische Agenda in ihre Jesusforschung ein, sondern vertraten darüber hinaus eine neue und radikal andere Auffassung von Jesus und seinem Verhältnis zum Christentum, indem

---

41 Yaakov Ariel, Wissenschaft des Judentums kommt nach Amerika: Kaufmann Kohler's Scholarly Projects and Jewish-Christian Relations, in: Die Entdeckung des Christentums in der Wissenschaft des Judentums, hrsg. v. Görge K. Hasselhoff, Berlin 2010, S. 165–82, hier: S. 168.

42 Ariel, Wissenschaft des Judentums, S. 181.

43 Clyde W. Votaw, The Modern Jewish View of Jesus, in: The Biblical World 26.2 (1905), S. 101–19, hier: S. 102.

44 Berlin, Defending the Faith, S. 46.

> [...] sie für sich beanspruchten, das Wesen, den Auftrag und die Botschaft Jesu besser zu verstehen als die Christen. Ziel der Reformer war es, dem Christentum Jesus zu entziehen, indem sie ihn und seine Botschaft in den Kontext des palästinischen Judentums des 1. Jahrhunderts stellten.[45]

Der nordamerikanische Kampf war in vieler Hinsicht ein Spiegel der Entwicklungen in Kontinentaleuropa – mit dem einzigen Unterschied, dass die nordamerikanische Reformbewegung, die für eine größere gesellschaftliche Akzeptanz der jüdischen Minderheit stritt, in Nordamerika erfolgreicher war als in Kontinentaleuropa:

> Indem sie die Überlegenheit des Judentums demonstrierten, erreichten die Reformer zweierlei. Sie distanzierten sich von den liberalen Protestanten und stellten den Wert des Judentums als Religion heraus, die die Bedürfnisse und Sehnsüchte des modernen Menschen im Allgemeinen und des Amerikaners im Besonderen am ehesten befriedigen kann. Damit lieferten sie eine Begründung für die Fortexistenz der Juden als Gruppe. Darüber hinaus hofften sie angesichts der beunruhigenden Zunahme des Antisemitismus in Amerika Ende des 19. Jahrhunderts, dass die Übereinstimmung von Judentum und Amerikanismus zur Unterminierung des Antisemitismus beitragen würde.[46]

Berlins Arbeit enthält eine Fülle von bibliographischen Hinweisen auf zahlreiche nordamerikanische Protagonisten. Allerdings wurde – wie David Novak in seinem Essay über den christlich-jüdischen Dialog im Laufe der jahrhundertelangen jüdischen Jesusforschung zeigte – die nordamerikanische Debatte von „populären Predigern und nicht von Theologen vorangetrieben."[47] Das ist denn auch der Grund, warum sie in der wissenschaftlichen oder theologischen Diskussion kaum be-

---

45 A.a.O., S. 48.

46 Ebd.

47 David Novak, The Quest for the Jewish Jesus, in: Modern Judaism 8.2 (1988), S. 119–38, hier: S. 125. Zu Novaks Haltung zum christlich-jüdischen Dialog und seinem interessanten Argument, dass ein echter Dialog eine „anti-halachische Sicht des Judentums und eine anti-christologische

rücksichtigt wurde.[48] Das Fehlen einer systematischen theologischen Schule, die mit der Wissenschaft des Judentums in Deutschland hätte mithalten können, schränkte den amerikanischen Einfluss auf die Debatte bis ins späte 19. Jahrhundert auf vereinzelte, eher literarische Beiträge ein. Dieses theoretische Defizit stand jedoch im Gegensatz zum Erfolg der religiösen Reformbewegung. Amerikanische Rabbiner und Institutionen waren nach Meyer „am erfolgreichsten bei der Durchsetzung des Reformprogramms," weil, so fährt er fort, in dieser Umwelt die politische „Einmischung" und der christliche „Exklusivismus" fehlten, die in Europa an der Tagesordnung waren.[49] Der Begriff „Heimholung Jesu" stammt wohl ursprünglich von einem nordamerikanischen jüdischen Wissenschaftler; er findet sich in Harry A. Wolfsons Vorwort zu Joseph Jacobs historischem Roman „Jesus as Others Saw Him" (veröffentlicht 1925).[50] In seinem Essay „How the Jews Will Reclaim Jesus" fordert Wolfson, Jesus im Zuge einer allgemeinen jüdischen kulturellen und literarischen Renaissance des Judentums zurückzuholen; Jesus, so argumentiert er, sei ein „verlorener literarischer Schatz."[51] Berlins Werk mit seinem Reichtum an Informationen ist der wichtigste erste Schritt zum Verständnis der nordamerikanischen Heimholung Jesu.

*

Sicht des Christentums" voraussetze (S. 134), s. David Novak, Jewish-Christian Dialogue: A Jewish Justification, New York 1989.

[48] S. auch Hoffmans kurzen Abschnitt über die jüdische Jesusforschung in Amerika vor der Schoa; Hoffman, From Rebel to Rabbi, S. 51–60.

[49] Michael A. Meyer, The Origins of the Modern Jew, Detroit 1957, S. 225.

[50] Harry A. Wolfson, How the Jews Will Reclaim Jesus, in: Jesus as Others Saw Him, hrsg. v. Joseph Jacobs, New York 1925.

[51] Wolfson, How the Jews Will Reclaim Jesus, S. 16; zu Wolfsons Biographie s. Lewis S. Feuer, Recollections of Harry Austryn Wolfson, in: American Jewish Archives Journal 28 (1975), S. 25–50.

Der vorliegende Überblick wäre unvollständig ohne die Erwähnung einiger der umfangreichsten christlichen Beiträge zur jüdischen Wirkungsgeschichte Jesu. Der Erste, mit dem ich mich befassen will, hatte eine enorme Auswirkung auf die Etablierung der neutestamentlichen Studien an Jüdischen Hochschulen und Seminaren.

Donald A. Hagner

Die Denkweise vieler Juden, dass ihre Beschäftigung mit Jesus Teil einer weiter gefassten Mission mit dem Ziel der Heimholung Jesu sei, stößt bei Donald A. Hagner, Professor für Neues Testament und Neutestamentliche Theologie am Fuller Seminary, auf wenig Verständnis. In seinem Buch „The Jewish Reclamation of Jesus“[52] beklagt Hagner die Tatsache, dass die jüdische Auseinandersetzung mit Jesus das traditionelle Verhältnis Jesu zum Christentum nicht in ihre Forschung einbezieht. Dies, so Hagner, ist Teil eines „spezifisch jüdischen Ansatzes zum Leben Jesu und den Ursprüngen des Christentums.“[53] Hagner, der gleich zu Anfang erklärt, er schreibe als

> bekennender Christ […] und zwar als evangelikaler Christ, der sich zur Lehre des christlichen Glaubens und der Inspiration der biblischen Schriften bekennt und versucht, die historisch-kritische Methode so anzuwenden, dass sie ihrem Forschungsgegenstand gerecht wird,[54]

schreibt später, dass Juden (wie nicht anders zu erwarten sei) kein „Interesse am Christus des paulinischen Christentums“ haben, sondern an „Jesus dem Juden“ interessiert sind, den sie „ins Judentum heimholen wollen.“[55] Und so hat sich laut Hag-

---

[52] Donald A. Hagner, The Jewish Reclamation of Jesus: An Analysis and Critique of Modern Jewish Study of Jesus, Grand Rapids 1984.
[53] A. a. O., S. 26.
[54] A. a. O., S. 13.
[55] A. a. O., S. 26.

ner der jüdische Fokus auf die Lehre Jesu konzentriert, jenes Gebiet, auf dem die jüdischen Wissenschaftler, „was das Verständnis betrifft, eine außerordentlich privilegierte Stellung einnehmen" – schon allein durch ihre Kenntnis der Bibel, des frühen Judentums und der jüdischen und rabbinischen Kultur. Tatsächlich, so fährt er fort, „sind Juden häufig nicht nur in der Lage, Jesus in einen historischen Kontext zu stellen; sie können auch in die geistige Welt Jesu eintauchen und noch die kleinste jüdische Nuance in seinen Worten erkennen."[56] Mit anderen Worten, die Juden haben die perfekte Ausbildung für das Verständnis des historischen Jesus, wie er in der gegenwärtigen oder Dritten Phase der Leben-Jesu-Forschung wahrgenommen wird. Worin besteht dann das Problem?

Die beiden ersten Kapitel von Hagners Buch enthalten eine interessante Wirkungsgeschichte Jesu in der jüdischen Forschung, die sich auf eine Vielfalt von Quellen und Überlieferungen stützt.[57] In den folgenden Kapiteln zeigt sich dann jedoch eine ganz starke Tendenz: Laut Hagner hat der jüdische „Heimholungseifer" die Wissenschaftler für die christliche Botschaft und die christlichen Aspekte der Person Jesu blind gemacht. Die eifrigsten jüdischen Gelehrten versteigern sich aus diesem Grund zu „raffinierter Spekulation," benutzen „clevere Korrekturen oder Wortspiele" oder gehen von einem „ursprünglich hebräischen Evangelium" aus, „das den synoptischen Evangelien zugrunde lag."[58] Wenn man einmal von der tautologischen Tatsache absieht, dass von einem Juden kaum zu erwarten ist, dass er nach dem Christus des Kerygmas fragt, darf man nicht vergessen, dass Hagners Buch vor der Veröffentlichung eines Großteils der Qumranschriften erschien und auch vor dem Erwachsen einer ganz allgemeinen wissenschaftlichen Offenheit sowohl für jüdische Perspektiven als auch für die neuen Quellen in der Dritten Phase der Leben-

56 A. a. O., S. 27.
57 A. a. O., S. 21–71.
58 A. a. O., S. 119.

Jesu-Forschung. Hagner geht es denn auch vorrangig um eine in seinen Augen mangelnde Sensibilität und die unzulänglichen Kenntnisse der jüdischen Forscher in Bezug auf die Evangelien.

In seinem Bestreben, einen einheitlichen jüdischen Ansatz auszumachen, behauptet Hagner, jüdische Wissenschaftler hätten „sich in ihrem Versuch, Jesus und seine Lehre zu verstehen, auf die synoptischen Evangelien beschränkt," was zur Folge habe, dass die Juden dem historischen Wert der Evangelien, die sie interessieren, vielleicht zu große Bedeutung beigemessen haben.[59] Doch gibt es, so fährt er fort, so etwas wie ein

> Paradox in der jüdischen Haltung zu den Evangelien. Einerseits sehen wir eine mäßige bis starke Betonung der historischen Unzuverlässigkeit der Evangelien, andererseits ein bemerkenswertes Vertrauen in ihre Verlässlichkeit, wenn es um etwas „spezifisch Jüdisches" geht.[60]

Freilich beziehen sich Hagners Beispiele für diesen Befund auf verschiedene jüdische Forscher aus unterschiedlichen Zeiten und unterschiedlicher Provenienz, was vermutlich den von ihm konstatierten Widerspruch erklärt.[61]

Aufgrund des allgemeinen Mangels an entsprechenden Überblickswerken wurde (und wird) Hagners Buch häufig zitiert, vor allem die beiden ersten, historischen Kapitel und insbesondere im anglo-amerikanischen Raum. Heute ist es zwar weitgehend überholt, vor allem, was seine Aussagen über die jüdischen Wissenschaftler, den jüdischen Kontext von Jesus, die historischen Methodologien und die Ablehnung der historischen und Literarkritik und liberale/christliche Sichtweisen

---

59 A. a. O., S. 67.

60 A. a. O., S. 80.

61 In dem Kapitel „The Use of Gospel Criticism" schreibt Hagner, dass Flusser, Lapide, Schalom Ben-Chorin, Vermes, Leo Baeck und Montefiore, um nur ein paar wenige zu nennen, eine einheitliche jüdische Herangehensweise an das Neue Testament verträten (The Jewish Reclamation of Jesus, S. 72–85).

betrifft, doch sollten wir nicht vergessen, das Hagner aus evangelikaler Haltung schrieb.

Hagner lehnt eine „radikal kritische Forschung"[62] zu den Evangelien ab; seiner Ansicht nach sollten diese Dokumente „als das genommen werden, was sie sind" und man sollte versuchen, „sie für sich selbst sprechen zu lassen".[63] Von daher wird verständlich, wenn er über andere nicht-christliche Forscher Verwunderung ausspricht, die den historischen Jesus nicht mit dem Christus des Glaubens identifizieren.

Hagners Hauptkritikpunkt, der sich durch das ganze Buch zieht und auch für unser Thema relevant ist, lautet jedoch, dass viele jüdische Wissenschaftler, was die Gestalt Jesu betrifft, keine ausreichenden Kenntnisse über das Neue Testament und die christliche Forschung haben. Er war nicht der Erste, der diesen Vorwurf erhob. Samuel Sandmel hatte bereits in seinem 1965 veröffentlichen Buch „We Jews and Jesus" darauf hingewiesen.[64] Doch erst, als Hagners Kritik von einer neuen Generation jüdischer Wissenschaftler – z. B. Michael J. Cook, um nur den Bekanntesten unter ihnen zu nennen – aufgegriffen wurde, kam es zu einer stärkeren Etablierung der neutestamentlichen Forschung in einem jüdischen Kontext.[65] Cook hat zu bedenken gegeben, dass die jüdische Forschung dazu tendiere, die Historizität der Evangelien unkritisch zu adaptieren, und dass viele jüdische Wissenschaftler nur lückenhafte Kenntnisse über die Grundlagenwerke der christlichen Neutestamentler hätten. Cooks Ansicht nach hätten viele jüdische Forscher folgende

[62] Hagner, The Jewish Reclamation of Jesus, S. 72.

[63] A. a. O., S. 85. Hagner lehnt Forscher ab, die mit voreingenommenen oder fremden, apriorischen Schlussfolgerungen an die Bibel herantreten.

[64] Samuel Sandmel, We Jews and Jesus, New York 1965.

[65] Auch in populären jüdische Schriften zum christlich-jüdischen Dialog haben innerjüdische Lehr-Empfehlungen zum religiösen und laizistischen Dialog mit den Christen wie auch historische Argumente zur Nähe der beiden Religionen Eingang gefunden: Arnold J. Rudin, Christians & Jews Faith to Faith: Tragic History, Promising Present, Fragile Future, Woodstock 2011.

Narrative fehlerhaft besprochen: das Letzte Abendmahl, das Pesachfest, den Prozess Jesu vor dem Sanhedrin, die Verurteilung wegen Gotteslästerung und die Paarbildung mit Barabbas;[66] deshalb mahnt er die jüdischen Gelehrten, sich zunächst ihre christlichen Gegenspieler anzusehen, wenn sie sich in ihren Analysen auf die Evangelien beziehen:

> Wenn jüdische Forscher die fiktiven Evangeliendaten irrtümlicherweise als historisch ansehen, schaden wir unserer Glaubwürdigkeit. Wir sollten uns lieber auf die ‚dynamischen Wirkkräfte in den Evangelien' konzentrieren – jene ausgefeilten Techniken, mit denen die frühchristlichen Autoren ihre Begriffsbildung von Jesus selbst vorantrieben, um so Herausforderungen entgegenzutreten, die weniger zu seiner Zeit als vielmehr in ihrer eigenen, späteren Zeit relevant wurden.[67]

David R. Catchpole

Dem Prozess Jesu hat sich David R. Catchpole besonders gewidmet. Seine Untersuchung des Prozesses Jesu, wie er in der jüdischen Geschichtsschreibung von 1770 bis heute dargestellt wird, ist sehr aufschlussreich.[68] Sowohl das Thema als auch die Veröffentlichung des Buches vor der Dritten Phase der Leben-Jesu-Forschung zeigen die Wichtigkeit der Auseinandersetzung mit einem biblischen Narrativ, das so häufig für antisemitische Auslassungen missbraucht wurde. Catchpole, der später einer der führenden Experten für die Logienquelle Q wurde,[69] er-

---

[66] Michael J. Cook, Where Jewish Scholars on Jesus go Awry: Last Supper, Sanhédrin, Blasphemy, Barabbas, in: Shofar: An Interdisciplinary Journal of Jewish Studies 28.3 (2010), S. 70–77.

[67] A.a.O., S. 77.

[68] David R. Catchpole, The Trial of Jesus: A Study in the Gospels and Jewish Historiography from 1770 to the Present Day, Leiden/Cambridge 1971.

[69] Graham N. Stanton, David Catchpole: A Profile, in: Christology, Controversy and Community: New Testament Essays in Honour of David R. Catchpole, hrsg. v. David G. Horrell/Christopher M. Tuckett, Leiden 2000, S. xi–xviii, hier: S. xvii.

stellte in akribischer Arbeit eine Liste jüdischer Darstellungen des Lebens Jesu und anderer Beiträge, die relevant für den Prozess Jesu sind, sowie einen Überblick über die Trends, die daraus entstanden. Dabei stimmt er im Großen und Ganzen mit Sandmel überein (und greift damit Hagner vor), was die mangelnde jüdische Kenntnis der neutestamentlichen Quellen betrifft. Allerdings erliegt auch er dabei der Tendenz, jüdische Wissenschaftler zu kritisieren, weil sie nicht auf die gleiche Weise argumentieren wie ihre christlichen Kollegen.[70] Abgesehen von seiner Kritik der wissenschaftlichen Herangehensweise jüdischer Forscher liefert Catchpole eine hervorragende Einführung in etliche der Probleme jüdischer Empfindlichkeiten im Zusammenhang mit dem Prozess Jesu und ihrem Niederschlag in der jüdischen Forschung. Außerdem verweist er auf die positiven Aspekte, die ein „judaisierter Jesus" für das christlich-jüdische Verhältnis mit sich bringt.[71] Den Hauptteil seiner Arbeit bildet ein detailliertes Exposé der Ergebnisse jüdischer Forschung zum Prozess Jesu.[72] In diesem Kontext oder genauer noch im Zusammenhang mit der Debatte zur Anhörung vor dem Sanhedrin formuliert er seinen eigenen Ansatz. Er problematisiert den Bericht des Lukasevangeliums mit dem Argument, Lukas stütze sich auf eine andere, nicht markinische Quelle.[73]

---

[70] Catchpole erwähnt lobend, dass Sandmel diejenigen jüdischen Forscher, die der Ansicht sind, dass Jesus nie gelebt habe, unberücksichtigt gelassen hat (Catchpole, The Trial of Jesus, S. 262). Zu einer neueren Arbeit (eines christlichen Neutestamentlers), der diese Ansicht verteidigt, s. Robert M. Price, Jesus at the Vanishing Point, in: The Historical Jesus: Five Views, hrsg. v. James K. Beilby/Paul R. Eddy, Downers Grove 2009, S. 55–83.

[71] Catchpole, The Trial of Jesus, S. 267.

[72] Catchpole verlässt sich vielleicht ein wenig zu sehr auf den damals sehr populären, jetzt jedoch weitgehend vergessenen Paul Winter (1904–1969) als Repräsentanten einer breiteren jüdischen akademischen und intellektuellen Meinung: Paul Winter, On the Trial of Jesus, Berlin 1961.

[73] Zu diesem Argument s. Peter Richardson, Rezension von The Trial of Jesus: A Study in the Gospels and Jewish Historiography from 1777 to the

Catchpoles wissenschaftliche Behandlung des Themas wird jedoch konterkariert durch seine Schlussfolgerungen, die auf Aussagen hinauslaufen, die nach dem Paradigmenwechsel in der Leben-Jesu-Forschung des späten zwanzigsten Jahrhunderts obsolet geworden sind. Er behauptet zum Beispiel: „Den Juden die Schuld am Tod Jesu zu geben heißt nicht, antisemitisch zu sein“[74] – was allenfalls bei wohlwollender Betrachtung als Unvermögen Catchpoles durchgehen kann, zwischen konkurrierenden jüdischen Sekten im Nahen Osten des 1. Jahrhunderts bzw. zwischen antijudaistischer und antisemitischer Kritik zu unterscheiden. Schwerwiegender ist dagegen seine Aussage, dass „die Auseinandersetzung mit Jesus und dem Gesetz nicht an einer einzigen grundlegenden Tatsache vorbeikommt: *Das Verhältnis Jesu zum Judentum war ein gespanntes*“[75] – eine Aussage, die in der heutigen neutestamentlichen Forschung auf wenig Widerhall stoßen würde. Um nur ein Beispiel für einen modernen Ansatz zu Aussagen über das jüdische Gesetz anzuführen: James G. Crossley hat in seiner kurzen, aber sehr detaillierten Übersicht über das jüdische Gesetz gezeigt, dass es in Wirklichkeit „eine große Vielfalt und – manchmal recht heftig geführte – Debatte darüber gab, was für manche die Quelle der jüdischen Identität in der Welt der Antike war.“[76] Crossley geht in seinem Buch genauer darauf ein, Jesus oder Paulus hätten das jüdische Gesetz und also das Judentum verworfen – z. B. in der Beachtung des Schabbats, der Reinheits- und Speisevorschriften *(kaschrut)*, bei Scheidung und Strafe (Auge um Auge) sowie der Beschneidung; er weist nach, dass sowohl, was die Einhaltung dieser Gesetze betraf, als auch im Blick auf ihre Definition es Meinungsvielfalt gab. Solche

---

Present Day von David R. Catchpole, in: Journal of Biblical Literature 91.2 (1972), S. 264–67, hier: S. 265.

[74] Catchpole, The Trial of Jesus, S. 264.

[75] Catchpole, The Trial of Jesus, S. 267 (Hervorhebung im Original).

[76] James G. Crossley, The New Testament and Jewish Law, London 2019, S. 116.

Studien zeigen, dass Forscher wie Catchpole, Hagner und andere Kritik an jüdischen Forschern übten, weil sie überkritisch in Bezug auf die Evangelienüberlieferung seien, während sie selbst das Bild eines monolitischen und legalistischen Judentums im 1. Jahrhundert unkritisch akzeptierten.

Daniel F. Moore

Der katholische Priester Daniel F. Moore veröffentlichte im Jahr 2008 sein Buch „Jesus, An Emerging Jewish Mosaic: Jewish Perspectives, Post-Holocaust."[77] Er bezeichnet seine eigene Methode, verschiedene Denker vorzustellen, als „Mosaik."[78] Dabei wählt er Forscher aus dem 20. Jahrhundert – Vermes, Sandmel, Schalom Ben-Chorin, Flusser, Lapide, Jacob Neusner, Eugene B. Borowitz[79] – und vergleicht recht unsystematisch ihre Gedanken zu neutestamentlichen Themen. Interessanterweise wertet er alle Verfasser und ihre Gedanken als Beiträge zur „Third Quest." Moores Werk besteht weitgehend aus einer Sammlung längerer Zitate; nur selten versucht er, sie in einen Kontext zu stellen. Doch im Unterschied zur christlichen Forschung vor der „Third Quest" ist es Moore wichtig, den positiven Beitrag der jüdischen Forschung zur Rekonstruktion des frühen Judentums und den gesellschaftlichen und politischen Kontext der frühen Kirchen herauszustellen.

Moore schreibt:

---

[77] S. Daniel F. Moore, Jesus, An Emerging Jewish Mosaic: Jewish Perspectives, Post-Holocaust, New York 2008.

[78] A.a.O., S. 4.

[79] Wider den Trend der jüdischen Arbeiten aus den Achtzigerjahren des letzten Jahrhunderts veröffentlichte Borowitz, damals Professor of Education and Jewish Religious Thoughts am Hebrew Union College, eine „jüdische Antwort" auf zeitgenössische Christologien im Kontext eines angeblichen zweiten Bundes mit Israel und den Christen: Eugene Borowitz, Contemporary Christologies: A Jewish Response, New York 1980.

> Die Vorannahme, dass wir Jesus wirklich kennen, bedeutet eine Einschränkung [...] [das] ist eine ganz einfache, empirische Tatsache. Eine solche Vorannahme kann unsere Bereitschaft behindern, unsere Wertschätzung Jesu durch eine andere, fremde Perspektive zu vertiefen oder zu erweitern – was letztlich engstirnig wäre [...] denn wir könnten auf jeden Fall davon profitieren, da Jesus der Jude, ein Repräsentant des palästinischen Judentums des 1. Jahrhunderts, eine Gestalt ist, die – so wage ich zu sagen – der Durchschnittschrist kaum kennt.[80]

Weitere überblickartige Rezeptionsgeschichten der jüdischen Auseinandersetzung mit Jesus finden sich als Exkurse innerhalb größerer geschichtlicher Untersuchungen zur christlichen Leben-Jesu-Forschung oder aber nicht-akademischer Schriften; die meisten dieser Wirkungsgeschichten stammen von nicht-jüdischen Verfassern.[81]

Nun gilt es den Blick auch auf andere Bereiche zu richten, um zu sehen, welche Behandlung dem einst geächteten Jesus in der jüdischen Literatur widerfahren ist.

4.b. Exkurs: Der jüdische Jesus in der Literatur

Der Trend in der internationalen neutestamentlichen Forschung geht hin zu größerer Offenheit für Perspektiven, wie die Gestalt Jesu in Literatur, Religion und Kunst rezipiert und diskutiert wird. In der Tat haben jüdische Autoren und Künst-

---

[80] Moore, An Emerging Jewish Mosaic, S. 239.

[81] Siehe Ran haCohen, „Gehörst du uns oder zu unseren Feinden" (Joschua 5,13): Die jüdische Auseinandersetzung mit der höheren Bibelkritik, in: Die Entdeckung des Christentums, hrsg. v. Görge K. Hasselhoff, Berlin 2010, S. 63–100, insb. S. 74–100. Und noch zwei nicht-jüdische Beispiele: Martin Vahrenhorst, „Nichts Neues zu Lehren ist mein Beruf": Jesus im Licht der Wissenschaft des Judentums, in: Die Entdeckung des Christentums in der Wissenschaft des Judentums, hrsg. v. Görge K. Hasselhoff, Berlin 2010, S. 101–36; Vogler, Jüdische Jesusinterpretationen.

ler seit einiger Zeit damit begonnen, die Gestalt Jesu zu vereinnahmen und zu rekonstruieren. Wenn aber der „reale" historische Jesus unter Auslegungsschichten verborgen ist, dann sind die Schichten dieser Auslegung inzwischen selbst zu historischen Texten geworden. Daher möchte ich mich im Folgenden jener jüdischen Heimholung Jesu zuwenden, in der dieser Jesus um seines symbolischen und weniger um seines historischen Wertes in Besitz genommen wurde – ein veritabler jüdischer „Jesus Remembered."

Die größte jüdische Gemeinschaft außerhalb Israels ist diejenige in den Vereinigten Staaten, einem Land, in dem Jesus in sämtlichen Bereichen des öffentlichen Lebens praktisch allgegenwärtig ist. Dennoch haben jüdische Schriftsteller die kulturelle Gestalt Jesus lange nicht in ihr Werk aufgenommen, trotz der Tatsache, dass sich jüdische Wissenschaftler und Theologen schon seit Anfang des 20. Jahrhunderts mit Jesus beschäftigten. Shaul Magid, Professor of Jewish Studies an der Indiana University Bloomington, hat in einem Essay aus dem Jahr 2012 aufgezeigt, dass die Auseinandersetzung mit einem jüdischen Jesus nach einer Zäsur Anfang des 20. Jahrhunderts fast ausschließlich in theologischen Zeitschriften und nicht in der Literatur stattfand; nach Magid sind diese mannigfachen Porträts und Analysen zur Person Jesu Ausdruck einer höchst selbstsicheren jüdischen Wissenschaftsgemeinde, Produkte eines „multikulturellen jüdischen Amerikas," in dem Jesus „nicht mehr das Vehikel zur Assimilation oder die Suche nach religiöser Normativität" ist, wie es noch bei den jüdischen Theologen um die Wende zum 20. Jahrhundert der Fall war.[82] Die Juden in Nordamerika, so fasst Magid zusammen, fühlen sich nicht mehr vom Christentum bedroht; sie sehen mittlerweile „die Gleichgültigkeit gegenüber den jüdischen Traditio-

[82] Shaul Magid, The New Jewish Reclamation of Jesus in Late Twentieth-Century America: Realigning and Rethinking Jesus the Jew, in: The Jewish Jesus: Revelation, Reflection, Reclamation, hrsg. v. Zev Garber, West Lafayette 2011, S. 358–82, hier: S. 359.

nen" als die größte Gefahr.[83] Michael J. Cook wiederum vertritt die These, die Juden in Nordamerika würden das Neue Testament schlicht und einfach nicht kennen.[84] Matthew Hoffman erklärt diese Abwehrhaltung mit der jüdischen Angst vor der Rolle, die Jesus in der Öffentlichkeit spielt. Er konstatiert: „Die amerikanischen Juden sind die stärksten Verteidiger der Trennung von Kirche und Staat,"[85] und „jüdische Gemeindeführer des 21. Jahrhunderts möchten ihn [Jesus] so weit wie möglich aus der öffentlichen Wahrnehmung verbannen."[86] Die erbitterte Fehde um Mel Gibsons außerordentlich erfolgreichen Film „Die Passion Christi" (2004) hat in den Vereinigten Staaten, vielleicht stärker als jedes andere einzelne Ereignis seit der Schoa, Fragen nach dem christlich-jüdischen Verhältnis in den Vordergrund gerückt.[87] In der modernen englischsprachigen jüdischen Literatur kommt Jesus als literarische Gestalt dagegen so gut wie nicht vor.[88]

---

[83] A. a. O., S. 360.

[84] Z. B. Michael J. Cook, Modern Jews Engage the New Testament: Enhancing Jewish Well-Being in a Christian Environment, Woodstock, 2008, S. xiii.

[85] Hoffman, From Rebel to Rabbi, 256.

[86] A. a. O., 257.

[87] Zu einer jüdischen Sicht des Films und des Drehbuchs mit Schwerpunkt auf seine anti-jüdische Tendenz s. Paula Fredriksen, Mad Mel: The Gospel according to Gibson, in: The New Republic, 28. Juli und 4. August 2003; vgl. William Arnals kritische Antwort auf jüdische Vorbehalte und die Kontroverse im Allgemeinen in William Arnal, Mad Mel and the Culture Prominence of Jesus, in: The Symbolic Jesus: Historical Scholarship, Judaism and the Construction of Contemporary Identity, hrsg. v. W. Arnal, Oakville 2005, S. 1–7; zu einer Wirkungsgeschichte Jesu im amerikanischen Kino im Allgemeinen aus jüdischer Sicht s. Adele Reinhartz, Jesus of Hollywood, Oxford/New York 2007.

[88] Eine bemerkenswerte Ausnahme ist Philip Roth's Roman „Portnoys Beschwerden": „Jesus Christus, von dem sie erzählen, er sei Gott, war in Wirklichkeit ein Jude! Und dieser Tatsache, die mich einfach umbringt, wenn ich daran denke, *schenkt niemand sonst irgendwelche Aufmerksamkeit.* Dass er ein Jude war wie du und ich und dass sie sich einen Juden ausgesucht und so eine Art Gott aus ihm gemacht haben, nachdem er tot

Das gilt allerdings nicht für die hebräische und jiddische Literatur, wie Neta Stahls Überblick „Other and Brother" (2008) zeigt.[89]

Trotz des Untertitels „Jesus in the Twentieth-Century Jewish Literary Landscape" konzentriert sich Stahl fast ausschließlich auf die hebräisch- und jiddischsprachige Literatur – wie sie in Israel vor und nach der Schoa vorherrschend ist, was allerdings wohl mehr mit dem Mangel an nicht-hebräischer Literatur zum Thema als mit einem einseitigen Blick Stahls zu tun hat. Stahl geht in ihrem Buch, das nach Hoffmans „From Rebel to Rabbi" erschien, näher auf Hoffmans Rezension der (osteuropäischen) jiddischen Moderne ein und ergänzt sie um den Blick auf jiddischsprachige nordamerikanische Schriftsteller und jüdische Bildende Künstler im Kontext der damals (vor der Schoa) aktuellen Debatten über jüdische Identität und Zionismus. Künstler und Schriftsteller, die mit dem Zionismus sympathisierten, verwendeten das Bild Jesu nicht mehr einfach nur als Symbol der Judenverfolgung, führt Stahl aus; stattdessen „adoptierten sie die Gestalt Jesu, nicht als Teil eines externen und apologetischen Diskurses oder als Mittler zwischen Judentum und Christentum, sondern im Kontext einer neuen nationalen Identität, als Modell für den ersehnten Neuen Juden."[90] In diesem Zusammenhang jedenfalls sieht sie Joseph Klausner, Uri Zvi Greenberg (dem sie ein längeres Kapitel widmet),[91] Avraham Shlonsky, Nathan Bistritzky, Aharon Avraham Kabak, Hayyim Hazaz, Zalman Shneour und Avigdor Hameri;

---

war, und dann – und das kann einen wirklich in den Irrsinn treiben – dann machen diese dreckigen Hunde eine Wendung um hundertachtzig Grad, und wer steht auf ihrer Abschussliste obenan? Von wem haben sie zweitausend Jahre lang nicht abgelassen, mit Hass und Vernichtung? Von den Juden!" (Philip Roth, Portnoys Beschwerden, Hamburg 1974, S. 31.)

89 Neta Stahl, Other and Brother: Jesus in the 20th-Century Jewish Literary Landscape, Oxford/New York 2013.

90 A. a. O., S. 10.

91 A. a. O., S. 50–82.

ihrer Ansicht nach „fanden sie die Gestalt Jesu deshalb so reizvoll, weil sie ihnen eine große Bandbreite von Symbolen bot, die höchst wirkungsvoll zur Unterstützung zeitgenössischer nationalistischer und messianischer Positionen genutzt werden konnten.“[92]

Das Interessanteste an Stahls Wirkungsgeschichte sind vielleicht ihre Ausführungen darüber, wie sich israelische Schriftsteller die Gestalt Jesu angeeignet oder sie in ihr Werk aufgenommen haben. Stahl macht deutlich, welch schroffer Kontrast in den Motiven und der Methodologie besteht zwischen den Autoren vor der Staatsgründung und vor der Schoa – will heißen denjenigen, die in vorwiegend christlichen Umgebungen aufwuchsen oder den stürmischen Beginn des 20. Jahrhunderts in Mittel- und Osteuropa miterlebt hatten – und den zeitgenössischen israelischen Schriftstellern. Yoel Hoffmann (geb. 1937 in Rumänien, im Alter von einem Jahr ins britische Palästina emigriert) und Avot Yeshurun (geb. 1904 in der Ukraine, 1925 nach Palästina emigriert) sind nur zwei der Dichter, die sie analysiert – unter der Annahme, dass „die Gestalt Jesu als eine Art Spiegel fungiert, der das Wunschbild des Autors spiegelt.“[93] So wie für Künstler vor der Schoa und vor der Staatsgründung Israels ein nationalistischer, messianischer oder leidender Jesus in ihre zionistischen und religiösen Weltanschauungen oder in ihr Verständnis der jüdischen Geschichte passte, so haben die späteren israelischen Künstler in Jesus eine Gestalt gefunden, die ihre ganz persönlichen Kämpfe spiegelte: als Künstler, als Alleinerziehende,[94] als Menschen, die nach einer persönlichen Identität in dem neuen zionistischen Konstrukt suchten, als Juden, die in der Gestalt Jesu nach neu verstandener Erlösung strebten.[95] Diese Bilder kontrastieren

---

[92] A. a. O., S. 13.

[93] A. a. O., S. 163

[94] Der Dichter Yoel Hoffmann (geb. 1937); Stahl, Other and Brother, S. 127.

[95] In diesem Kontext spricht sie über den Nobelpreisträger Shmuel Yosef

mit früheren literarischen Versuchen und stellen eine vollständig im Judentum beheimatete Gestalt dar, charakterisiert von der Ambivalenz der Künstler gegenüber den christlichen Überlieferungen und christlich-jüdischen Gegensätzen, ganz zu schweigen vom Platz der Künstler in verwestlichten säkularen, nicht-christlichen Gesellschaften. Israelische Schriftsteller, so Stahl, vermeiden es in der Regel, einen Zusammenhang zwischen „der Kirche, dem Hakenkreuz und Jesus" herzustellen oder Jesus im „sozio-historischen Kontext der Zeit des Zweiten Tempels" zu sehen. Stattdessen schalten sie „die mannigfaltigen historischen Aspekte des Jesusbildes aus und lassen ihn als Person rein in seinem historischen Kontext auftreten."[96]

Bemerkenswert ist auch Stahls Rezeptionsgeschichte nach der Staatsgründung Israels ausgewanderter Autoren und Dichter, die im christlichen Europa aufgewachsen waren und in der Gestalt Jesu ein Symbol ihrer verlorenen Heimat sahen. In zahlreichen Gedichten von Leah Goldberg (1911–1970, geb. in Ostpreußen, 1935 nach Palästina emigriert) manifestiert sich eine große Sehnsucht nach der Welt, die sie zurückgelassen hatte; in dem Gedicht „Im Kloster Posziseli" wird Jesus als ein „fremder Gott" beschrieben, der ihr ein „Glas Gift" reicht, und doch findet sie Trost im Bild der Pieta und im Klang der Kirchenglocken. In einem Essay aus dem Jahr 2012 vertieft Stahl ihre Ausführungen über Goldberg und geht in einer weiteren Studie auch auf Yocheved Bat-Miriam (1901–1979) und Avot Yeshurun (1904–1992; geb. in der Ukraine, 1925 nach Palästina emigriert) als hebräischsprachige Schriftsteller und Dichter ein, die mit Hilfe der Gestalt Jesu Sehnsucht zum Ausdruck bringen. Hier besteht die Heimholung weniger in einer Judaisierung Je-

---

Agnon (1888–1970): Stahl, Other and Brother, S. 180 ff.; s. auch Hillel Weiss, Christians and Christianity in Agnon's Writings, in: Interaction Between Judaism and Christianity in History, Religion, Art and Literature, hrsg. v. Marcel Poorthuis/Joshua Schwartz/Joseph Turner, Leiden 2009, S. 511–26.

[96] Stahl, Other and Brother, S. 84.

su als vielmehr im Reflex der christianisierten und ethnisch zu Europäern gewordenen Autoren, die sich nach der europäischen Katastrophe haltlos treibend in einer neuen kulturellen Welt vorfanden.[97]

Stahls Essaysammlung „Jesus among the Jews“ (2012) ist wahrscheinlich das erste jüdische Beispiel dieser Art von Rezeptionsgeschichte im Kontext biblischer Hermeneutik. Ihre Sammlung konzentriert sich auf unterschiedliche Formen der Rezeption und weniger auf einen einzigen Ansatz oder eine Richtung. Sie werden nebeneinandergestellt und bieten auf diese Weise ein reicheres und offeneres Bild des behandelten Themas (in „Jesus among the Jews“ geht es um die jüdische Auseinandersetzung mit Jesus). So bestätigt sie unsere intuitive, zeitgenössische Wertschätzung des historischen Subjektivismus und hermeneutischen Agnostizismus im Kontext einer pluralistischen jüdischen Identität.[98]

In einer Rezension aus dem Jahr 2012 stimmte der Neutestamentler James Crossley Stahls hermeneutischer Agenda zu. Seiner Ansicht nach könnte die Essaysammlung

> ein Modell für das sich herausbildende Gebiet der Wirkungsgeschichte biblischer Texte und Personen sein. Solche unter Mitwirkung vieler Autoren entstandenen Werke zeigen, welche zentrale Rolle biblische Texte und Gestalten (ganz gleich, ob spezifisch jüdisch oder christlich) in der Geistesgeschichte gespielt haben – ein Aspekt, der angesichts der Tatsache, dass diese Texte und Gestalten außerhalb der Fachbereiche Religion, Theologie und Bibelkunde in der Regel noch immer kaum beachtet werden, umso wichtiger ist.[99]

---

[97] Neta Stahl, ‚We Left Yeshu‘: On Three Twentieth-Century Hebrew Poets Longing for Jesus, in: Stahl, Jesus among the Jews, S. 187–202.

[98] Es gibt einen interessanten christlich-jüdischen Beitrag zu einer breiten Rezeptionsgeschichte, in dem es allerdings vorwiegend um die Hebräische Bibel/das Alte Testament geht; s. Interaction Between Judaism and Christianity in History, Religion, Art and Literature, hrsg. v. Marcel Poorthuis/Joshua Schwartz/Joseph Turner, Leiden 2009.

[99] James G. Crossley, Rezension über Jesus among the Jews: Representation

Die Essays bei Stahl stammen aus dem gesamten Spektrum Jüdischer Studien. Neta Stahls eigener Beitrag knüpft an ihre Arbeit über die Gestalt Jesu in Dichtung und Literatur an und erinnert methodisch an die Beiträge von Glenda Abramson, Oxford Professor of Hebrew and Jewish Studies, über Uri Zvi Greenberg; Amitai Mendelsohn untersucht die Gestalt Jesu in der israelischen Kunst. Daneben gibt es theologische und philosophische Beiträge: Leora Batnitzky, Professor of Religion an der Princeton University, legt eine wichtige vergleichende Untersuchung über Jesus in der Philosophie von Wyschogrod und Levinas vor; Yitzhak Melamed, Professor of Philosophy an der Johns Hopkins Universität, erörtert Spinozas Ansichten über das Wesen Christi. Relevanter für unsere Untersuchung sind jedoch Beiträge wie der von Daniel Boyarin, der Markus als ersten Verfasser eines jüdischen Lebensbildes Jesu diskutiert und das Jüdische dieses Porträts dann benutzt, um eine christologische These aufzustellen,[100] und der von Adam Gregerman, Associate Director of the Institute for Jewisch-Catholic Relations an der Saint Joseph's Universität, der sich mit Origenes' Contra Celsum auseinandersetzt, um alternative Bilder zu der in der Antike herrschenden jüdischen Feindschaft gegen Jesus aufzuzeigen. Der jüdische Jesus, dessen Bild sich aus dieser Sammlung herauskristallisiert, spiegelt die heterodoxe und vielfältige Realität jüdischer Forschung zur Heimholung Jesu wider. Wir sehen, es gibt Juden, die über Jesus forschen, über ihn reden und ihn malen, und es gibt Wissenschaftler, die aus jüdischer Perspektive schreiben, deren Schriften sensibel sind für jüdische ethnische und religiöse Kategorien. Jesus wird dargestellt als „exemplarischer Jude, als mahnender Prophet, als

---

and Thought von Neta Stahl, in: Studies in Christian-Jewish Relations 9 (2014), S. 1–3, hier: S. 3.

100 Daniel Boyarin, A Jewish Reader of Jesus: Mark, the Evangelist, in: Jesus among the Jews: Representation and Thought, hg. v. Neta Stahl, London 2012, S. 6–17.

Revolutionär und Freiheitskämpfer, als Großer Bruder und messianischer Zionist".[101]

Dies könnte einen auf den Gedanken bringen, die jüdische literarische Heimholung sei eine ausschließlich hebräische und jiddische Angelegenheit gewesen. Doch Karl-Josef Kuschel zeigt in seinem Nachwort zu Max Brods (1884–1968) Jesusroman „Der Meister,"[102] dass die deutschsprachigen theologischen und politischen Debatten Anfang und Mitte des 20. Jahrhunderts ebenfalls literarische Früchte trugen.[103] Karl-Josef Kuschel, Professor für Theologie der Kultur und des interreligiösen Dialogs an der Universität Tübingen, vertritt die These, dass Max Brods Roman sowohl in der Tradition der historisierend-biografischen Jesusdarstellung (à la Ernest Renan et al.) als auch in der psychologisierend-fiktiven Tradition (à la Dostojewskis „Der Idiot"; Heinrich Bölls „Ansichten eines Clowns" (1963)) steht.[104] Kuschel untersucht darüber hinaus die jüdische Jesusforschung zur der Zeit Brods: Klausners „Jesus von Nazareth"; Emil Ludwigs historische Biographie von 1928, „Der Menschensohn: Geschichte eines Propheten"; und Sholem Aschs jiddischen Roman von 1939, „Der Nazarener."[105] Bezeichnenderweise stellt Kuschel Brod in den breiteren christlich-jüdischen und deutsch-europäisch-exilischen literarischen Kontext, in dem er lebte und arbeitete. Der in Prag geborene Brod war stark von deutschsprachigen Theologen seiner Zeit (insbesondere Martin Buber) beeinflusst,[106] und wie Kuschel

---

[101] Das jüngste literarische Beispiel solcher Rezeption ist Amos Oz' Buch Judas, Berlin 2015; s. Vorwort, S. 18–21.

[102] Karl-Josef Kuschel, Nachwort in: Der Meister: Roman von Max Brod, hrsg. v. Barbora Sramková/Norbert Miller, Göttingen 2015, S. 531–67.

[103] Brod ist vor allem berühmt für etwas, das er nicht getan hat: Er veröffentlichte postum eine Reihe von Manuskripten seines Freundes Franz Kafka, statt sie zu vernichten, wie der Autor ihn gebeten hatte.

[104] Kuschel, Nachwort in: Der Meister: Roman von Max Brod, S. 536.

[105] A. a. O., S. 541–46.

[106] Zu einer Erörterung von Brods religiösem Denken s. Schalom Ben-

erklärt, folgen Brods intellektuelle Entwicklung und seine Werke dem Exodus und Exil sowohl der Gedankenwelt als auch des Lebenswegs deutschsprachiger jüdischer Intellektueller und Theologen, als sich die Dunkelheit über Europa senkte.[107] Brods jesusähnliche Hauptfigur – Meleagros, ein Zeitgenosse Jesu – ist eine Hintergrundgestalt des Romans. Wie Kuschel jedoch behutsam herausarbeitet, fungieren sowohl Brods Meleagros wie auch Galiläa im 1. Jahrhundert lediglich als Projektionsräume für seine eigene Erfahrungen und sein intellektuelles Milieu.[108] Kuschels Rezeptionsgeschichte mit ihrem interdisziplinären und interkulturellen Ansatz ist die einzige deutschsprachige Wirkungsgeschichte Jesu, die literarische und historische Aspekte des Judentums und Christentums berücksichtigt.

Chorin, Max Brod als religiöser Denker, in: Weil wir Brüder sind: Zum christlich-jüdischen Dialog heute, hrsg. v. Schalom Ben-Chorin, Gerlingen 1988.

[107] Näheres über Brods Leben s. Claus-Ekkehard Bärsch, Max Brod im Kampf um das Judentum: Zum Leben und Werk eines deutsch-jüdischen Dichters aus Prag, Wien 1992.

[108] Siehe Kuschel, Nachwort, S. 548 ff.

Kapitel 5
Joseph Ratzinger und der jüdische Jesus: Ein theologischer Rückfall

Wenige Wochen vor dem Tod Johannes Pauls II. im April 2005 trat mir mit Joseph Kardinal Ratzinger ein würdiger und freundlicher Herr in der Glaubenskongregation entgegen, der durchaus gewillt war, die guten Beziehungen zum Judentum zu bewahren und zu pflegen. Aus eigenem Erleben kann ich sagen: im persönlichen Gespräch begegnete Benedikt XVI. einem stets interessiert, aufgeschlossen und wirklich zugewandt. Dabei überaus kenntnisreich, exzellent vorbereitet auf sein Gegenüber und überlegt in seinen Äußerungen. Ratzinger machte es sich nicht leicht in dem, was er sagte, weder sich selbst noch anderen. Das Judentum kann bei Joseph Ratzinger auf die Achtung und Wertschätzung „als Familie Jesu" zählen. Das war ein Vermächtnis seines Vorgängers, dem Benedikt XVI. unbedingt treu bleiben wollte. Er war sich bewusst, dass er die Kraft dafür nicht aus der persönlichen Biographie würde aufbringen können, wie dies Karol Wojtyla gegeben war. Aber ich meinte zu spüren: er fühlte die Verantwortung, die Kluft zu überbrücken, die durch Jahrhunderte des Vorwurfs entstanden war, die Juden seien für Jesu Tod verantwortlich.[1]

---

[1] In der Deutung von Mt. 27,25 betont Joseph Ratzinger, dass die Schuld an Jesu Tod bei den Sadduzäern und den Befürwortern des Barrabas liege, letztlich bei Pilatus. Denn die Kapitalgerichtsbarkeit lag bei den Römern. Siehe Joseph Ratzinger, Jesus von Nazareth, Bd. II: Vom Einzug in Jerusalem bis zur Auferstehung, Freiburg i. Br. 2011, S. 211. Dies findet Beifall bei Jacob Neusner, Rabbi Jesus im Spannungsfeld von Theologie und Geschichtswissenschaft, in: Passion aus Liebe. Das Jesus-Buch des Papstes in der Diskussion, hg. v. Jan-Heiner Tück, Ostfildern 2011, S. 110–25, hier: S. 113; ebenso bei Géza Vermes, Review of Jesus of Nazareth, Part 2: Holy Week, by Pope Benedict XVI, Guardian, 12.03.2011.

Die Akzente der Botschaft dieses Theologen auf dem Papstthron waren jedoch anders gesetzt. Ratzinger verstand es als seine Aufgabe als Pontifex, die katholische Lehre so zu verkünden, wie sie ihm wichtig ist und wie er sie für wahr hält. Seit 2007 hat Benedikt XVI. mit seiner Jesus-Trilogie den auferstandenen Christus ins Zentrum gerückt.

Schließlich sei die Diskrepanz zwischen den verschiedenen Deutungen zum Jesus der Geschichte und dem Christus der Evangelien nicht nur Gegenstand interner Diskurse zwischen Bibelexegeten.

> „Als gemeinsames Ergebnis all dieser Versuche ist der Eindruck zurückgeblieben, dass wir jedenfalls wenig Sicheres über Jesus wissen und dass der Glaube an seine Gottheit erst nachträglich sein Bild geformt habe. Dieser Eindruck ist inzwischen weit ins allgemeine Bewusstsein der Christenheit vorgedrungen. Eine solche Situation ist dramatisch für den Glauben, weil sein eigentlicher Bezugspunkt unsicher wird."[2]

Die divergierenden Ergebnisse der Leben-Jesu-Forschung schufen eher Idealbilder der jeweiligen Autoren, als dass sie den wirklichen Jesus freigelegt hätten. „Die Figur Jesu selbst hat sich nur umso weiter von uns entfernt [...] Die innere Freundschaft mit Jesus, auf die doch alles ankommt, droht ins Leere zu greifen."[3] Joseph Ratzinger geht es theologisch darum, den ganzen Prozess der Schriftwerdung „von Jesus Christus her" zu betrachten. Nur der Glaube mache aus Jesus Christus diesen „Schlüssel des Ganzen" für „Altes" und für Neues Testament. Juden und Christen haben also ein gemeinsames Fundament in der Heiligen Schrift, sind aber getrennt in ihren un-

---

[2] Joseph Ratzinger, Jesus von Nazareth. Trilogie: Prolog (Die Kindheitsgeschichten), Band I (Von der Taufe im Jordan bis zur Verklärung), Band II (Vom Einzug in Jerusalem bis zur Auferstehung), Freiburg im Breisgau 2007–2012, S. 10 f.

[3] A. a. O., S. 11.

terschiedlichen Leseweisen. Die „Gemeinsame Schrift" bedeute noch keine substantielle Nähe von Juden und Christen.

Géza Vermes schrieb eine vernichtende Rezension zum ersten Band der „Jesus von Nazareth"-Trilogie von Papst Benedikt XVI. Er wirft dem Verfasser vor, den Leser darin mit „wahren Bergen frommer und weitgehend altbekannter Plattitüden" zu konfrontieren:

> 2007 veröffentlichte Joseph Ratzinger, Papst Benedikt XVI, den ersten Band seiner Trilogie *Jesus von Nazareth*, den er nicht einfach als frommes Buch, als Zeugnis einer „persönlichen Suche nach dem Angesicht des Herrn" verstanden wissen wollte, sondern als ein im Einklang in Einklang mit der „historisch-kritischen Methode" stehendes wissenschaftliches Werk. Die Anhänger dieser Schule behandeln die Evangelien als literarische Werke der Antike, die sie mit den Mitteln der Textkritik untersuchen; das heißt, sie sehen sie linguistisch, historisch und dogmatisch im kulturellen Kontext ihrer Zeit stehend. Der erste Band folgte nicht wirklich dieser Methode: Er bietet keinerlei philologische Analyse und scheut sich, widersprüchliche Aussagen miteinander zu vergleichen, so zum Beispiel, ob die Evangelien nur für die verlorenen Schafe Israels oder aber für die ganze Welt geschrieben wurden. Man präsentiert uns eine altmodische Geschichte, in der die Evangelien gleichsam wörtlich verstanden und eben nicht in ihrem historischen Rahmen gedeutet werden, sondern im Licht beliebiger Passagen aus dem Alten und Neuen Testament oder unter Zuhilfenahme von Werken zweier Jahrtausende christlichen Gedankenguts. Das ist biblische Exegese der vormodernen Ära.[4]

5.a. Dass Jesus Jude war – ein kultureller Zufall?

Trotz der harschen Kritik von Géza Vermes ist die Leben-Jesu-Forschung von christlicher wie jüdischer Seite durch die Jesus-Trilogie Joseph Ratzingers, veröffentlicht zwischen 2007 und

---

[4] Dt. Übersetzung von Géza Vermes, Review of Jesus of Nazareth, Part 2: Holy Week, by Pope Benedict XVI, Guardian, 12.03.2011.

2012, in den Genuss ganz neuer Aufmerksamkeit gekommen. Ist es nicht erstaunlich, dass es keinerlei Auseinandersetzungen mit dem Buch Ratzingers von jüdischer Seite zu geben scheint? Weil ich selbst nicht fündig wurde, befragte ich meinen Kollegen Rabbiner Michael A. Signer (1945–2009), einen der Initiatoren der jüdischen Stellungnahme zu Christen und Christentum, *Dabru Emet*, aus dem Jahr 2002. Auch er wusste von keinen nennenswerten jüdischen Stellungnahmen zum Jesus-Buch des Papstes, außer der Jacob Neusners, von der noch die Rede sein wird. Da Joseph Ratzinger ins Zentrum seines Buches ein Andachtsbild von Jesus als dem „Christus“ gestellt hat, das gerade über die Lücken hinwegführen soll, die die historisch-kritische Forschung klaffend geöffnet hatte, habe es wohl wenig ernsthaftes Interesse von jüdischen Wissenschaftlern gegeben.

In der Tat ist Joseph Ratzinger der historische Jesus zu mager geworden, den die Wissenschaft der letzten zwei Jahrhunderte übriggelassen hat. Dies konstatiert er bereits zu Beginn seines Buches:

> Der Riss zwischen dem „historischen Jesus“ und dem „Christus des Glaubens“ wurde immer tiefer, beides brach zusehends auseinander […] Die Fortschritte der historisch-kritischen Forschung führten zu immer weiter verfeinerten Unterscheidungen zwischen Traditionsschichten, hinter denen die Gestalt Jesu, auf den sich doch der Glaube bezieht, immer undeutlicher wurde, immer mehr an Kontur verlor […] Zugleich freilich wurden die Rekonstruktionen dieses Jesus, der hinter den Traditionen der Evangelisten und ihrer Quellen gesucht werden musste, immer gegensätzlicher: vom antirömischen Revolutionär […] bis zum sanften Moralisten […].[5]

Joseph Ratzinger sieht in Jesus Christus den hermeneutischen Schlüssel sowohl für „Altes“ wie „Neues Testament“- Von ihm her sei die Bibel als Einheit zu verstehen. Das aber setze einen Glaubensentscheid voraus und könne nicht aus purer histori-

---

[5] Ratzinger, Jesus von Nazareth, S. 10.

scher Methode hervorkommen.[6] Trotzdem war ein Jude Anstoß zur Jesus-Trilogie.

Kardinal Christoph Schönborn hob bei der Buchpräsentation in Rom hervor, dass es Jacob Neusner gewesen war, der den Pontifex durch sein Buch „Ein Rabbi spricht mit Jesus" zu seinem neuen Werk angeregt habe. Der bemerkt zu dem Faktum, Teil einer literarischen Disputation mit dem Papst geworden zu sein:

> Disputationen kamen aus der Mode, als die Religionen das Vertrauen in die Macht der Vernunft, theologische Wahrheit zu begründen verloren [...] Das Erbe der Aufklärung mit ihrer Gleichgültigkeit gegenüber den Wahrheitsansprüchen der Religion forderte und begünstigte religiöse Toleranz und gegenseitigen Respekt anstelle von religiöser Konfrontation und dem Insistieren auf Gotteserkenntnis [...][7]

In den letzten beiden Jahrhunderten hat der jüdisch-christliche Dialog als Mittel einer Politik der gesellschaftlichen Aussöhnung, nicht der Infragestellung der Überzeugung der anderen Seite gedient, Ratzinger dagegen sei – ebenso wie Neusner selbst – ganz entgegen dem Trend ein „Wahrheitssucher." Allerdings müsse man als christlicher Disputant dann damit fertig werden, dass Neusner Jesus nicht gefolgt wäre:

> Ich erkläre ganz offen und ohne apologetische Absicht, warum ich, wenn ich im 1. Jahrhundert in Israel gelebt hätte und bei der Bergpredigt anwesend gewesen wäre, mich nicht dem Kreis der Jünger Jesu angeschlossen hätte. Ich wäre ganz einfach anderer Meinung gewesen, hoffentlich höflich, ganz sicher aus gutem Grund, mit Argumenten und Tatsachen, die ich angeführt hätte. Wenn ich gehört hätte, was er in der Bergpredigt gesagt hat, wäre ich aus guten, überzeugenden Gründen kein Jünger geworden.[8]

---

[6] A.a.O., S. 18.

[7] Dt. Übersetzung von Jacob Neusner, My Argument with the Pope, in: Jerusalem Post, 29.05.2007.

[8] Ebd.

Man muss Ratzinger zugutehalten, dass er seiner Glaubenshaltung überhaupt eine jüdische Position gegenüberstellt. Denn wie wir gesehen haben, wurden von christlicher Seite Beiträge der jüdischen Jesusforschung zumeist nicht als heilsame Infragestellung der eigenen Position oder vielleicht gar als Gesprächsangebot empfunden, sondern als Anmaßung. Leider bleibt Jacob Neusner der einzige jüdische Sparringspartner, der immer wieder in Joseph Ratzingers Werk auftaucht. Es hätte dieses Buch aber ungemein bereichert, wenn er in seiner Beschäftigung mit der jüdischen Position nicht diesen einen singulären Bezug gewählt hätte, sondern mit der breiten jüdischen Leben-Jesu-Forschung ins Gespräch gekommen wäre.

Ich nehme es als Indiz, dass die jüdische Leben-Jesu-Forschung Ratzinger kein wirkliches Anliegen war, als er sein Jesusbild entfaltete. Und im Grunde bleibt Joseph Ratzinger auch die substantielle Auseinandersetzung mit der jüdischen Position schuldig. Eine Parallele findet sich in seiner „Einführung in das Christentum“ von 1968. Dort schreibt er beispielsweise von der Verantwortung der Menschen für diese Welt, und dass diese am Ende „nach ihren Werken“ gerichtet würden.[9] Eine ausdrückliche Parallele zum Judentum wird gezogen:

> Es dürfte nützlich sein, in diesem Zusammenhang an Ausführungen des großen jüdischen Theologen Leo Baeck zu erinnern, denen der Christ nicht zustimmen wird, aber an deren Ernst er auch nicht achtlos vorübergehen kann.[10]

Joseph Ratzinger löst die Spannung zwischen christlicher Gnadenlehre und der jüdischen Forderung nach einer aktiven Gestaltung der Welt aber ohne innere Auseinandersetzung mit der Heilsbotschaft des Judentums. Und das, obwohl ihm der universale Anspruch der Ethik des Judentums deutlich ist:

---

[9] Joseph Ratzinger, Einführung in das Christentum. Vorlesungen über das Apostolische Glaubensbekenntnis, München [6]2005, S. 305.

[10] A. a. O., S. 306.

> Baeck zeigt dann, wie sich dieser Universalismus des auf der Tat gründenden Heils immer deutlicher in der jüdischen Überlieferung kristallisiert, um schließlich ganz klar hervorzutreten in dem „klassischen" Wort: „Auch die Frommen, die nicht Israeliten sind, haben an der ewigen Seligkeit teil."[11]

Joseph Ratzingers Auflösung ist lapidar: „Vielleicht wird man letztlich auch gar nicht über ein Paradox hinauskommen, dessen Logik sich vollends nur der Erfahrung eines Lebens aus dem Glauben erschließen wird." Man hat den Eindruck: Hier spricht jemand, der die jüdische Position durchaus kennt. Aber sie ficht ihn nicht an: „Es ist nicht unsere Aufgabe, im Einzelnen zu bedenken, wie diese Aussage mit dem vollen Gewicht der Lehre von der Gnade zusammen bestehen kann."[12] Wenn aber Gottes Heilsgeschichte mit seinem Volk nicht am Ende ist, wenn das Judentum weiterhin Zeugnis gibt von seinem Bund mit Gott, und wenn es dem Christentum brüderlich verbunden ist, warum ist dann die jüdische Position für Joseph Ratzinger bloß ein Apropos? Interessant ist Joseph Ratzingers Anknüpfungspunkt bei Neusner dennoch. Denn er zeigt, dass die jüdische Beschäftigung mit Jesus auch Christen motivieren kann, über diesen bedeutenden Juden nachzudenken, und sich daran zu erinnern, dass seine jüdische Herkunft kein kultureller Zufall gewesen sein könnte, sondern ein Teil der christlichen Heilsgeschichte. In seiner „Ansprache an die Teilnehmer des vatikanischen Kolloquiums über die Wurzeln des Antijudaismus im christlichen Bereich" hat dies Johannes Paul II. 1997 so ausgedrückt:

> Manche Menschen betrachten die Tatsache, dass Jesus Jude war und dass sein Milieu die jüdische Welt war, als einfachen kulturellen Zufall, der auch durch eine andere religiöse Inkulturation ersetzt und von der die Person des Herrn losgelöst werden könnte, ohne ihre Identität zu verlieren. Aber diese Leute verkennen nicht nur die Heilsgeschichte, sondern noch radikaler: Sie greifen die

---

11 Ebd.

12 A. a. O., S. 307.

> Wahrheit der Menschwerdung selbst an und machen eine authentische Auffassung der Inkulturation unmöglich.[13]

5.b. Der „Rabbi Jesus" – den Christen nur als Christus wichtig?

Joseph Ratzinger selbst sagt an einer Stelle alles, was ein Jude über Jesus sagen könnte: „[…] dass wir jedenfalls wenig Sicheres über Jesus wissen und dass der Glaube an seine Gottheit erst nachträglich sein Bild geformt [hat]."[14] „Dieser Eindruck ist inzwischen weit ins allgemeine Bewusstsein der Christenheit gedrungen," warnt der Papst. Dies sei

> dramatisch für den Glauben, weil sein eigentlicher Bezugspunkt unsicher wird […] Was aber kann der Glaube an Jesus den Christus, an Jesus den Sohn des lebendigen Gottes bedeuten, wenn eben der Mensch Jesus so ganz anders war, als ihn die Evangelisten darstellen und als ihn die Kirche von den Evangelien her verkündigt?[15]

… fragt sich Joseph Ratzinger. – Ja was? Der Papst will deutlich machen, dass solche Jesus-Bilder lediglich „Fotografien" der jeweiligen Autoren waren, aber keine Freilegung des historischen Jesus der Bibel. Seine Antwort ist klar: Wenn Gott in die reale Geschichte tritt, „incarnatus est," muss sich dieser Glaube auch der historischen Forschung aussetzen.[16] Und diese Einsicht ist ihm nicht neu. Bereits 1968 kommt er in seiner „Einführung in das Christentum" zum gleichen Ergebnis:

> Der Versuch, unter Umgehung des geschichtlichen Christentums aus der Retorte des Historikers einen reinen Jesus zu konstruieren,

---

[13] Johannes Paul II., Ansprache an die Teilnehmer des vatikanischen Kolloquiums über die Wurzeln des Antijudaismus im christlichen Bereich, in: Die Kirchen und das Judentum, Bd. 2: Dokumente von 1986–2000, hg. von Hans Hermann Henrix/Wolfgang Kraus, Paderborn 2001, S. 107–09, hier: S. 109.

[14] Ratzinger, Jesus von Nazareth, S. 11.

[15] Ebd., S. 10.

[16] A. a. O., S. 14.

> von dem man dann sollte leben können, ist innerlich absurd. Die bloße Historie schafft keine Gegenwart, sondern stellt das Gewesensein fest. Die Jesus-Romantik ist deshalb im Letzten genauso zukunftslos und so gegenwartsleer, wie es die Flucht ins reine Wortereignis sein musste [...] Dennoch war das Hin und Her des modernen Geistes zwischen Jesus und Christus [...] nicht einfach umsonst.[17]

Damit würdigt Joseph Ratzinger zwar die Ergebnisse der modernen Exegese, er bezweifelt aber schon seit Jahrzehnten deren Reichweite: Die historisch-kritische Forschung könne den Glauben, dass Jesus als Mensch Gott war, nicht erfassen. Gerade die analoge Wirkung der jüdischen und christlichen Leben-Jesu-Forschung dürfte ein tieferer Grund dafür sein, dass es manche Methode der Exegese künftig schwieriger haben wird im Vatikan – auch wenn Joseph Ratzinger sein Buch nicht als lehramtlichen Akt verstanden wissen will.

Im Grunde bleibt Joseph Ratzinger die substantielle Auseinandersetzung mit der jüdischen Position schuldig. Eine Parallele findet sich in seiner „Einführung in das Christentum" von 1968. Dort schreibt er beispielsweise von der Verantwortung der Menschen für diese Welt, und dass diese am Ende „nach ihren Werken" gerichtet würden.[18]

5.c. „Die ganze Bibel von Christus her lesen" – Joseph Ratzingers Hermeneutik

Joseph Ratzinger geht es darum, den Prozess der Schriftwerdung „von Jesus Christus her"[19] zu betrachten. Aus diesem Blickwinkel könne man erkennen, dass im Ganzen eine Richtung liege und „Altes Testament und Neues Testament zusammengehören." Hätten die Christen sich vom Alten Testament

---

17 Ratzinger, Einführung in das Christentum, S. 188.

18 A.a.O., S. 305.

19 Ratzinger, Jesus von Nazareth, S. 17.

verabschiedet, wie Adolf von Harnack in der Nachfolge Marcions gefordert hat, „unser Neues Testament wäre in sich sinnlos.“[20]

> Es ist klar, dass ein Abschied der Christen vom Alten Testament nicht nur, wie vorhin angedeutet, das Christentums selbst aufheben müsste, sondern auch dem positiven Verhältnis zwischen Christen und Juden nicht dienen könnte, weil ihnen eben das gemeinsame Fundament entrissen würde,

sagt Joseph Ratzinger in seinem Vorwort zur Stellungnahme der Päpstlichen Bibelkommission von 2001, „Das Jüdische Volk und seine Heilige Schrift in der christlichen Bibel.“ Gleichzeitig entspricht die christliche Hermeneutik des Alten Testaments, die zweifellos von derjenigen des Judentums unterschieden ist, für Joseph Ratzinger doch einer Sinnmöglichkeit jener Texte.[21]

Die Päpstliche Bibelkommission selbst hatte sich 2001 in „Das jüdische Volk und seine Heilige Schrift in der christlichen Bibel“ zu einer Aussage über jüdische und christliche Leseweise durchgerungen, die die Pointe etwas anders setzt, nämlich auf der bleibenden Gültigkeit der jüdischen Leseweise:

> […] Christen können und müssen zugeben, dass die jüdische Lesung der Bibel eine mögliche Leseweise darstellt, die sich organisch aus der jüdischen Heiligen Schrift der Zeit des Zweiten Tempels ergibt, in Analogie zur christlichen Leseweise, die sich parallel entwickelte. Jede dieser beiden Leseweisen bleibt der jeweiligen Glau-

---

[20] Vorwort Joseph Ratzingers, in: Das jüdische Volk und seine Heilige Schrift in der christlichen Bibel – 24. Mai 2001 (Verlautbarungen des Apostolischen Stuhls, Bd. 152), Bonn 2001, S. 3–8: Das hier vorzustellende Dokument der Päpstlichen Bibelkommission (Nr. 84) sagt darüber: „Sans l'Ancien Testament, le Nouveau Testament serait un livre indéchiffrable, une plante privée de ses racines et destinée à se dessécher“ [Ohne das Alte Testament wäre das Neue Testament ein Buch, das nicht entschlüsselt werden kann, wie eine Pflanze ohne Wurzeln, die zum Austrocknen verurteilt ist.]

[21] A. a. O.: „[…] correspond cependant à une potentialité de sens effectivement présente dans les textes“ (No. 64).

> benssicht treu, deren Frucht und Ausdruck sie ist. So ist die eine nicht auf die andere rückführbar.[22]

Joseph Ratzingers Position im Verhältnis von Altem zu Neuem Testament ist kategorisch die des Glaubens a priori. Er hebt darauf ab, dass nur der Glaube aus Jesus Christus diesen „Schlüssel des Ganzen macht“ für „Altes“ und „Neues“ Testament, aus purer historischer Methode könne er nicht hervorkommen. In seinem Vorwort von 2001 kommt das bereits zum Tragen: Die Worte der Schrift seien auch von einem „inneren Mehrwert“ getragen, einer Mehrdimensionalität menschlicher Rede, die nicht an einem historischen Punkt fixiert ist, sondern in die Zukunft vorausgreift. Ihn interessiert, „wie Gottes Wort sich des Menschenwortes bedienen kann, um einer fortschreitenden Geschichte einen Sinn einzustiften, der über den jeweiligen Augenblick hinausweist, und doch gerade so die Einheit des Ganzen bewirkt.“ Im Jesus-Buch knüpft er an seine früheren Äußerungen an:

> Da spricht der Autor nicht einfach aus sich selbst und für sich selbst. Er redet aus einer gemeinsamen Geschichte heraus, die ihn trägt und in der zugleich die Möglichkeiten ihrer Zukunft, ihres weiteren Weges schon im Stillen gegenwärtig sind.[23]

Juden und Christen haben also ein gemeinsames Fundament in der Heiligen Schrift, sind aber getrennt in ihren unterschiedlichen Leseweisen. Joseph Ratzingers Kritik an der historisch-kritischen Forschung ist deshalb folgerichtig:

> Dass aber die Schriftsteller der vorchristlichen Jahrhunderte, die in den alttestamentlichen Büchern zu Worte kommen, auf Christus und auf den Glauben des Neuen Testaments voraus verweisen woll-

---

[22] A. a. O. Nr. 22. Vgl. dazu das Dokument I.C.2: Zugänge über die jüdische Interpretations-Tradition, in: Die Interpretation der Bibel in der Kirche. Ansprache Seiner Heiligkeit Johannes Paul II. und Dokument der Päpstlichen Bibelkommission (Verlautbarungen des Apostolischen Stuhls, Bd. 115), Bonn 1993.

[23] Ratzinger, Jesus von Nazareth, S. 18 f.

> ten, erscheint dem modernen historischen Bewusstsein mehr als unwahrscheinlich.[24]

Ich bin versucht hier anzumerken: Auch einem Juden erscheint dies unwahrscheinlich. Aus dem Argument der „Gemeinsamen Schrift“ folgt so jedenfalls keine substantielle Nähe von Juden und Christen.

5.d. Christlicher Glaube und „historische Vernunft“

Problematisch ist für Juden das Postulat Joseph Ratzingers, dieser Glaubensentscheid trage gar „historische Vernunft“ in sich.[25] In seiner Enzyklika Spe Salvi vom 30. November 2007 formuliert Joseph Ratzinger diese Verschränkung von Glaube und Vernunft als zentralen Gedanken: „Darum braucht die Vernunft den Glauben, um ganz zu sich selbst zu kommen: Vernunft und Glaube brauchen sich gegenseitig, um ihr wahres Wesen und ihre Sendung zu erfüllen.“[26]

Wenn aber das Christentum irgendeinen bedeutsamen Anspruch auf die Wahrheit erheben will, dann muss es sich seit der Aufklärung denselben Verfahren der Prüfung und Verifikation unterwerfen, wie sie in den profanen Wissenschaften angewandt wird.[27] Rabbiner Abraham Geiger hat das jüdische Verständnis von Vernunft gut zusammengefasst: Auf einem Bildnis aus seinen Breslauer Jahren als Rabbiner an der dortigen Storchen-Synagoge, das nach 1840 entstanden sein dürfte, finden wir sein Motto: „Durch Erforschung des Einzelnen zur

---

24 Ratzingers Vorwort, in: Das jüdische Volk und seine Heilige Schrift, S. 3–8.

25 Ratzinger, Jesus von Nazareth, S. 18.

26 Papst Benedikt XVI, Enzyklika Spe Salvi von Papst Benedikt XVI. an die Bischöfe, an die Priester und Diakone, an die gottgeweihten Personen und an alle Christgläubigen über die christliche Hoffnung – 30. November 2007 (Verlautbarungen des Apostolischen Stuhls, Bd. 179), Bonn 2007, S. 32.

27 Vgl. Georg Essen, Historische Vernunft der Auferweckung Jesu, Mainz 1995, S. 105.

Erkenntnis des Allgemeinen, durch Kenntnis der Vergangenheit zum Verständnis der Gegenwart, durch Wissen zum Glauben."[28] Joseph Ratzingers Jesus-Buch scheint nahelegen zu wollen, man müsse genau umgekehrt vorgehen. Kein Zweifel, Ratzinger hat dem auferstandenen Christus mit seinem Jesus-Buch wieder neuen Glanz für die Kirche und ihren Glauben verliehen. Für den jüdischen Leser ist klar: Der Autor ist hier ganz persönlich auf der Suche, bereits unter der Voraussetzung des Glaubens, nicht erst auf der Suche nach Glauben. Damit steht er in der Nachfolge derer, die die christliche Leben-Jesu-Forschung überwinden wollten. Der jüdische Blick dagegen geht auf einen von uns, der es weit gebracht hat, als Mensch den Menschen Gottes Willen nahe zu bringen Die jüdische Herangehensweise setzt hier einen deutlichen Kontrapunkt zu der platonischen Herangehensweise Joseph Ratzingers, der eine „relecture" der Hebräischen Bibel unter den Voraussetzungen des christlichen Glaubens als „historische Vernunft" bezeichnet sehen will.

So konstatierte gegen Ende des 19. Jahrhunderts der Rabbinerverband Deutschlands: solange Christen

> an der Überlieferung der Inkarnation, der erlösenden Macht Jesu und an der Verwerfung des Gesetzes als grundlegendem geistigem und ethischem Prinzip festhalten, [...] wird das Christentum nicht frei sein von Elementen, die den Ansprüchen der Vernunft zuwiderlaufen, [...] und es ist unsere Aufgabe, aus dem Reichtum des reinen Monotheismus – und damit aus dem Reichtum reinster Sittlichkeit – etwas beizutragen zur menschlichen Kultur im allgemeinen und zu unserer deutschen Kultur im besonderen.[29]

---

[28] Jakob J. Petuchowski, New Perspectives on Abraham Geiger, Cincinnati 1975 und vgl. Hartmut Bomhoff, Abraham Geiger. Durch Wissen zum Glauben, Berlin 2006, S. 30.

[29] Die „Mission" der Deutsch-Evangelischen Kirche, in: Mitteilungen des Deutsch-Israelitischen Gemeindebundes, 1890, S. 2–4, zit. n. Homolka, Jüdische Identität, S. 38f.

Aus meiner Perspektive ist deshalb Joseph Ratzingers Vernunftbegriff trügerisch, weil er den Glauben voraussetzt.[30]

5.e „Gnade und Berufung ohne Reue"

Eigentlich wollte Joseph Ratzinger nach seinem Rücktritt 2013 schweigen, doch 2018 verstört er ausgerechnet beim heiklen Thema jüdisch-katholischer Dialog erneut: Im Juli 2018 erscheint in der Internationalen Katholischen Zeitschrift Communio sein Traktat „Gnade und Berufung ohne Reue."[31] In dem 19-seitigen Beitrag kommt Joseph Ratzinger zu der bemerkenswerten Feststellung, „dass es eine ‚Substitutionstheorie' als solche vor dem Konzil nicht gegeben hat," also die jahrhundertelang vorherrschende Position der Kirche, dass sie das Erbe des Judentums angetreten habe.[32] Der heiliggesprochene Kirchenvater Justin schrieb schon im zweiten Jahrhundert: „Das wahre, geistige Israel nämlich und die Nachkommen Judas, Jakobs, Isaaks und Abrahams, das sind wir, die wir durch diesen gekreuzigten Christus zu Gott geführt wurden."[33] In Stein gemeißelt war diese Überzeugung spätestens im Mittelalter, wie die aufkommenden Synagoga-Skulpturen heute noch bezeugen.

Es war das Zweite Vatikanische Konzil, das 1965 mit dem Dokument „Nostra Aetate" endgültig mit der traditionellen

[30] Ratzinger, Jesus von Nazareth, S. 18.

[31] Joseph Ratzinger, Gnade und Berufung ohne Reue. Anmerkungen zum Traktat „De Iudaeis", in: Internationale Katholische Zeitschrift Communio 47 (2018), S. 387–406. Die gesamte Diskussion dazu siehe: https://www.muenster.de/~angergun/ratzinger-communio.html (auf Deutsch) und https://www.ccjr.us/dialogika-resources/themes-in-today-s-dialogue/emeritus-pope (auf Englisch).

[32] A. a. O., S. 392.

[33] Justin der Märtyrer (ca. 100–165), Dialog mit dem Juden Tryphon, 11:5; zitiert nach: Bibliothek der Kirchenväter (BKV): http://www.unifr.ch/bkv/Kapitel100-10.htm.

Sicht auf das Judentum gebrochen und damit einen jüdisch-katholischen Dialog auf Augenhöhe ermöglicht hat. Wörtlich heißt es darin: „Ein großer Teil der Juden hat das Evangelium nicht angenommen, ja nicht wenige haben sich seiner Ausbreitung widersetzt. Nichtsdestoweniger sind die Juden nach dem Zeugnis der Apostel immer noch von Gott geliebt.“ Zugleich verurteilt das Dokument „Manifestationen des Antisemitismus, die sich zu irgendeiner Zeit und von irgend jemandem gegen die Juden gerichtet haben.“[34]

In seinem Beitrag „Gnade und Berufung ohne Reue“ würdigt Ratzinger diese explizite Ablehnung der Substitutionstheorie bemerkenswerterweise auch als wesentlich für die „nach dem Konzil entwickelte neue Sicht des Judentums.“[35] Wie sollte es auch anders sein, sollte man meinen, immerhin war Ratzinger damals selbst als Konzilsberater bei dem Bischofstreffen in Rom mit dabei.

Dass nun ausgerechnet Ratzinger schreibt, die wirkungsgeschichtlich verheerende Substitutionsthese habe es nie gegeben, lässt seine Leser ratlos zurück. So müsste sich das Konzil von einer Lehre verabschiedet haben, die es nie gegeben haben soll. Mindestens ein Paradox. Obendrein narrt der Papst emeritus damit nicht nur die rund 2500 Konzilsväter im Gestus des Besserwissers, sondern auch sich selbst: Immerhin war er es, der die von jenem Konzil abgeschaffte „alte“ Messfeier wieder zuließ mitsamt der irritierenden Karfreitagsfürbitte „Für die Juden,“ was im Jahr 2007 einen weltweiten Aufschrei provozierte. Damit machte Ratzinger wieder möglich, an Karfreitag darum zu bitten, dass Gott „den Schleier von ihrem Herzen wegnehmen“ möge, damit auch die Juden Jesus Christus erkennen.

---

[34] Dokumente des II. Vatikanischen Konzils, „Nostra Aetate,“ 28. Oktober 1965, Abschnitt 4. Die jüdische Religion, http://www.vatican.va/archive/hist_councils/ii_vatican_council/documents/vat-ii_decl_19651028_nostra-aetate_ge.html (abgerufen am 10.02.2020).

[35] Ratzinger, Gnade und Berufung, S. 392.

„Lex orandi, lex credendi" heißt ein alter, in dem Fall sehr aufschlussreicher Theologenspruch: „Was man betet, glaubt man."

Die Juden, so die Karfreitagsfürbitte weiter, sollen „ihrer Finsternis entrissen werden." Mit ihrer Augenbinde steht die Bamberger Synagoga heute noch „in Finsternis" am linken Eingang des Fürstenportals. Als Mahnung und Warnung, so der Bamberger Erzbischof Ludwig Schick. Denn „sicher hat die Sicht auf das Judentum," welche die Skulptur aus früheren Zeiten konserviert, „den Antisemitismus gefördert und die sowohl schrecklichen Taten der Judenpogrome im Mittelalter als auch den Holocaust durch die Nazis mitbedingt."[36] So betrachtet, leugnet Ratzinger auch die kirchliche Mitverantwortung an antisemitischen Verbrechen, wenn er die einst gängige Substitutionsthese verleugnet. 2007 hatte Joseph Ratzinger seine eigenhändige Neuformulierung der Karfreitagsfürbitte in der lateinischen Form vorgelegt, die 2008 approbiert und allgemein als Billigung der Judenmission verstanden worden ist.[37] Zehn Jahre später lieferte Ratzinger dann den theologischen Schlüssel. Der emeritierte Papst erläutert in dem Aufsatz „Gnade und Berufung ohne Reue" seine Ansicht, die ich so auf einen kurzen Nenner bringen möchte: die Juden sind Gottes Volk. Aber die Wahrheit liegt im Christentum. Dem Judentum nach Christus komme nur noch die Funktion zu, das Gericht Gottes in der Zerstreuung zu verkörpern.

> Auf diese Weise haben die Juden gerade durch ihre endgültige Zerstreuung in der Welt die Tür zu Gott geöffnet. Ihre Diaspora ist nicht bloß und nicht primär ein Zustand der Strafe, sondern bedeutet eine Sendung.[38]

---

[36] Ludwig Schick, Heinrichsblatt, Dom-Serie, Teil 5, 20.02.2012, https://www.eo-bamberg.de/eob/dcms/sites/bistum/medien/heinrichsblatt/aktuell/domserie.html?f_action=show&f_newsitem_id=102861 (abgerufen am 10.02.2020).

[37] Vgl. Walter Homolka, Erich Zenger (Hg.), „… damit sie Jesus Christus erkennen." Die neue Karfreitagsfürbitte für die Juden, Freiburg i. Br. 2008.

[38] Ratzinger, Gnade und Berufung, S. 402.

Aufgabe der Christen sei es, den Juden die christliche Interpretation der Hebräischen Bibel zu erläutern, wie dies in Emmaus der Auferstandene bei den Jüngern getan habe.

> Im Unterwegssein mit Jesus wie die Emmaus-Jünger lernt die Kirche immerfort das Alte Testament mit ihm zu lesen und so neu zu verstehen. Sie lernt zu erkennen, dass gerade dies über den „Messias“ vorausgesagt ist und soll im Dialog mit den Juden immer wieder zu zeigen versuchen, dass dies alles „schriftgemäß“ ist.[39]

Ratzinger bringt es aber auf den Punkt, wenn er lehrt, der Sinai-Bund Gottes mit Israel sei umgewandelt in den Christusbund.

> Die Umstiftung des Sinai-Bundes in den neuen Bund im Blute Jesu, das heißt in seiner den Tod überwindenden Liebe, gibt dem Bund eine neue und für immer gültige Gestalt. Jesus antwortet damit im voraus auf die zwei geschichtlichen Ereignisse, die kurz danach in der Tat die Situation Israels und die konkrete Form des Sinai-Bundes grundlegend geändert haben: die Zerstörung des Tempels, die sich immer mehr als unwiderruflich erwies, und die Zerstreuung Israels in einer weltweiten Diaspora.[40]

Der Schweizer Jesuitenprovinzial Christian Rutishauser beurteilt diese neuen Aussagen von 2018 in der Neuen Zürcher Zeitung so: „Wenn Erfüllung in Christus exklusiv gesetzt wird, dann wird christliche Identität auf Kosten der jüdischen formuliert.“[41]

Für mich zeigt Ratzingers Essay sonnenklar: Dem Verfasser bedeutet das lebendige Judentum von heute nichts. Für ihn ist das Judentum lediglich eine Vorform des Christentums, eine Reminiszenz. Aus der Gemeinsamkeit der Schrift erwächst keine substantielle Nähe zwischen Juden und Christen. Nirgends

---

39 A. a. O., S. 399.

40 A. a. O., S. 405–06.

41 Christian Rutishauser, Benedikt XVI. ruft den Juden zu: An Christus führt kein Weg vorbei, Neue Zürcher Zeitung, 08. 07. 2018, https://www.nzz.ch/feuilleton/benedikt-xvi-ruft-den-juden-zu-an-christus-fuehrt-kein-weg-vorbei-ld.1401426 (abgerufen am 10. 02. 2020).

versucht der emeritierte Papst, die Juden als Glaubensgemeinschaft nach Christus zu verstehen, ihre Wahrheit wertzuschätzen oder gar aus der jüdischen Tradition zu lernen.

Stattdessen formulierte er es bereits 2000 so: „Wir werden auch beten, dass er den Söhnen Israels eine größere Erkenntnis Jesu von Nazaret [sic] gebe, ihrem Sohn und Geschenk, das sie uns gemacht haben. Da wir beide in Erwartung der endzeitlichen Erlösung sind, lasst uns beten, dass unser Weg auf zusammenlaufenden Linien erfolge."[42]

[42] Joseph Ratzinger, Das Erbe Abrahams, in: HEUTE in Kirche und Welt 1, Nr. 2 (Februar 2001), S. 1 f. [Der Text dieser Meditation erschien zuerst in der Woche nach Weihnachten am 29. Dezember 2000 auf Italienisch im Osservatore Romano].

Kapitel 6
Der jüdische Jesus – eine Herausforderung für die christliche Theologie

Der Münchener Neutestamentler Ferdinand Hahn, ein Freund Schalom Ben-Chorins, konnte sich noch 1974 so äußern:

> An Jesu provokatorischem Verhalten am Sabbat, an seiner Ignorierung der rituellen Reinheitsforderungen, an seiner Haltung gegenüber den aufgrund von Gesetzesbestimmungen aus der Gemeinschaft ausgeschlossenen Kranken, an seiner Gemeinschaft mit denen, die das Gesetz nicht beachteten, zeigt sich, daß er nicht bereit war, als Jude jüdisch zu leben im Sinne des damaligen jüdischen Selbstverständnisses, gleich welcher Schattierung.[1]

Das führt zu der bizarren Erkenntnis: So wenig wie das Judentum viele Jahrhunderte lang Jesus als Juden wahrnehmen wollte, so wenig vermochte dies das Christentum. Angelika Strotmann urteilt: „Selbst die historische Jesusforschung hat über 200 Jahre gebraucht, um Jesus dem Judentum wieder zurückzugeben, oder anders formuliert, zu erkennen, dass er nie etwas anderes war als ein galiläischer Jude des 1. Jh. n. Chr."[2] Diese Aussage kann für die christliche Jesusforschung ebenso gelten wie für die jüdische. Deshalb ist die Wiederentdeckung Jesu innerhalb des Judentums ein faszinierendes Phänomen.

Ich wollte diese spannende Entwicklung nachzeichnen: von Distanz und ängstlicher Abgrenzung zu vorsichtiger Auseinan-

---

[1] Ferdinand Hahn, Methodologische Überlegungen zur Rückfrage nach Jesus, in: Rückfrage nach Jesus. Zur Methodik und Bedeutung der Frage nach dem historischen Jesus (QD 63), hg. v. Karl Kertelge, Freiburg 1974, S. 1–77, hier: S. 43.

[2] Strotmann, Der historische Jesus, S. 71. Die jüdische Jesus-Forschung „ist damit ein wichtiges Korrektiv gegen eine geschichtsvergessene christliche Theologie," Jan-Heiner Tück im Geleitwort, S. 48.

dersetzung, später sogar zur richtiggehenden Heimholung Jesu ins Judentum; ein Prozess, der 1900 Jahre andauerte und – wie Joseph Ratzinger exemplarisch zeigt – nicht ohne Rückschläge verläuft.

Das jüdische Interesse an Jesus dem Juden war, jedenfalls zu Beginn, ganz sicher aus einem apologetischen Impuls heraus entstanden; aus der Defensive verfolgten jüdische Forscher stets auch ein strategisches Ziel: die Rechtfertigung des Judentums als zeitgenössischen Ausdruck des Glaubens in christlichem Umfeld.

Ich habe zu zeigen versucht, wie diese Apologie auf entschlossenen, häufig antisemitischen Widerstand traf.

> Die christlichen Theologien haben Jesus aus dem Israel-Boden herausgerissen. Sie haben ihn entjudet, entwurzelt, verfremdet, gräzisiert, europäisiert, verdeutscht. Die Folge dieser vielfältigen Mutationsversuche ist eine unheilvolle Verwirrung, was die Person und das Wirken Jesu, die jüdischen Gegner Jesu, Ursprünge, Wesen und Aufgaben des Christentums und die geschichtlich-religiöse Bedeutung des Judentums betrifft. Alle diese christlichen Verschrobenheiten machten das Christentum anfällig, sich aus der Affäre zu ziehen, wenn Judenfeinde ihr blutiges Handwerk gegen die Juden ausübten.[3]

Im Laufe des 20. Jahrhunderts kam es zu einer deutlichen Verschiebung des Forschungsinteresses. Man gewinnt den Eindruck, dass der Gedanke der Annäherung und nicht ein letztlich politisches Motiv zum zentralen Katalysator für das jüdische Interesse an Jesus wurde. Leo Baecks umfassende Studien über Jesus und das Christentum zum Beispiel waren Versuche, noch im Dritten Reich Gemeinsamkeiten herauszuarbeiten.[4]

Vor allem in den Jahrzehnten nach der Schoa wurde das jüdische Bild von Jesus vertrauter, etwa wenn der jüdische

---

[3] Thoma, Jüdische Zugänge, S. 166.

[4] Siehe David Novak, The Quest for the Jewish Jesus, in: Modern Judaism 8.2 (1988), S. 119–38.

Religionsphilosoph Schalom Ben-Chorin vom „Bruder Jesus“ spricht. Der durch die Kirche entfremdete Bruder Jesus kehrte in den Kreis der Familie zurück. Man empfand keine Scheu mehr, Jesus als jüdischen Protagonisten zu sehen und ihn damit ins Judentum heimzuholen: als eine Stimme in einem vielfältigen Spektrum seiner Zeit.

Diese jüngste Entwicklung eröffnet der Forschung ganz neue Zugänge: Betrachtet man Jesu Lehre aus der Perspektive der jüdischen Halacha,[5] so zeigt Jesus sich aus heutiger Sicht als einer, der aus der Tradition heraus argumentiert, und nicht als der gefährliche Außenseiter früherer Jahrhunderte.[6] Überraschend ist dabei vor allem die Tatsache, dass Jesus zu einer Gestalt in der jüdischen Literatur und Kunst geworden ist[7] und so letztlich zu einer Identifikationsfigur innerhalb der Grenzen der jüdischen Kultur und Zivilisation. Jetzt sitzt Jesus „mit am Tisch.“ Das bedeutet jedoch nicht, dass sich die jüdische Betrachtung dem christlichen Bild von Jesus annähern würde, sei es die Vorstellung von Christus als Erlöser oder als dem prophezeiten Messias. Das ist allerdings nicht überraschend, wenn wir die Funktion der jüdischen Suche nach dem historischen Jesus verstehen. Das jüdische Interesse an Jesus dem Juden erblühte etwa zur gleichen Zeit, in der die messianische Idee – nach einer langen Reihe pseudomessianischer Enttäuschungen – ihre Strahlkraft zu verlieren begann: der Aufklärung. Es gibt gewichtige Argumente, die auf eine schwindende Relevanz des Messias-Konzepts seit dem Mittelalter und vor allem seit der Zeit der jüdischen Emanzipation hindeuten.[8] Man kann sagen,

---

[5] Chaim Saiman, Jesus' Legal Theory: A Rabbinic Reading, in: Journal of Law and Religion 23.1 (2007/2008), S. 97–130; David A. Skeel Jr., What were Jesus and the Pharisees Thinking about When They Talked about Law?, in: Journal of Law and Religion 23.1 (2007/2008), S. 141–46.

[6] Ein frühchristliches Beispiel für eine solche Interpretation ist Hermann L. Strack/Paul Billerbeck, Kommentar zum Neuen Testament aus Talmud und Midrasch, München 1922–1928.

[7] Siehe oben, Vorwort und Kapitel 4b.

[8] Thoma, Jüdische Zugänge, S. 174.

dass das Judentum im 19. und 20. Jahrhundert die Vorstellung von einem persönlichen Messias weitgehend für die Erwartung des Heranbrechens eines messianischen Zeitalters eintauschte. Somit kam es zu einer Demokratisierung der Erwartung, dass sich die Schöpfung durch die Mitwirkung aller auf ihre Vollendung zubewegt.[9] Das legt jedenfalls den Schluss nahe, dass das jüdische Interesse an Jesus niemals in erster Linie ein theologisches war. Es war Ausdruck „der Leidenschaft für Wahrheit und Gerechtigkeit und dem Engagement für eine humane, nicht mehr einem antijüdischen Sündenbocksdenken verhaftete Völker- und Weltordnung."[10]

Welches Bild von Jesus ergibt sich nun aus jüdischer Sicht? Jesus war ein bedeutender Mann für seine Zeit, doch er war kein vollkommener Mensch, und auch als bedeutender Mann nimmt er keine Sonderstellung ein, denn das Judentum hat viele große Männer hervorgebracht. Irgendeine übernatürliche Würde kommt Jesus nicht zu, als Phänomen und fester Bestandteil der abendländischen Kultur ist er aber unübersehbar auch für Juden. Jesus mehr zuzuerkennen, sieht auch Ernst Ludwig Ehrlich keinen Anlass, weil sich durch ihn „nichts, gar nichts" geändert habe. Ehrlich fügt als Einsicht hinzu: „Das Judentum hat niemals den einen Lehrer gekannt, nur die Kette der Lehrer, den Strom der Tradition. Es hat sich stets dagegen gesträubt, einen einzigen Menschen in den Mittelpunkt zu stellen." „Das tiefste Missverstehen zwischen Juden und Christen" sieht Ehrlich darin angelegt, dass Juden „ein vollgültiges religiöses Leben führen [können], ohne je etwas von Jesus und dem Evangelium gehört zu haben."[11]

Parallel zur Heimholung Jesu ins Judentum und häufig ohne jede wechselseitige Bezugnahme hat die christliche Leben-Jesu-

---

[9] Walter Homolka, Die Messiasvorstellungen im Judentum der Neuzeit, in: Der Messias, Berliner Theologische Zeitschrift 1 (2014), S. 106–41.

[10] Thoma, Jüdische Zugänge, S. 166.

[11] Ehrlich, Eine jüdische Auffassung von Jesus, S. 190.

Forschung versucht, Christus seines dogmatischen Schleiers zu entkleiden, um einen Blick auf die historische Gestalt dahinter zu erhaschen – Jesus von Nazareth. Der Ertrag dieses Bemühens ist innerhalb des Christentums unterschiedlich wahrgenommen worden und jeder Versuch, den historischen Jesus freizulegen, wurde nur allzu oft mit Argwohn aufgenommen. Dieses Zögern führt Wolfgang Stegemann darauf zurück, dass die jüdische Identität Jesu den christlichen Theologen die Einsicht abverlangte, dass die zentrale Figur der eigenen Religion bis zu ihrem Tod ganz und gar eingebettet war in ihrer Religion: dem Judentum. Damit ist die Suche nach dem historischen Jesus immer verbunden mit einer Relativierung der christlichen Überlegenheitsansprüche und der Aufgabe antijüdischer Ressentiments.[12]

Hier sind Rückzugsgefechte zu erwarten. Deshalb habe ich einem Exponenten dieses restaurativen Ansatzes besonderes Augenmerk geschenkt: Joseph Ratzinger. Seine Ansicht war, dass die Leben-Jesu-Forschung wenig Ertrag für die theologische Betrachtung Jesu beisteuern kann. Trotz der offensichtlich divergierenden Standpunkte und Positionen hebt Veli-Matti Kärkkäinen einen sich durchziehenden positiven Aspekt in der christlichen Jesusforschung hervor:

> Zwar bestehen radikale, unversöhnliche Unterschiede zwischen den verschiedenen Phasen der Leben-Jesu-Forschung – sodass man fast geneigt ist, sich zu fragen, inwieweit es überhaupt sinnvoll ist, sie terminologisch miteinander in Verbindung zu bringen – doch auf der anderen Seite ist ihnen allen der Wunsch gemein, fast zweitausend Jahre kirchlicher und theologischer christologischer Aussagen auf den Prüfstein zu bringen.[13]

James Dunn fasst die Errungenschaften der christlichen Leben-Jesu-Forschung seit den Achtzigerjahren des 20. Jahrhunderts knapp zusammen:

---

[12] Wolfgang Stegemann, Jesus und seine Zeit, Stuttgart 2010, S. 180.

[13] Veli-Matti Kärkkäinen, Christology, Grand Rapids 2003, S. 108.

> In den letzten Jahrzehnten des 20. Jahrhunderts war die hilfreichste Entwicklung in der Leben-Jesu-Forschung die Erkenntnis, dass das Forschungsinteresse vor allem *Jesus dem Juden* und einer klareren und eindeutigeren Bestimmung der Konsequenzen dieser Tatsache gelten muss. Was diese dritte Welle der Forschung von den beiden anderen unterscheidet, ist die Überzeugung, dass jeder Versuch, ein historisches Bild von Jesus von Nazareth zu zeichnen, bei dem Faktum beginnen muss, dass er ein Jude aus dem 1. Jahrhundert war, der im Umfeld des 1. Jahrhunderts wirkte. [...] Was ist andererseits natürlicher, könnte man denken, was ist notwendiger und selbstverständlicher, als sich auf die historische Spurensuche nach dem Juden Jesus zu machen?[14]

Wenn es aber wahr ist, dass Gott der Herr der Geschichte ist, dann ist auch die Wirkungsgeschichte des Christentums anzuerkennen als einer mit dem Judentum eng verbundenen Religion. Manche jüdischen Denker haben uns Juden an diese Tatsache erinnert und konnten den jüdisch-christlichen Dialog entscheidend beeinflussen. Die lange Zeit des Schweigens ist überwunden. Um des gemeinsamen Erbes willen müssen Christentum und Judentum einander jetzt Rede und Antwort stehen.

Die innerjüdische Aufgabe wird sein, sich z. B. der eigenen mystisch-esoterischen Traditionen stärker bewusst zu werden, wie sie etwa im Hebräischen Henochbuch zu finden sind. Trotz seiner Endredaktion im 7. Jahrhundert n. d. Z.[15] lassen sich die in ihm vorkommenden Traditionen bis in vorchristliche Zeit zurückverfolgen. Es handelt von Begegnungserfahrungen besonders begnadeter Menschen mit Gott. Henoch wird über alle Maßen erhöht, bis er über die Engel hinausragt.[16] Er schildert

---

14 James Dunn, Jesus Remembered; Christianity in the Making, Bd. 1, Grand Rapids 2003, S. 86.

15 Zur Datierung des Hebräischen Henochbuchs siehe Stefan Meißner, Die Heimholung des Ketzers – Studien zur jüdischen Auseinandersetzung mit Paulus, Tübingen 1996, S. 207.

16 hebrHen 1,4; 3,1; 7,1, u. v. m.

Rabbi Ismael, wie Gott ihm ein Kleid der Erhabenheit anlegt und einen Mantel der Ehre. „Und er machte mir eine königliche Krone [...] und setzte sie mir aufs Haupt. Im Angesicht seiner ganzen Familie nannte er mich den kleinen JHWH."[17]

Neutestamentliche und frühkirchliche Sohnestheologien könnten durch solche jüdisch-esoterischen Traditionen gedeutet und besser verständlich gemacht werden. Clemens Thoma hat schon vor über vierzig Jahren die Aufgabe formuliert, an der christliche Theologen heute noch zu arbeiten haben:

> Wenn man das Judentum als heilsgeschichtlich bedeutsamen Oppositions- und Solidaritätspartner akzeptiert, muß man sich bemühen, die christliche Botschaft so zu formulieren, daß sie jüdischen religiösen Anliegen und Errungenschaften *nicht unnötig* zuwiderläuft. Das im Zentrum jüdischer Ablehnung stehende Trinitätsgeheimnis ist christlich so auszudrücken, daß es den alttestamentlich-jüdischen Monotheismus-Vorstellungen nicht widerspricht und sie auch nicht auf die Ebene des Unwichtigen schiebt.[18]

Spannend bleibt deshalb die Frage, wie die Kirche künftig von Jesus sprechen und lehren will, wenn sie ernst nimmt, dass er ganz aus dem Judentum heraus zu verstehen ist, weil er ganz im Judentum beheimatet war.

Christoph Schwöbel hat die Aufgabenstellung prägnant zusammengefasst:

> Are there possibilities for a Christian theology of religions which can avoid the alternative between an exclusivism that implicitly denies the universality of God and a pluralism that jeopardizes the

[17] hebrHen 11, 1–5. Jörg Frey, Eine neue religionsgeschichtliche Perspektive: Larry W. Hurtados *Lord Jesus Christ* und die Herausbildung der frühen Christologie, in: Erwägungen zur frühchristlichen Religionsgeschichte, hg. v. Cilliers Breytenbach, Jörg Frey; Leiden/Boston 2013, S. 144. Siehe Daniel Boyarin, How Enoch Can Teach Us about Jesus, Early Christianity 2 (2011), S. 51–76.

[18] Thoma, Jüdische Zugänge, S. 173.

> particularity of the Christian understanding of God and the distinctiveness of religious traditions, including that of Christianity?[19]

In „Christologie auf dem Prüfstand" habe ich einige interessante Ansätze christlicher Theologen beider Traditionen in der Ära nach Hans Küng, Walter Kasper, Karl Rahner und Wolfhart Pannenberg benannt.[20]

Es ist mir mit Christian Danz im Januar 2019 gelungen, ein international besetztes Symposium in Wien zusammenzurufen, das sich mit der Frage nach einer Neuen Christologie in Respekt vor dem Judentum beschäftigt hat. Die Erträge wurden 2020 veröffentlicht.[21]

Danz hat daneben seine eigenen Überlegungen angestellt, in denen er Christologie als rein innerchristliche Rede von Gott beschreibt:

> Als Reflexionsform und theologische Strukturbeschreibung der christlichen Religion bezieht sich die Christologie auf diese und nicht auf andere Religionen. Um andere Religionen als gleichwertig mit der eigenen christlichen Religion anzuerkennen, ist es weder notwendig noch möglich, die Lehre von Jesus Christus zurückzustellen oder zu depotenzieren. Vielmehr ist sie die Grundlage einer pluralismusoffenen Religionstheologie. […] Auf andere Religionen lässt sich die Christologie weder übertragen noch in ihnen identifizieren.[22]

---

[19] Christoph Schwöbel, Particularity, Universality, and the Religions. Toward a Christian Theology of Religions, in Gavin D'Costa (Hg.), Christian Uniqueness Reconsidered: The Myth of a Pluralistic Theology of Religions, New York 1990, S. 30–34, hier: S. 34.

[20] Homolka/Striet, Christologie auf dem Prüfstand, S. 34. Für eine Skizze der Positionen siehe S. 34–43. 65–70.

[21] Christologie zwischen Christentum und Judentum. Jesus, der Jude aus Galiläa und der christliche Erlöser, hg. v. Christian Danz, Kathy Ehrensperger, Walter Homolka, Tübingen 2020.

[22] Christian Danz, Jesus von Nazareth zwischen Judentum und Christentum – Eine christologische und religionstheologische Skizze, Tübingen 2020, S. 248 f.

Damit brauche das Judentum gar kein Christusbekenntnis, um zum Heil zu gelangen. Schon 2004 hatte sich der katholische Dogmatiker Helmut Hoping dieser Frage angenommen.[23]

In seiner aktuellen Christologie lässt er das Verhältnis von Israels Bund mit Gott und dem Christusbund der Kirche offen:

> Konsens besteht darin, dass Israel im ungekündigten Gottesbund steht (Röm 11,26f.). […] Umstritten ist in der Theologie das Verhältnis dieses Gottesbundes und des in Christus gestifteten Bundes […] Israel hat auch heute noch seine messianische Sendung. Es repräsentiert nicht den Typus des vergehenden Menschen, sondern ist und bleibt das Volk der messianischen Hoffnung.[24]

Heinz-Günther Schöttler hat 2016 in einer umfangreichen Studie Paulus neu gelesen und kommt im Blick auf die zentralen Verse Röm 11,25–27 zu dem Ergebnis:

> Gott führt Juden und Christen ihren je eigenen Weg, und zwar die Juden *nicht* ‚per Christum' […]. Christen müssen diesen strikt *theo*-zentrisch gedachten Heilsweg der Juden christologisch nicht verstehen. […] Im Verhältnis der Ecclesia zur Synagoga stehen […] Wahrheit neben Wahrheit und Glaube neben Glaube […].[25]

Magnus Striet macht es ganz deutlich:

> Müssen sich die Juden zu Christus bekennen, damit sie das Heil erlangen? Man kann und muss diese Frage strikt systematisch angehen, weil sie keine historische ist, und dann lautet die Antwort eindeutig: Nein.[26]

Vielleicht ist jetzt die Zeit gekommen, in der Christen und ihre Kirchen in der Lage sind, diese Verortung Jesu und seine Heimholung in die jüdische Schicksalsgemeinschaft zu respektieren

---

[23] Helmut Hoping, Einführung in die Christologie, Darmstadt 2004, S. 147.

[24] Helmut Hoping, Jesus aus Galiläa. Messias uns Gottes Sohn, Freiburg i. Br. 2019, S. 351–53.

[25] Heinz-Günther Schöttler, Re-Visionen christlicher Theologie aus der Begegnung mit dem Judentum, Würzburg 2016, S. 422. 423. 428.

[26] Homolka/Striet, Christologie auf dem Prüfstand, S. 121.

und endlich auch in ihre Rede von Jesus, in ihre Christologien, einzubeziehen.

Eins ist klar: Unterschwellige und offene antijüdische Tendenzen dürfen für die christliche Identitätsbildung und Lehre heute keine Rolle mehr spielen. Die Aufgabe der christlichen Theologien wird es sein, eine Christologie zu schaffen, die ohne eine Karikatur des Judentums auskommt, seine bleibende Erwählung ernst nimmt und eine positive Einstellung zur Willensfreiheit der Menschen wertschätzen kann.[27]

Jan-Heiner Tück hat die Heimholung Jesu ins Judentum treffend kommentiert:

> Christen verehren ihn als Retter und Freund. Juden können ihn als Sohn des Volkes Israel und Bruder würdigen.[28]

---

27 Homolka/Striet, Christologie auf dem Prüfstand, S. 70. Eine ganze Auswahl von Lösungsansätzen bietet: Christologie zwischen Christentum und Judentum. Jesus, der Jude aus Galiläa und der christliche Erlöser, hg. v. Christian Danz, Kathy Ehrensperger, Walter Homolka, Tübingen 2020.

28 Jan-Heiner Tück im Geleitwort, S. 48.

Bibliographie

Abramson, Glenda, The Crucified Brother: Uri Zvi Greenberg and Jesus, in: Jesus among the Jews: Representation and Thought, hg. v. Neta Stahl, London 2012.

Alkier, Stefan/Jürgen Zangenberg (Hgg.), Zeichen aus Text und Stein. Studien auf dem Weg zu einer Archäologie des Neuen Testaments, Tübingen 2003.

Amishai-Maisels, Ziva, Chagall's Dedicated to Christ: Sources and Meanings, in: Jewish Art 21–22 (1995), S. 68–94.

Amishai-Maisels, Ziva, Chagall's White Crucifixion, in: Art Institute of Chicago Museum Studies 17.2 (1991), S. 139–81.

Amishai-Maisels, Ziva, The Jewish Jesu, in: Journal of Jewish Art 9 (1982), S. 84–104.

Andreas-Salomé, Lou, Jesus der Jude, in: ders, Von der Bestie bis zum Gott (Essays zur Religion 1891–1920), Taching 2014.

Ariel, Yaakov, Wissenschaft des Judentums kommt nach Amerika: Kaufmann Kohler's Scholarly Projects and Jewish-Christian Relations, in: Die Entdeckung des Christentums in der Wissenschaft des Judentums, hg. v. Görge K. Hasselhoff, Berlin 2010, S. 165–82.

Ariel, Yaakov, Christianity through Reform Eyes: Kaufmann Kohler's Scholarship on Christianity, in: American Jewish History 89.2 (2001), S. 181–91.

Arnal, William, The Symbolic Jesus: Historical Scholarship, Judaism and the Construction of Contemporary Identity, Oakville 2005.

Aslan, Reza, Zealot. The Life and Times of Jesus of Nazareth, Philadelphia 2015.

Athans, Mary C., Courtesy, Confrontation, Cooperation: Jewish-Christian/Catholic Relations in the United States, in: U.S. Catholic Historian 28.2 (2010), S. 107–34.

Attridge, Harold W./Dale B. Martin/Jürgen Zangenberg (Hgg.), Religion, Ethnicity, and Identity in Ancient Galilee: A Region in Transition, Tübingen 2007.

Aviam, Mordechai, Jews, Pagans and Christians in the Galilee: 25 Years of Archaeological Excavations and Surveys: Hellenistic to Byzantine Periods, Rochester 2004.

Baeck, Leo, Die Pharisäer (Schocken Bücherei, Bd. 6), Berlin 1934.

Balch, David L./ John E. Stambough, Das soziale Umfeld des Neuen Testaments (Grundrisse zum Neuen Testament, Bd. 9), Göttingen 1992.

von Balthasar, Hans Urs, Einsame Zwiesprache, Einsiedeln 1958.

Bärsch, Claus-Ekkehard, Max Brod im Kampf um das Judentum: Zum Leben und Werk eines deutsch-jüdischen Dichters aus Prag, Wien 1992.

Barth, Karl, Kirchliche Dogmatik IV/1: Die Lehre von der Versöhnung, Zürich 1953.

Batey, Richard A., Jesus and the Forgotten City, Grand Rapids 1991.

Batnitzky, Leora, Jesus in Modern Jewish Thought, in: Jesus among the Jews: Representation and Thought, hg. v. Neta Stahl, London 2012, S. 159–70.

Bauer, Fritz, Der Prozeß Jesu, in: Fritz Bauer: Die Humanität der Rechtsordnung. Ausgewählte Schriften, hg. v. Joachim Perels/Irmtrud Wojak, Frankfurt a. M. 1998, S. 411–26.

Baumbach, Günther, Fragen der modernen jüdischen Jesusforschung an die christliche Theologie, in: Theologische Literaturzeitung 102 (1977), S. 626–36.

Ben-Chorin, Schalom, Theologia Judaica: Gesammelte Aufsätze, hg. v. Verena Lenzen, Tübingen 1992, Bd. 2.

Ben-Chorin, Schalom, Max Brod als religiöser Denker, in: Weil wir Brüder sind: Zum christlich-jüdischen Dialog heute, hg. v. Schalom Ben-Chorin, Gerlingen 1988.

Ben-Chorin, Schalom, Zwiesprache mit Martin Buber, Gerlingen 1978.

Ben-Chorin, Schalom, Bruder Jesus: Der Nazarener in jüdischer Sicht, München 1967 ([14]1992).

Ben-Chorin, Schalom, Das Judentum im Ringen um die Gegenwart, Hamburg 1965.

Ben-Chorin, Schalom, Die Christus-Frage an den Juden, Niru Nir – Beiträge zu jüdisch-religiösen Gegenwartsfragen Heft 2, Jerusalem 1941.

Berger, David, The Jewish-Christian Debate in the High Middle Ages. A Critical Edition of the Nizahon Vetus, Philadelphia 1979.

Berlin, George L., Defending the Faith: Nineteenth-Century American Jewish Writings on Christianity and Jesus, Albany 1989.

Bevan, George A., The New Judas. The Case of Nestorius in Ecclesiastical Politics, 428–451 CE (Late Antique History and Religion, Bd. 13), Leuven 2016.

Biedermann, Alois Emanuel, Christliche Dogmatik, Bd. 1–2, Berlin [2]1884–1885.

Boff, Leonardo, Jesus Christus, der Befreier, Freiburg 1986.
Bomhoff, Hartmut, Abraham Geiger. Durch Wissen zum Glauben, Berlin 2006.
Borowitz, Eugene, Contemporary Christologies: A Jewish Response, New York 1980.
Boyarin, Daniel, Die jüdischen Evangelien. Die Geschichte des jüdischen Christus. Mit einem Geleitwort von Johann E. Hafner und einem Vorwort von Jack Miles. Übersetzung von Armin Wolf, Würzburg 2015.
Boyarin, Daniel, A Jewish Reader of Jesus: Mark, the Evangelist, in: Jesus among the Jews: Representation and thought, hg. v. Neta Stahl, London 2012, S. 6–17.
Boyarin, Daniel, The Jewish Gospels: The Story of the Jewish Christ, New York 2012.
Boyarin, Daniel, How Enoch Can Teach Us about Jesus, in: Early Christianity 2 (2011), S. 51–76.
Boyarin, Daniel, Dying for God: Martyrdom and the Making of Christianity and Judaism, Stanford 1999.
Boyarin, Daniel, A Radical Jew: Paul and the Politics of Identity, Berkeley 1994.
Brichto, Sidney (Hg. und Übersetzer), The New Testament, London 2010.
Brumberg-Kraus, Jonathan, Jesus as Others People's Scripture, in: The Historical Jesus through Catholic and Jewish Eyes, hg. v. Bryan LeBeau/Leonard Greenspoon/Dennis Hamm, Harrisburg 2000, S. 155–66.
Brumberg-Kraus, Jonathan, A Jewish Ideological Perspective on the Study of Christian Scripture, in: Jewish Social Studies n.F. 4.1 (1997), S. 121–52.
Bruteau, Beatrice, Jesus through Jewish Eyes, Maryknoll 2001.
Buber, Martin, Zwei Glaubensweisen, Gerlingen 1994.
Buber, Martin, Der Jude und sein Judentum. Gesammelte Aufsätze und Reden, Gerlingen [2]1993.
Buber, Martin, Pfade in Utopia, Heidelberg 1985.
Bultmann, Rudolf, Jesus Christus und die Mythologie. Das Neue Testament im Licht der Bibelkritik, Hamburg 1964.
Bultmann, Rudolf, Das Verhältnis der urchristlichen Christusbotschaft zum historischen Jesus (Sitzungsberichte der Heidelberger Akademie der Wissenschaften, Philosophisch-Historische Klasse 1960/3), Heidelberg 1960.
Bultmann, Rudolf, Theologie des NT, durchgesehen und ergänzt von Otto Merk, Tübingen [9]1948–53.

Bultmann, Rudolf, Jesus, Berlin 1926.

Carlebach, Elisheva, Jacob J. Schacter (Hgg.), New Perspectives on Jewish-Christian Relations, Boston 2012.

Carmichael, Joel, Leben und Tod des Jesus von Nazareth, München 1965.

Catchpole, David R., The Trial of Jesus: A Study in the Gospels and Jewish Historiography from 1770 to the Present Day, Leiden/Cambridge 1971.

Chancey, Mark A., The Myth of a Gentile Galilee, Cambridge/New York 2002.

Charlesworth, James H. (Hg.), The Tomb of Jesus and His Family? Exploring Ancient Jewish Tombs near Jerusalem's Walls, Grand Rapids 2013.

Charlesworth, James H., From Old to New, in: Jesus Research: An International Perspective; the First Princeton-Prague Symposium on Jesus Research, Prague 2005, hg. v. James H. Charlesworth/Petr Pokorny, Grand Rapids 2009, S. 56–72.

Charlesworth, James H. (Hg.), Jesus and Archaeology, Grand Rapids 2006.

Chilton, Bruce, Implications and Prospects of Jewish Jesus Research, in: Journal for the Study of the Historical Jesus 16 (2018), S. 62–79.

Chilton, Bruce, et al. (Hgg.), Soundings in the Religion of Jesus: Perspectives and Methods in Jewish and Christian Scholarship, Minneapolis 2012.

Chilton, Bruce, Die Kabbalah of Rabbi Jesus, in: The Jewish Jesus: Revelation, Reflection, Reclamation, hg. v. Zev Garber, West Lafayette 2011, S. 20–35.

Chilton, Bruce, Mamzerut and Jesus, in: Jesus from Judaism to Christianity: Continuum Approaches to the Historical Jesus, hg. v. Tom Holmén, London 2007, S. 17–33.

Chilton, Bruce/Craig A. Evans/Jacob Neusner (Hgg.), Missing Jesus: Rabbinic Judaism and the New Testament, Boston 2002.

Chilton, Bruce, Rabbi Jesus: An Intimate Biography, New York 2000.

Claussen, Johann Hinrich, Die Dornenkrone war nicht im Paket. Frankfurter Allgemeine Zeitung, 25.05.2004.

Cohen, Hermann, Jüdische Schriften, hg. v. Bruno Strauss, Bd. 1, Berlin 1924.

Cohen, Hermann, Die Religion der Vernunft aus den Quellen des Judentums, Frankfurt am Main ²1929.

Cohn, Chaim, Der Prozeß und Tod Jesus aus jüdischer Sicht, Frankfurt a. M./Leipzig 2001.

Cook, Michael J., How Credible is Jewish Scholarship on Jesus, in: The Jewish Jesus: Revelation, Reflection, Reclamation, hg. v. Zev Garber, West Lafayette 2011, S. 251–70.

Cook, Michael J., Where Jewish Scholars on Jesus go Awry: Last Supper, Sanhédrin, Blasphemy, Barabbas, in: Shofar: An Interdisciplinary Journal of Jewish Studies 28.3 (2010), S. 70–77.

Cook, Michael J., Modern Jews Engage the New Testament: Enhancing Jewish Well-Being in a Christian Environment, Woodstock, 2008.

Cook, Michael J., Jewish Reflections on Jesus: Some Abiding Trends, in: The Historical Jesus through Catholic and Jewish Eyes, hg. v. Bryan LeBeau/Leonard Greenspoon/Dennis Hamm, Harrisburg 2000, S. 95–111.

Crossan, John Dominic, The Historical Jesus. The Life of a Mediterranean Jewish Peasant, San Francisco 1991.

Crossley, James G., The New Testament and Jewish Law, London 2019.

Crossley, James G., Rezension über Jesus among the Jews: Representation and Thought von Neta Stahl, in: Studies in Christian-Jewish Relations 9 (2014), S. 1–3.

Danz, Christian/Kathy Ehrensperger/Walter Homolka (Hgg.), Christologie zwischen Christentum und Judentum. Jesus, der Jude aus Galiläa und der christliche Erlöser, Tübingen 2020.

Danz, Christian, Jesus von Nazareth zwischen Judentum und Christentum – Eine christologische und religionstheologische Skizze, Tübingen 2020.

Danz, Christian, Neuere Erscheinungen zur Christologie, in: Theologische Rundschau 81.3 (2016), S. 233–305.

Dunn, James, Jesus Remembered; Christianity in the Making, Bd. 1, Grand Rapids 2003.

Ebeling, Gerhard, Die Frage nach dem historischen Jesus und das Problem der Christologie, in: Zeitschrift für Theologie und Kirche, Bd. 1 (1959), S. 14–30.

Ebendorfer, Thomas, Das jüdische Leben Jesu – Toldot Jeschu. Die älteste lateinische Übersetzung in den Falsitates Judeorum, hg. v. Brigitta Callsen/Fritz Peter Knapp/Manuela Niesner/Martin Przybilski, München 2003.

Eckert, Willehad P., Jesus und das heutige Judentum, in: Jesus von Nazareth, hg. v. Franz Joseph Schierse, Mainz 1972, S. 52–68.

Edwards, Douglas R./C. T. McCullough (Hgg.), Archaeology and the Galilee, Atlanta 1997.

Ehrensperger, Kathy, Searching Paul. Conversations with the Jewish Apostle to the Nations, Tübingen 2019.

Ehrensperger, Kathy, What's in a Name? Ideologies of Volk, Rasse and Reich in German New Testament Interpretation – Past and Present, in: Ethnicity, Race, and Religion in Early Christian and Jewish Identities, hg. v. David Horrell, London/New York 2018, S. 92–112.

Ehrensperger, Kathy, ‚Called to Be Saints': The Identity Shaping Dimension of Paul's Priestly Discourse in Romans, in: Reading Paul in Context: Explorations in Identity Formation: Essays in Honour of William S. Campbell, hg. v. Kathy Ehrensperger/J. B. Tucker, Bloomsbury 2013, S. 90–109.

Ehrlich, Ernst Ludwig, Wo wohnt Gott? Die Vorstellung von der Schechina, in: Ders, Von Hiob zu Horkheimer. Gesammelte Schriften zum Judentum und seiner Umwelt, hg. von Walter Homolka und Tobias Barniske, Berlin – New York 2009, S. 33–42.

Ehrensperger, Kathy, That We May Be Mutually Encouraged: Feminism and the New Perspective in Pauline Studies, New York 2004.

Ehrlich, Ernst Ludwig, Eine jüdische Auffassung von Jesus, in: Jesu Jude-Sein als Zugang zum Judentum, hg. von W. P. Eckert/H. H. Henrix (Aachener Beiträge zu Pastoral- und Bildungsfragen, Bd. 6), Aachen 1976, S. 35–49.

Ehrlich, Ernst Ludwig, Die Evangelien in jüdischer Sicht, in: FrRu 22 (1970), S. 61–68.

Eisen, Arnold, Rezension von Abraham Geiger and the Jewish Jesus von Susannah Heschel, in: Church History 68.1 (1999), S. 197.

Emden, Jakob, Ez Awot (Kommentar zum Traktat Awot), Amsterdam 1751.

Eschelbacher, Joseph, Das Judentum und das Wesen des Christentums. Vergleichende Studien (= Schriften, Bd. 3), Berlin [2]1908 ([1]1904), S. 21–23.

Eschelbacher, Joseph, Das Judentum und das Wesen des Christentums. Vergleichende Studien (Schriften der Gesellschaft zur Förderung der Wissenschaft des Judentums), Berlin 1905.

Essen, Georg, Hellenisierung des Christentums? Zur Problematik und Überwindung einer polarisierenden Deutungsfigur, in: Theologie und Philosophie 87 (2012), S. 1–17.

Essen, Georg, Historische Vernunft der Auferweckung Jesu, Mainz 1995.

Faass, Martin, Henrike Mund, Sturm der Entrüstung. Kunstkritik, Presse und öffentliche Diskussion, in: Der Jesus-Skandal. Ein Liebermann-Bild im Kreuzfeuer der Kritik, hg. v. Martin Faass, 2009, S. 59–78.

Feuer, Lewis S., Recollections of Harry Austryn Wolfson, in: American Jewish Archives Journal 28 (1975), S. 25–50.

Fischel, Walter J., Eine jüdisch-persische „Toldoth Jeschu"-Handschrift, in: Monatsschrift für Geschichte und Wissenschaft des Judentums, 78.3 (1934), S. 343–50.

Fisher, Eugene J., Typical Jewish Misunderstandings of Christ, in: The Jewish Jesus: Revelation, Reflection, Reclamation, hg. v. Zev Garber, West Lafayette 2011, S. 228–48.

Flusser, David, The Sage from Galilee. Rediscovering Jesus' Genius, Grand Rapids 2007.

Flusser, David, Das Christentum - eine jüdische Religion, München 1990.

Flusser, David, Jesus (Rowohlts Monographien, Bd. 140), Reinbek bei Hamburg 1968.

Fredriksen, Paula, Augustine and the Jews: A Christian Defense of Jesus and Judaism, New Haven 2010.

Fredriksen, Paula, Mad Mel: The Gospel according to Gibson, in: The New Republic, 28. Juli und 4. August 2003.

Fredriksen, Paula, Adele Reinhartz (Hgg.), Jesus, Judaism, and Christian Anti-Judaism: Reading the New Testament after the Holocaust, Louisville 2002.

Fredriksen, Paula, From Jesus to Christ: The Origins of the New Testament Images of Jesus, New Haven ²2000.

Fredriksen, Paula, Jesus of Nazareth, King of the Jews: A Jewish Life and the Emergence of Christianity, New York 1999.

Frey, Jörg, Eine neue religionsgeschichtliche Perspektive: Larry W. Hurtados *Lord Jesus Christ* und die Herausbildung der frühen Christologie, in: Erwägungen zur frühchristlichen Religionsgeschichte, hg. v. Cilliers Breytenbach und Jörg Frey, Leiden/Boston 2013.

Freyne, Sean, Jesus, a Jewish Galilean: A New Reading of the Jesus-Story, London 2005.

Freyne, Sean, Galilee and Gospel: Collected Essays (WUNT 125), Tübingen 2000.

Friedlander, Albert H., et al. (Hgg.), Leo Baeck, Werke, Gütersloh 2006.

Füllenbach, Elias H., Vom Paulus zum Saulus. Christliche und jüdische Paulusauslegung im 20. Jahrhundert, in: Wort und Antwort, Bd. 49, 2008, S. 100–04.

Garber, Zev, The Jewish Jesus: Revelation, Reflection, Reclamation, West Lafayette 2011.

Geiger, Abraham, Das Judentum und seine Geschichte, hg. v. Ludwig Geiger, Breslau 1910 (unveränderter Nachdruck der Erstausgabe von 1865).

Geiger, Abraham, Leon da Modena, Rabbiner zu Venedig (1571–1648), und seine Stellung zur Kabbalah, zum Thalmud und zum Christenthume, Breslau 1856.

Geiger, Abraham, Isaak Troki. Ein Apologet des Judenthums am Ende des sechszehnten Jahrhunderts, Breslau 1853.

Georgi, Dieter, Leben-Jesu-Theologie/Leben-Jesu-Forschung, in Theologische Realenzyklopädie Bd. 20, hg. v. Gerhard Müller et al., Berlin/New York 1993, S. 566–75.

Gerdes, Hayo, Das Christusbild Sören Kierkegaards verglichen mit der Christologie Hegels und Schleiermachers, Düsseldorf 1960.

Gereboff, Joel, Teaching about Jesus and Early Christianity at U.S. Rabbinic Schools, in: Teaching the Historical Jesus: Issues and Exegesis, hg. v. Zev Garber, New York 2015, S. 69–79.

Goshen-Gottstein, Alon, und Eugene Korn (Hgg.), Jewish Theology and World Religions, Oxford, Portland 2012.

Gräßer, Erich L., Motive und Methoden der neueren Jesusliteratur, in: Evangelische Theologie, Beihefte, 18.2 (1973), S. 3–45.

Graetz, Heinrich, Geschichte der Juden, Bd. 3, Leipzig [2]1862.

Greenberg, Irving, For the Sake of Heaven and Earth: The New Encounter between Judaism and Christianity, Philadelphia 2004.

Grillmeier, Alois, Jesus Christus im Glauben der Kirche. Band 1, Freiburg 1986.

haCohen, Ran, ‚Gehörst du uns oder zu unseren Feinden' (Joschua 5,13): Die jüdische Auseinandersetzung mit der höheren Bibelkritik, in: Die Entdeckung des Christentums, hg. v. Görge K. Hasselhoff, Berlin 2010, S. 63–100.

Hagner, Donald A., The Jewish Reclamation of Jesus: An Analysis and Critique of Modern Jewish Study of Jesus, Grand Rapids 1984.

Hahn, Ferdinand, Methodologische Überlegungen zur Rückfrage nach Jesus, in: Rückfrage nach Jesus. Zur Methodik und Bedeutung der Frage nach dem historischen Jesus (QD 63), hg. v. Karl Kertelge, Freiburg 1974, S. 1–77.

Halbertal, Moshe, „Ones Possessed by Religion": Religious Tolerance in the Teachings of The Me'iri, in: The Edah Journal 1.1 (2000), S. 1–24.

von Harnack, Adolf, Das Wesen des Christentums, hg. Und kommentiert v. Trutz Rendtorff, Gütersloh 1999.

von Harnack, Adolf, Über die Sicherheit und die Grenzen geschichtlicher Erkenntnis (1917), in: Reden und Aufsätze Bd. 4, Gießen 1923, S. 3–23.

von Harnack, Adolf, Lehrbuch der Dogmengeschichte, Tübingen [4]1909/10.

von Harnack, Adolf, Das Christentum und die Geschichte (1896), in: Reden und Aufsätze, Gießen [2]1906, Bd. 2, S. 1–21.

Harrington, Daniel J., Retrieving the Jewishness of Jesus: Recent Developments, in: The Historical Jesus through Catholic and Jewish Eyes, hg. v. Bryan LeBeau/Leonard Greenspoon/Dennis Hamm, Harrisburg 2000, S. 67–84.

Hasselhoff, Görge K. (Hg.), Die Entdeckung des Christentums in der Wissenschaft des Judentums, Berlin 2010.

Hegel, Georg Wilhelm Friedrich, Phänomenologie des Geistes, Stuttgart 1996.

Heil, Uta (Hg.), Athanasius von Alexandrien, Gegen die Heiden – Über die Menschwerdung des Wortes Gottes, Frankfurt/M. 2008.

Held, Shai, The Promise and Peril of Jewish Barthianism: The Theology of Michael Wyschogrod, Modern Judaism 25.3 (2005), S. 316–26.

Heller, Ágnes, Die Auferstehung des jüdischen Jesus. Aus dem Ungarischen von Christian Konze, Berlin/Wien 2002.

Heller, Bernhard, Über das Alter der jüdischen Judas-Sage und des Toldot Jeschu, in: Monatsschrift für Geschichte und Wissenschaft des Judentums 77.3 (1933), S. 198–210.

Herrmann, Wilhelm, Dogmatik, Gotha/Stuttgart 1925.

Herrmann, Wilhelm, Der Verkehr der Christen mit Gott, Tübingen [7]1921.

Heschel, Susannah, The Ayran Jesus. Christian Theologians and the Bible in the Nazi Germany, Princeton 2011.

Heschel, Susannah, Der jüdische Jesus und das Christentum: Abraham Geigers Herausforderung an die christliche Theologie, Berlin 2001.

Heschel, Susannah, Revolt of the Colonized: Abraham Geiger's ‚Wissenschaft des Judentums' as a Challenge to Christian Hegemony in the Academy, in: New German Critique 77 (1999), S. 61–85.

Heschel, Susannah, Abraham Geiger and the Jewish Jesus, Chicago 1998.

Heschel, Susannah, Jewish Studies as Counterhistory, in: Insider/Outsider: American Jews and Multiculturalism, hg. v. Susannah Heschel et al., Berkeley 1998, S. 101–15.

Heschel, Abraham J./Susannah Heschel, Moral Grandeur and Spiritual Audacity: Essays, New York 1996.

Heschel, Susannah, On Being a Jewish Feminist, New York 1995.

Hoffman, Matthew, From Rebel to Rabbi: Reclaiming Jesus and the Making of Modern Jewish Culture, Stanford 2007.

Holmén, Tom, An Introduction to the Continuum Approach, in: Jesus from Judaism to Christianity, hg. v. Tom Holmén, London 2007, S. 1–16.

Holtzmann, Heinrich, Besprechung der Kontroverse zwischen F. Perles und W. Bousset, in: Theologische Literaturzeitung 29 (1904), S. 43–46.

Homolka, Walter/Magnus Striet, Christologie auf dem Prüfstand: Jesus der Jude – Christus der Erlöser, Freiburg i. Br. 2019.

Homolka, Walter, Jewish Jesus Research and its Challenge to Christology Today, Leiden 2017.

Homolka, Walter, Claiming a Place in Pluralist Society: Jewish Jesus Research in Post-Colonial Perspective (Dissertation), Lampeter 2015.

Homolka, Walter, Gilbert S. Rosenthal (Hgg.), Das Judentum hat viele Gesichter: Eine Einführung in die religiösen Strömungen der Gegenwart, Berlin 2014.

Homolka, Walter, Die Messiasvorstellungen im Judentum der Neuzeit, in: Der Messias, Berliner Theologische Zeitschrift 1 (2014), S. 106–41.

Homolka, Walter, Jesus von Nazareth im Spiegel jüdischer Forschung, Berlin 2010.

Homolka, Walter, Leo Baeck. Jüdisches Denken – Perspektiven für heute, Freiburg 2008.

Homolka, Walter, Erich Zenger (Hgg.), „… damit sie Jesus Christus erkennen." Die neue Karfreitagsfürbitte für die Juden, Freiburg i. Br. 2008.

Homolka, Walter, Jüdische Identität in der modernen Welt: Leo Baeck und der deutsche Protestantismus, Gütersloh 1994.

Hoping, Helmut, Jesus aus Galiläa – Messias und Gottes Sohn, Freiburg i. Br. 2019.

Hoping, Helmut, Einführung in die Christologie, Darmstadt 2004.

Horbury, William, Jesus Christus in der Sicht des Judentums, in: Religion in Geschichte und Gegenwart Bd. 4, hg. v. Hans Dieter Betz et al., Tübingen [4]2001, Sp. 483–84.

Horsley, Richard A., Archaeology, History, and Society in the Galilee, Valley Forge, 1996.

Horsley, Richard A., Galilee: History, Politics, People, Valley Forge, 1995.

Jackson-McCabe, Matt, What's in a Name? The Problem of ‚Jewish Christianity,' in: Jewish Christianity Reconsidered; Rethinking An-

cient Groups and Texts, hg. v. Matt Jackson-McCabe, Minneapolis 2007, S. 7–38.
Jacob, Walter/Leo Baeck/Claude Montefiore, Die Evangelien aus jüdischer Sicht, in: Leo Baeck – Zwischen Geheimnis und Gebot. Auf dem Weg zu einem progressiven Judentum der Moderne (Herrenalber Forum, Bd. 19), hg. v. Walter Homolka, Karlsruhe 1997, S. 185–91.
Jamros, Daniel P., Hegel on the Incarnation: Unique or Universal?, in: Theological Studies 56 (1995), S. 276–300.
Johannes Paul II., Ansprache an die Teilnehmer des vatikanischen Kolloquiums über die Wurzeln des Antijudaismus im christlichen Bereich, in: Die Kirchen und das Judentum, Bd. 2: Dokumente von 1986–2000, hg. von Hans Hermann Henrix/Wolfgang Kraus, Paderborn 2001, S. 107–109.
Kähler, Martin, Der sogenannte historische Jesus und der geschichtliche, biblische Christus, München [2]1956.
Kaltenborn, Carl-Jürgen, Adolf von Harnack als Lehrer Dietrich Bonhoeffers (Theologische Arbeiten 31), Berlin (DDR) 1973.
Kant, Immanuel, Die Religion innerhalb der Grenzen der bloßen Vernunft, in: Werke, Berlin 2000 (unveränd. Abdr. Des Textes der von der Preußischen Akad. Der Wiss. 1902 begonnenen Ausg. Von Kants gesammelten Schriften).
Kärkkäinen, Veli-Matti, Christology, Grand Rapids 2003.
Käsemann, Ernst, Der Ruf der Freiheit, Tübingen 1968.
Käsemann, Ernst, Paulinische Perspektiven, Tübingen 1969.
Käsemann, Ernst, Das Problem des historischen Jesus, in: Zeitschrift für Theologie und Kirche 51.2 (1954), 125–53.
Kasper, Walter, Juden und Christen – das eine Volk Gottes, Freiburg i. Br. 2020.
Kasper, Walter, Jesus der Christus, Mainz 1974.
Kaufmann, Yehezkel, Goleh ve-Nekar, Tel Aviv 1929.
Kazen, Thomas, Jesus and Purity Halakhah: Was Jesus Indifferent to Impurity?, Winona Lake 2010.
Keck, Leander E., The Second Coming of the Liberal Jesus?, in: The Christian Century (1994), 784–87.
Kelley, Shawn, Racialising Jesus: Race, Ideology and the Formation of Modern Biblical Scholarship, London 2002.
Kierkegaard, Sören, Philosophische Brocken. Abschließende unwissenschaftliche Nachschrift (Teil 1 und 2), in: Gesammelte Werke, hg. v. ders., übers. v. H. Gottsched/Christopf Schrempf, Bd. 6 und Bd. 7, Jena 1910.

Kilcher, Andreas, Gesetz und Auslegung, in: Neue Zürcher Zeitung, 12.08.2008.

Kimchi, Jospeh, Sefer Ha'Berit, in „Kimhi, Joseph“, Encyclopedia Judaica 10, Jerusalem 1978, Sp. 1006–07.

Kinzer, Mark S., Israel's Messiah and the People of God. A Vision for Messianic Jewish Covenant Fidelity, New York 2011.

Kinzer, Mark S., Post-Missionary Messianic Judaism, New York, 2005.

Klausner, Joseph, Jesus of Nazareth. His Life, Times and Teachings (Übersetzung der hebr. Originalausgabe *Yeshu ha-Notsri, zemano, hayav ve-torato* von 1922), New York 1989.

Klausner, Joseph, Jesus von Nazareth. Seine Zeit, sein Leben und seine Lehre, Jerusalem [3]1952.

Klausner, Josef, Jesus von Nazareth, in: Encyclopaedia Judaica. Berlin 1932, Bd. 9, Sp. 69f.

Klausner, Joseph, Die Gegensätze zwischen dem Judentum und der Lehre Jesu, in: Menorah 5–6 (1930), S. 223–32.

Klausner, Joseph, Jesus von Nazareth. Seine Zeit, sein Leben und seine Lehre. Übersetzt aus dem Hebräischen von Walter Fischel, Berlin 1930.

Kohler, Kaufmann, Grundriss einer systematischen Theologie des Judentums auf geschichtlicher Grundlage (Schriften der Gesellschaft zur Förderung der Wissenschaft des Judentums in Berlin, Bd. 4), Leipzig 1910.

Kohler, Kaufmann, Jesus from Nazareth from a Jewish Point of View, New York 1899.

Kollmann, Bernd, Paulus als Wundertäter, in: Paulinische Christologie, hg. v. Udo Schnelle/Thomas Söding, Göttingen 2000, 76–96.

Konradt, Matthias, Das Evangelium nach Matthäus, Göttingen 2015.

Korn, Eugene, Rethinking Christianity: Rabbinic Positions and Possibilities, in: Jewish Theology and World Religions, hg. v. Alon Goshen-Gottstein/Eugene Korn, Oxford, Portland 2012, S. 189–215.

Krauss, Samuel, Neuere Ansichten über „Toldoth Jeschu“, in: Monatsschrift für Geschichte und Wissenschaft des Judentums 76.6 (1932), S. 586–603.

Krauss, Samuel, Das Leben Jesu nach jüdischen Quellen, Berlin 1902.

Krochmalnik, Daniel, Parschandata. Raschi und seine Zeit, in: Jüdisches Leben in Bayern. Mitteilungsblatt des Landesverbandes der Israelitischen Kultusgemeinden in Bayern, April 2005.

Krupp, Michael, Eine andere Erzählung von Jeshu dem Nazarener, Ein Karem – Jerusalem 2010.

Krupp, Michael, Messias, Tübingen 2018.

Kümmel, Werner G., Ein Jahrzehnt Jesusforschung, in: Theologische Rundschau 40 (1975), S. 289–336; Theologische Rundschau 41 (1976), S. 197–258, S. 295–363.

Küng, Hans, Christ Sein, Freiburg 2016.

Küng, Hans, Pinchas E. Lapide, Jesus im Widerstreit. Ein jüdisch-christlicher Dialog, München 1976.

Küng, Hans, Rechtfertigung (Serie Piper, Bd. 674), München/Zürich 1957.

Kuschel, Karl-Josef, Nachwort zur neuen Edition von Max Brod, Der Meister (1952) in: Max Brod – Ausgewählte Werke, hg. v. Koch, Hans-Gerd/Hans Dieter Zimmermann, Göttingen 2015.

Kuschel, Karl-Josef, Jesus im Spiegel der Weltliteratur. Eine Jahrhundertbilanz in Texten und Einführungen, Düsseldorf 2010 (erstmals 1999).

Lapide, Pinchas E., Auferstehung: Ein jüdisches Glaubenserlebnis, Stuttgart/München 1978.

Lapide, Pinchas E., Ist das nicht Josephs Sohn?, München 1976.

Lapide, Pinchas E., Der Rabbi von Nazareth: Wandlungen des jüdischen Jesusbildes, Trier 1974.

Lenzen, Verena, Jüdische Jesus-Forschung und israelische Kunst als Inspiration des jüdisch-christlichen Dialogs, in: Christologie zwischen Christentum und Judentum. Jesus, der Jude aus Galiläa und der christliche Erlöser, hg. v. Christian Danz, Kathy Ehrensperger, Walter Homolka, Tübingen 2020.

Leppin, Hartmut, Die frühen Christen. Von den Anfängen bis Konstantin, München 2018.

Lessing, Gotthold Ephraim, Über den Beweis des Geistes und der Kraft, in: Sämtliche Werke, Bd. 13, hg. v. Karl Lachmann, Berlin 1979 (Nachdr. Der Ausg. 1897).

Levine, Amy-Jill, Jesus in Jewish-Christian Dialogue, in: Soundings in the Religion of Jesus: Perspectives and Methods in Jewish and Christian Scholarship, hg. v. Bruce Chilton/Anthony Le Donne/Jacob Neusner, Minneapolis 2012, S. 175–88.

Levine, Amy-Jill, Jesus through Jewish Eyes, Interview in Christianity Today, April 2012, S. 52.

Levine, Amy-Jill/Marc Zvi Brettler, The Jewish Annotated New Testament, New York 2011.

Levine, Amy-Jill/Dale C. Allison/John D. Crossan (Hgg.), The Historical Jesus in Context, Princeton 2006.

Levine, Amy-Jill, Jesus, Divorce and Sexuality: A Jewish Critique, in: The Historical Jesus through Catholic and Jewish Eyes, hg. v. Bryan LeBeau/ Leonard Greenspoon/Dennis Hamm, Harrisburg 2000, S. 113–29.

Liebster, Wolfram, Umkehr und Erneuerung im Verhältnis von Christen und Juden, in: Umkehr und Erneuerung: Erl. Zum Synodialbeschluß d. Rhein. Landessynode 1980 ‚Zur Erneuerung d. Verhältnisses von Christen u. Juden,' hg. v. Bertold Klappert/Helmut Starck, Neukirchen-Vluyn 1980, S. 55–65.

Limor, Ora, Religionsgespräche, jüdisch-christlich, in: Theologische Realenzyklopädie 28 (Studienausgabe, hg. v. Gerhard Müller et al.), Berlin/New York 2006, S. 649 f.

Lindeskog, Gösta, Die Jesusfrage im neuzeitlichen Judentum. Ein Beitrag zur Geschichte der Leben-Jesu-Forschung, Darmstadt 1973 (Nachdr. Mit erw. Bericht. Der Ausg. Uppsala 1938).

Loisy, Alfred, L'Évangile et l'Église, Paris 1902.

Lustiger, Jean-Marie, Gotteswahl. Gespräche mit Jean-Louis Missika und Dominique Wolton, München [2]1992.

Luther, Martin Luthers Werke: Kritische Gesamtausgabe, Bd. 40.1, Weimar 1883 ff.

M. G., Das Judentum und das Wesen des Christentums, in: Ost und West. Illustrierte Monatsschrift für modernes Judentum, Heft 2 (1905), S. 73–84.

Macquarrie, John, Jesus VI (Neuzeit), in: Theologische Realenzyklopädie Bd. 17, hg. v. Gerhard Krause/Gerhard Müller, Berlin/New York 1993, S. 16–42.

Madragule Badi, Jean B., Inkarnation in der Perspektive des jüdisch-christlichen Dialogs. Studien zu Judentum und Christentum, Paderborn/Bonn 2006.

Magid, Shaul, Hasidim Incarnate. Hasidism, Christianity, and the Construction of Modern Judaism, Stanford 2014.

Magid, Shaul, The New Jewish Reclamation of Jesus in Late Twentieth-Century America: Realigning and Rethinking Jesus the Jew, in: The Jewish Jesus: Revelation, Reflection, Reclamation, hg. v. Zev Garber, West Lafayette 2011, S. 358–82.

Magonet, Jonathan, Abraham – Jesus – Mohammed. Interreligiöser Dialog aus jüdischer Perspektive, Gütersloh 2000.

Maier, Johann, Judentum von A bis Z. Glauben, Geschichte, Kultur, Freiburg i. Br. 2001.

Maier, Johann, Jesus von Nazareth in der talmudischen Überlieferung, Darmstadt [2]1992.

Mannheim, Karl, Ideologie und Utopie, Frankfurt a. M., [4]1965.

Markschies, Christoph, Gottes Körper. Jüdische, christliche und pagane Gottesvorstellungen in der Antike, München 2016.

Markschies, Christoph, „Hellenisierung des Christentums"? – die ersten Konzilien, in: Friedrich Wilhelm Graf/ Klaus Wiegandt (Hgg.), Die Anfänge des Christentums, Frankfurt a. M. 2009, S. 397–436.

Meier, Johann, Gewundene Wege der Rezeption. Zur neueren jüdischen Jesusforschung, in: Herder-Korrespondenz 30 (1976), S. 313–319.

Meißner, Stefan, Die Heimholung des Ketzers – Studien zur jüdischen Auseinandersetzung mit Paulus, Tübingen 1996.

Mendelsohn, Amitai, Behold the Man – Jesus in Israeli Art, Jerusalem 2017.

Mendelsohn, Amitai, Jesus of the Sabra Thorns: The Figure of Jesus in Israeli Art, in: Jesus among the Jews, hg. v. Neta Stahl, London 2012, S. 203–15.

Menke, Karl-Heinz, Jesus ist Gott der Sohn. Denkformen und Brennpunkte der Christologie, Regensburg [3]2012.

Meyer, Michael A., The Origins of the Modern Jew, Detroit 1957.

Meyers, Eric M. (Hg.), Galilee through the Centuries: Confluence of Cultures, Winona Lake 1999.

Modena, Leone da, Magen Wa-Hereb, übers. v. Allen Howard Podet, Lewiston 2001.

Montefiore, Claude G., The Synoptic Gospels, London 1909.

Moore, Daniel F., Jesus, An Emerging Jewish Mosaic: Jewish Perspectives, Post-Holocaust, New York 2008.

Moxnes, Halvor, The Construction of Galilee as a Place for the Historical Jesus – Part 1, in: Biblical Theology Bulletin 31 (2001), S. 26–37.

Murmelstein, Benjamin, Joseph Klausner, Jesus von Nazareth, in: Menorah 11–12 (1930), S. 603–05.

von Mutius, Hans-Georg, Die christlich-jüdische Zwangsdisputation zu Barcelona, Frankfurt a. M. 1982.

Neusner, Jacob, Rabbi Jesus im Spannungsfeld von Theologie und Geschichtswissenschaft, in: Passion aus Liebe. Das Jesus-Buch des Papstes in der Diskussion, hg. v. Jan-Heiner Tück, Ostfildern 2011, S. 110–25.

Neusner, Jacob, Ein Rabbi spricht mit Jesus, Freiburg i. Br. 2007.

Neusner, Jacob, My Argument with the Pope, in: Jerusalem Post, 29. 05. 2007.

Neusner, Jacob, Contexts of Comparison: Reciprocally Reading Gospels' and Rabbis' Parables, in: The Missing Jesus: Rabbinic Judaism and the

New Testament, hg. v. Bruce Chilton/Craig A. Evans/Jacob Neusner, Boston 2002, S. 45–68.

Neusner, Jacob, Purity in Rabbinic Judaism: A Systematic Account; The Sources, Media, Effects and Removal of Uncleanness, Atlanta 1994.

Neusner, Jacob, Ancient Judaism: Debates and Disputes, Atlanta 1993.

Nordhofen, Eckhard, Corpora. Die anarchische Kraft des Monotheismus, Freiburg i. Br. 2018.

Novak, David, Jewish-Christian Dialogue: A Jewish Justification, New York 1989.

Novak, David, The Quest for the Jewish Jesus, in: Modern Judaism 8.2 (1988), S. 119–38.

Oldenhage, Tania, Neutestamentliche Passionsgeschichten nach der Shoah: Exegese als Teil der Erinnerungskultur, Stuttgart 2014.

Ong, Hughson O., The Multilingual Jesus and the Sociolinguistic World of the New Testament, Leiden 2016.

Origenes, C. Celsum I 28, in: Des Origines acht Bücher gegen Celsus, Teil 1, Buch I–IV. Aus dem Griech. Übers. von Paul Koetschau (Bibliothek der Kirchenväter, Bd. 52), München 1926.

Oz, Amos, Jesus und Judas – ein Zwischenruf, Ostfildern 2018.

Oz, Amos, Judas, Berlin 2015.

Pannenberg, Wolfhart, Offenbarung als Geschichte, Göttingen [5]1982.

Pannenberg, Wolfhart, Grundzüge der Christologie, Gütersloh 1964.

Perles, Felix, Was lehrt uns Harnack? Frankfurt a. M. 1902.

Petuchowski, Jakob J., New Perspectives on Abraham Geiger, Cincinnati 1975.

Pfammatter, Josef, und Franz Furger (Hgg.), Theologische Berichte VII. Zugänge zu Jesus, Zürich u. a. 1978.

Price, Robert M., Jesus at the Vanishing Point, in: The Historical Jesus: Five Views, hg. v. James K. Beilby/Paul R. Eddy, Downers Grove 2009, S. 55–83.

Rahner, Karl, Zur Theologie des Symbols, in: ders., Sämtliche Werke, hg. v. Karl Lehmann, Johann Baptist Metz, K.-H. Neufeld, et al., Bd. 4. Freiburg in Br. 1997, S. 300.

Rajner, Mirjam, The Iconography of the Holy Family in Chagall's 1909–1910 Works, in: Interaction Between Judaism and Christianity in History, Religion, Art and Literature, hg. v. Marcel Poorthuis/Joshua Schwartz/Joseph Turner, Leiden 2009.

Ratzinger, Joseph, Gnade und Berufung ohne Reue. Anmerkungen zum Traktat „De Iudaeis," in: Internationale Katholische Zeitschrift Communio 47 (2018), S. 387–406.

Ratzinger, Joseph, Jesus von Nazareth. Prolog. Die Kindheitsgeschichten, Freiburg i. Br. 2012.

Ratzinger, Joseph, Jesus von Nazareth. Bd. II: Vom Einzug in Jerusalem bis zur Auferstehung, Freiburg i. Br. 2011.

Ratzinger, Joseph, Jesus von Nazareth, Bd. I: Von der Taufe im Jordan bis zur Verklärung, Freiburg i. Br. 2007.

Ratzinger, Josef, Enzyklika SPE SALVI von Papst Benedikt XVI. an die Bischöfe, an die Priester und Diakone, an die gottgeweihten Personen und an alle Christgläubigen über die christliche Hoffnung - 30. November 2007 (Verlautbarungen des Apostolischen Stuhls, Bd. 179), Bonn 2007.

Ratzinger, Joseph, Einführung in das Christentum. Vorlesungen über das Apostolische Glaubensbekenntnis, München [6]2005.

Ratzinger, Joseph, Vorwort, in: Das jüdische Volk und seine Heilige Schrift in der christlichen Bibel - 24. Mai 2001 (Verlautbarungen des Apostolischen Stuhls, Bd. 152), Bonn 2001, S. 3–8.

Ratzinger, Joseph, Das Erbe Abrahams, in: HEUTE in Kirche und Welt 1, Nr. 2 (Februar 2001), S. 1f.

Reck, Norbert, Der Jude Jesus und die Zukunft des Christentums. Zum Riss zwischen Dogma und Bibel. Ein Lösungsvorschlag, Ostfildern 2019.

Recker, Dorothee, Die Wegbereiter der Judenerklärung des Zweiten Vatikanischen Konzils. Johannes XXIII., Kardinal Bea und Prälat Österreicher - eine Darstellung ihrer theologischen Entwicklung, Paderborn 2007.

Reed, Jonathan L., Archaeology and the Galilean Jesus: A Re-examination of the Evidence, Harrisburg 2000.

Reimarus, Hermann Samuel, Vorrede zur Schutzschrift für die vernünftigen Verehrer Gottes, Göttingen 1967.

Reimarus, Hermann Samuel, Fragmente des Wolfenbüttelschen Ungenannten. Ein Anhang zu dem Fragment vom Zweck Jesu und seiner Jünger (Bekanntgemacht von G. E. Lessing), Berlin 1784.

Reimarus, Hermann Samuel, Von dem Zwecke Jesu und seiner Jünger: noch ein Fragment des Wolfenbüttelschen Ungenannten, hg. v. Gotthold Ephraim Lessing, Braunschweig 1778

Reinhartz, Adele, Jesus of Hollywood, Oxford/New York 2007.

Reinhartz, Adele, Befriending the Beloved Disciple: A Jewish Reading of the Gospel of John, New York 2001.

Richardson, Peter, Rezension von The Trial of Jesus: A Study in the Gospels and Jewish Historiography from 1777 to the Present Day von

David R. Catchpole, in: Journal of Biblical Literature 91.2 (1972), S. 264–67.

Riegel, Stanley K., Jewish Christianity: Definitions and Terminology, in: New Testament Studies 24.3 (1978), S. 410–15.

Ritschl, Albert, Die christliche Lehre von der Rechtfertigung und Versöhnung, Bd. 1–3, Hildesheim 1978 (Nachdr. Der Ausg.: Bonn 1882–1883).

Robinson, James M., A New Quest of the Historical Jesus (Studies in Biblical Theology 25), London 1959.

Rohls, Jan, Protestantische Theologie der Neuzeit Bd. 1, Tübingen, 1997.

Roloff, Jürgen, Jesus von Nazareth, in: Religion in Geschichte und Gegenwart, hg. v. Hans Betz, Dieter, et al., Tübingen [4]2001, Bd. 4, Sp. 463–467.

Roth, Philip, Portnoys Beschwerden, Hamburg 1974.

Rudin, Arnold J., Christians & Jews Faith to Faith: Tragic History, Promising Present, Fragile Future, Woodstock 2011.

Rutishauser, Christian, Benedikt XVI. ruft den Juden zu: An Christus führt kein Weg vorbei, Neue Zürcher Zeitung, 08.07.2018.

Rutishauser, Christian, Christlicher Inkarnationsglaube und interreligiöser Dialog, in: Ders., Christlichen Glauben denken, Münster 2016, S. 132–51.

Safran, Gabrielle, Rezension von From Rebel to Rabbi: Reclaiming Jesus and the Making of Modern Jewish Culture von Matthew Hoffman, in: American Historical Review 113.2 (2008), S. 468–69.

Saiman, Chaim, Jesus' Legal Theory: A Rabbinic Reading, in: Journal of Law and Religion 23.1 (2007/2008), S. 97–130.

Saiman, Chaim, Jesus' Legal Theory – A Rabbinic Interpretation, Villanova 2007.

Salvador, Joseph, Jésus-Christ et sa doctrine, Paris 1838.

Sand, Alexander, Jesus im Urteil jüdischer Autoren der Gegenwart, in: Catholica 31 (1977), S. 29–38.

Sandmel, Samuel, A Jewish Understanding of the New Testament, Woodstock 2005.

Sandmel, Samuel, We Jews and Jesus, New York/London 1965.

Schäfer, Peter, Zwei Götter im Himmel, Tübingen 2017.

Schäfer, Peter, Jesus im Talmud, Tübingen [3]2017.

Schäfer, Peter, The Jewish Jesus: How Judaism and Christianity Shaped Each Other, Princeton 2012.

Schalom Ben-Chorin, Judentum und Jesusbild, in: Neues Lexikon des Judentums, hg. v. Julius H. Schoeps, Gütersloh 2000, S. 400–02.

Schick, Ludwig, Heinrichsblatt, Dom-Serie, Teil 5, 20.02.2012.

Schechter, Solomon, Geniza Specimens, JQR 10 (1898), S. 654–59.

Scherzberg, Lucia, Kirchenreform mit Hilfe des Nationalsozialismus. Karl Adam als kontextueller Theologe, Darmstadt 2001.

Schmidberger, Franz, Die Zeitbomben des Zweiten Vatikanischen Konzils, Stuttgart 1989.

Schoeps, Hans-Joachim, Die großen Religionsstifter und ihre Lehren, Darmstadt [3]1954.

Schoeps, Hans-Joachim, Jesus und das jüdische Gesetz, in: Studien zur unbekannten Religions- und Geistesgeschichte (Veröffentlichungen d. Gesellschaft für Geistesgeschichte 3), Göttingen 1963, S. 41–61.

Schoeps, Hans-Joachim, Jüdisch-christliches Religionsgespräch in neunzehn Jahrhunderten. Geschichte einer theologischen Auseinandersetzung, Berlin 1937.

Schöttler, Heinz-Günther, Re-Visionen christlicher Theologie aus der Begegnung mit dem Judentum, Würzburg 2016.

Scholem, Gershom, Judaica: Die Wissenschaft vom Judentum, Bd. 6, Frankfurt a. M. 1997.

Scholem, Gershom, Ursprung und Anfänge der Kabbala (Studia Judaica 3), Berlin 1962.

Schreiner, Martin, Die jüngsten Urteile über das Judentum kritisch untersucht, Berlin 1902.

Schröter, Jens, Jesus von Nazareth. Jude aus Galiläa – Retter der Welt, Leipzig [6]2017.

Schubert, Kurt, Jüdische Geschichte, München 1995.

Schubert, Kurt, Jesus im Lichte der Religionsgeschichte des Judentums, Wien 1973.

Schulte, Christoph/Andreas Kennecke/ Grazyna Jurewicz (Hgg.), Moses Mendelssohn, Jerusalem oder über religiöse Macht und Judenthum, Bd. 2, Darmstadt 2009.

Schweitzer, Albert, Eine Geschichte der Leben-Jesu-Forschung, Tübingen [9]1984 (zuerst veröffentlicht unter dem Titel: Von Reimarus zu Wrede. Eine Geschichte der Leben-Jesu-Forschung, Tübingen 1906).

Schwienhorst-Schönberger, Ludger, Die Rückkehr Markions?, in: Internationale Katholische Zeitschrift Communio 44 (2015), S. 286–302.

Schwöbel, Christoph, Particularity, Universality, and the Religions. Toward a Christian Theology of Religions, in Gavin D'Costa (Hg.), Christian Uniqueness Reconsidered: The Myth of a Pluralistic Theology of Religions, New York 1990, S. 30–34.

Segal, Alan F., Rebecca's Children: Judaism and Christianity in the Roman World, Cambridge 1986.

Singer, David, The Greenberg-Lichtenstein Exchange of 1966, in: Modern Judaism 26.2 (2006), S. 113–26.

Singer, David, The New Orthodox Theology, in: Modern Judaism 9.1 (1989), S. 35–54.

Skeel Jr., David A., What Were Jesus and the Pharisees Talking about When They Talked about Law?, in: Journal of Law and Religion 23.1 (2007/2008), S. 141–46.

Söding, Thomas, Die Verkündigung Jesu, Freiburg i. Br. 2011.

Sölle, Dorothee/Louise Schottroff, Jesus von Nazareth, München [2]2000.

Southard, Robert, Rezension von Abraham Geiger and the Jewish Jesus von Susannah Heschel, in: Association for Jewish Studies Review 24.2 (1999), S. 406–8.

Stahl, Neta, Other and Brother: Jesus in the 20th-Century Jewish Literary Landscape, Oxford/New York 2013.

Stahl, Neta, Rezension von „From Rebel to Rabbi: Reclaiming Jesus and the Making of Modern Jewish Culture“ von Matthew Hoffman, AJS Review 32.2 (2008), S. 457–60.

Stanton, Graham N., David Catchpole: A Profile, in: Christology, Controversy and Community: New Testament Essays in Honour of David R. Catchpole, hg. v. David G. Horrell/Christopher M. Tuckett, Leiden 2000, S. xi–xviii.

Stoecker, Adolf, Unsere Forderungen an das moderne Judenthum, in: Das moderne Judenthum in Deutschland, besonders in Berlin. Zwei Reden in der christlich-socialen Arbeiterpartei. Berlin [2]1880, S. 4–20.

Strack, Hermann L./Paul Billerbeck, Kommentar zum Neuen Testament aus Talmud und Midrasch, München 1922–1928.

Strauß, David Friedrich, Die christliche Glaubenslehre in ihrer geschichtlichen Entwicklung und im Kampfe der modernen Wissenschaft. Darmstadt 2009 (Nachdr. Der Ausg.: Tübingen / Stuttgart 1841).

Strauß, David Friedrich, Das Leben Jesu, kritisch bearbeitet, Tübingen 1984 (Reprogr. Nachdr. Der 1. Aufl. 1835–36).

Strauß, David Friedrich, Streitschriften zur Vertheidigung meiner Schrift ueber das Leben Jesu und zur Charakteristik der gegenwaertigen Theologie, Hildesheim 1980 (Nachdr. Der Ausg.: Tübingen, 1837.

Strauß, David Friedrich, Der Christus des Glaubens und der Jesus der Geschichte. Eine Kritik des Schleiermacher'schen Leben Jesu, Gütersloh 1971 (Nachdr. der Ausg.: Berlin 1865).

Strauss, Eduard, Jesus von Nazareth, in: Der Jude, Jg. 6 Heft 11 (1921–1922), S. 686–91.

Strauss, Eduard, Paulus, der Bekehrer, in: Der Jude, Jg. 7 Heft 1 (1923), S. 32–44.

Strotmann, Angelika, Der historische Jesus: eine Einführung, Paderborn [3]2019.

Tanner, Eugene S., Recent Jewish Interpretations of Jesus, in: Journal of Bible and Religion 8.2 (1940), S. 80–82.

Theißen, Gerd, Die Religion der ersten Christen. Eine Theorie des Urchristentums, Gütersloh 2000.

Theißen, Gerd/ Annette Merz, Der Historische Jesus: Ein Lehrbuch, Göttingen [4]2011.

Thoma, Clemens, Das Messias-Projekt. Theologie Jüdisch-christlicher Begegnung, Aschaffenburg 1994.

Thoma, Clemens, Christliche Theologie, Aschaffenburg 1978.

Thoma, Clemens, Das Amt im Judentum, TRE II, Berlin 1978, S. 504–09.

Thoma, Clemens, Jüdische Zugänge zu Jesus Christus, in: Theologische Berichte VII. Zugänge zu Jesus, hg. v. Josef Pfammatter und Franz Furger, Zürich u. a. 1978, S. 149–76.

Tillich, Paul, Christologie und Geschichtsdeutung, in: Gesammelte Werke, Bd. 4: Der Widerstreit von Raum und Zeit. Schriften zur Geschichtsphilosophie, Stuttgart 1963, S. 83–96.

Tillich, Paul, Das neue Sein (Religiöse Reden, Bd. 2), Stuttgart 1957.

Tillich, Paul, Systematische Theologie, Bd. 1., Stuttgart 1955.

von Treitschke, Heinrich, Unsere Aussichten, in: Preußische Jahrbücher 44, Heft 5 (1879), S. 559–76.

Trepp, Leo, Der jüdische Gottesdienst. Gestalt und Entwicklung, Stuttgart 1992.

Troeltsch, Ernst, Über historische und dogmatische Methode in der Theologie, in: Gesammelte Schriften, Bd. 2: Zur religiösen Lage, Religionsphilosophie und Ethik, hg. v. ders., Tübingen 1969 (Neudr. Der 2. Aufl. 1922).

Tück, Jan-Heiner (Hg.), Die Beschneidung Jesu. Was sie Juden und Christen heute bedeutet. Mit einem Geleitwort von Walter Kardinal Kasper, Freiburg i. Br. 2020.

Tück, Jan-Heiner, Die fragile Autorität der Opfer. Der Angriff auf die „Schau gegen das Vergessen“ verstört, vereint aber auch im Widerstand, in: Internationale Katholische Zeitschrift Communio 48 (2019), S. 448–55.

Tück, Jan-Heiner, Gottes Augapfel. Bruchstücke zu einer Theologie nach Auschwitz, Freiburg [2]2016.

Tück, Jan-Heiner, „Der Vater wäre ohne den Sohn nicht Vater". Zur Revolution des Gottesbegriffs auf dem Konzil von Nicaea, in: Internationale Katholische Zeitschrift Communio 44 (2015), S. 22–36.

Vahrenhorst, Martin, ‚Nichts Neues zu Lehren ist mein Beruf': Jesus im Licht der Wissenschaft des Judentums, in: Die Entdeckung des Christentums in der Wissenschaft des Judentums, hg. v. Görge K. Hasselhoff, Berlin 2010, S. 101–36.

Vermes, Géza, Christian Beginnings: From Nazareth to Nicaea (AD 3–325), London 2012.

Vermes, Géza, Review of Jesus of Nazareth, Part 2: Holy Week, by Pope Benedict XVI, Guardian, 12. 03. 2011.

Vermes, Géza, The Authentic Gospel of Jesus, London 2003.

Vermes, Géza, The Changing Faces of Jesus, London 2000.

Vermes, Géza, Jesus der Jude. Ein Historiker liest die Evangelien, Neukirchen 1993.

Vermes, Géza, Jesus the Jew, in: Jesus' Jewishness. Exploring the Place of Judaism in Early Judaism, hg. v. J. H. Charlesworth, New York 1991, S. 108–22.

Vogler, Werner, Jüdische Jesusinterpretationen in christlicher Sicht, Weimar 1988.

Vögtle, Anton, Jesus Christus nach den geschichtlichen Quellen, in: Lexikon für Theologie und Kirche, hg. v. Josef Höfer/Karl Rahner, Freiburg [2]1986, Bd. 5, Sp. 922 ff.

Volkmann, Michael, David Flusser und der jüdische Jesus, in: BlickPunkt.e Nr. 2/2018 (April 2018), S. 7–9.

Votaw, Clyde W., The Modern Jewish View of Jesus, in: The Biblical World 26.2 (1905), S. 101–19.

Wagner, Falk, Christologie als exemplarische Theorie des Selbstbewusstseins, in: Die Realisierung der Freiheit. Beiträge zur Kritik der Theologie Karl Barths, hg. v. Trutz Rendtorff, Gütersloh 1975, S. 135–67.

Weaver, Walter P., The Historical Jesus in the Twentieth Century, 1900–1950, Harrisburg 1999.

Weininger, Melissa, An Ethical Zionist: Jesus in A. A. Kabak's Bemish'ol hatsar, in: Prooftexts; A Journal of Jewish Literary History 32.1 (2012), S. 1–32.

Weiss, Hillel, Christians and Christianity in Agnon's Writings, in: Interaction Between Judaism and Christianity in History, Religion, Art and Literature, hg. v. Marcel Poorthuis/Joshua Schwartz/Joseph Turner, Leiden 2009, S. 511–26.

Weiss, Johannes, Die Predigt Jesu vom Reiche Gottes, Göttingen 1892.

Weiss, Zeev, Jewish Galilee in the First Century CE, in: Flavius Josephus, Vita: Introduction, Hebrew Translation and Commentary [auf Hebräisch], hg. v. Daniel Schwartz, Jerusalem 2007, S. 15–60.

Wellhausen, Julius, Einleitung in die drei Evangelien, Berlin 1905.

Wiese, Christian, Challenging Colonial Discourse: Jewish Studies and Protestant Theology in Wolhemine Germany, Leiden/Boston 2005.

Wiese, Christian, Wissenschaft des Judentums und Protestantische Theologie im wilhelminischen Deutschland. Ein Schrei ins Leere, Tübingen 1999.

Williams, Rowan, Review of Christian Beginnings, by Géza Vermes, Guardian, 14.07.2012.

Winter, Paul, On the Trial of Jesus, hg. v. T. A. Burkill/Géza Vermes, Berlin ²1974.

Winter, Paul, On the Trial of Jesus, Berlin 1961.

Wolfson, Harry A., How the Jews Will Reclaim Jesus, in: Jesus as Others Saw Him, hg. v. Joseph Jacobs, New York 1925.

Wyschogrod, Michael, A Jewish View of Christianity, in: Abraham's Promise: Judaism and Jewish-Christian Relations, hg. v. R. Kendall Soulen, Grand Rapids 2004, S. 149–64.

Wyschogrod, Michael, Incarnation and God's Dwelling in Israel, in: Abraham's Promise: Judaism and Jewish-Christian Relations, hg. v. R. Kendall Soulen, Grand Rapids 2004, S. 165–78.

Wyschogrod, Michael, Paul, Jews, and Gentiles, in: Abraham's Promise: Judaism and Jewish-Christian Relations, hg. v. R. Kendall Soulen, Grand Rapids 2004, S. 188–201.

Wyschogrod, Michael, The Impact of Dialogue with Christianity and My Self-Understanding as a Jew, in: Abraham's Promise: Judaism and Jewish-Christian Relations, hg. v. R. Kendall Soulen, Grand Rapids 2004, S. 225–36.

Wyschogrod, Michael, A Jewish Perspective on Incarnation, in: Modern Theology 12.2 (1996), S. 195–209.

Wyschogrod, Michael, Inkarnation aus jüdischer Sicht, in: Evangelische Theologie 55 (1995), S. 13–28.

Wyschogrod, Michael, Inkarnation, in: Pro Ecclesia 2.2 (1993), S. 208–15.

Yuval, Israel, Zwei Völker in deinem Leib. Gegenseitige Wahrnehmung von Juden und Christen, Göttingen 2007.

Register